“国培计划”优秀成果出版工程
“国培计划”全国优秀研修成果数字出版平台

赵荣荣　张　静⊙编著

润物细无声

——品鉴国外德育智慧

RUNWU XI WUSHENG
PINJIAN GUOWAI DEYU ZHIHUI

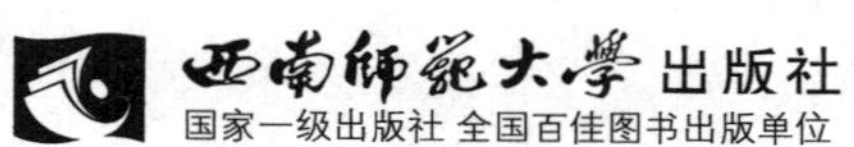

西南师範大學出版社
国家一级出版社 全国百佳图书出版单位

图书在版编目（CIP）数据

润物细无声 ：品鉴国外德育智慧 / 赵荣荣，张静编著. —重庆 ：西南师范大学出版社，2014. 5
（国际教育大视野丛书）
ISBN 978-7-5621-6779-2

Ⅰ. ①润… Ⅱ. ①赵… ②张… Ⅲ. ①德育－教学研究－世界 Ⅳ. ①G41

中国版本图书馆 CIP 数据核字（2014）第 089819 号

润物细无声——品鉴国外德育智慧
赵荣荣 张 静 编著

责任编辑： 雷 刚
封面设计： 仅仅视觉·王 冲
排 版： 重庆大雅数码印刷有限公司·周 敏
出版发行： 西南师范大学出版社
地址：重庆市北碚区天生路 1 号
邮编：400715 市场营销部电话：023-68868624
http：//www.xscbs.com
经 销： 新华书店
印 刷： 香河利华文化发展有限公司
开 本： 720mm×1030mm 1/16
印 张： 15
字 数： 272 千字
版 次： 2015 年 6 月 第 1 版
印 次： 2018 年 11 月 第 3 次
书 号： ISBN 978-7-5621-6779-2

定 价： 38.00 元

《名师工程》

系列丛书

《名师工程》系列丛书

征稿启事

《名师工程》系列丛书是西南师范大学出版社策划、组织出版的大型系列教育丛书。丛书以新课程下的新教学为背景，以促进施教者的教育能力为落脚点，以提高教育质量、提升教师水平为宗旨。

丛书首批推出的“名师讲述”“教学提升”“教学新突破”“高中新课程”“教师成长”“大师讲坛”“教育细节”“创新语文教学”“教育管理力”“教师修炼”“创新数学教学”“教育通识”“教育心理”“创新课堂”“思想者”“名师名课”“幼师提升”“优化教学”“教研提升”“名校长核心思想”“名校工程”“高效课堂”“创新班主任”“教育探索者”等系列，共170多个品种，其余系列也将陆续出版。为了让广大教师有一个交流、借鉴的机会，同时也为了给广大教师提供更多、更好的图书，《名师工程》系列丛书编辑出版委员会特向全国教育工作者征集稿件。

稿件要求：

1.主题鲜明、新颖，有独创性。

2.主题以提升教育能力为主，也可适当外延。

3.主题要有一定规模、有典型案例支撑。

4.案例要贴近教育实际，操作性强。

5.文章、书稿结构清晰，语言精彩。

书稿作者在选题确定之后，请及时与我们做好沟通，具体事宜确定好之后再进行创作；也欢迎用已经完稿的稿件投稿。一线教师如希望参与图书案例的创作，可联系我社策划机构，由策划机构备案，在适合的图书中参与创作。

真诚欢迎各位教师踊跃投稿。

联系方式：

西南师范大学出版社高教分社

电话：023－68254356　　　E－mail：zcj@swu.cn

西南师范大学出版社高教分社北京策划部

电话：010－68403096

E－mail：guodejun1973@163.com

编者的话

当前，以人为本的教育理念正在逐步深化，素质教育以及基础教育课程改革不断推进。在这场深刻又艰苦的教育改革中，涌现了无数甘为人梯、乐于奉献的优秀教师。他们积极探索、更新观念、敢于创新、善于改革，在实践中创造性地发展、总结了很多先进的教育思想、教育理念；创造性地开发了很多新的教学模式、教学内容和教学方法。这些新思想、新模式、新方法在实践中极大地提高了教学质量，是教育改革实践中的新内涵和宝贵财富。这些优秀教师就是我们的名师，这些新内涵就是名师的核心教育力。整理、总结、发展、推广这些教育新内涵，是深化教育改革、完善教育体制、提高教育质量、提升教师水平的一件大事。

教育，是民族振兴的基石；教师，是教育发展的根基。

胡锦涛在全国优秀教师代表座谈会上指出："教师是人类文明的传承者。推动教育事业又好又快发展，培养高素质人才，教师是关键。没有高水平的教师队伍，就没有高质量的教育。"十七大报告又进一步强调了必须加强教师队伍建设，不断提高教师的素质。当今世界，社会进步一日千里，科技发展日新月异，知识更新的周期越来越短。教师作为"文明的传承者"更要与时俱进，刻苦钻研、奋发进取，尽快提升自身素质和能力，为推动教育事业的健康发展贡献自己的力量。

基于以上，西南师范大学出版社策划、组织出版了大型系列教育丛书——《名师工程》。希望通过总结名师的创新经验、先进理念，宣传名师的核心教育力，为广大教师职业生涯提供精神源泉和实践动力，在教育实践层面切实推动从教者职业素养的提升。通过《名师工程》实现"打造名师的工程"。

丛书在策划、创作过程中力求实现以下特色：

一、理念创新，体现教育的人本精神

教师角色在以人为本的教育理念下发生了重大的变化，教师的素质和能力也面临更高的要求。如何弘扬、培植学生的主体性、增强学生的主体意识、发展学生的主体能力、塑造学生的主体人格等问题成为教师在目前教育中亟待解决的难题。丛书以教育管理者和教师为主要读者对象，通过教师综合素质的提高而将人本教育的思想落实到教育实践中，真正实现教育培养人、塑造人、发展人的本质要求。

二、全面构建，系统提升教师的教育能力

丛书选题的最大特点就是系统、全面地针对教师教育能力的提升而展开。施教者的能力决定教育的效果，教育改革的落实、教育效果的提高无不体现在教师身上。丛书针对不同教育能力、不同教学要求、不同教育对象，有针对性地设置选题。棘手学生、课堂切入、引导艺术、班主任的教导力、互动艺术、课堂效率、心灵教育等等，这些鲜明的主题从教育的细节出发，从教育实际情况出发，有针对性地解决问题，让教师在阅读中学有所指、读有所获。

三、科学权威，体现教育的时代前沿性

丛书邀请全国各地著名的教育工作者执笔，汇集在教育改革与实践中涌现的先进理念、成果和方法，经过专家认真遴选、评点总结而成，代表了目前教育实践中先进的教育生产力，具有时代前沿性，是广大一线教师学习、借鉴的好素材。

四、注重实践，突出施教的实用价值

丛书采用了通俗的创作方法，把死板的道理鲜活化，把教条的写法改变为以案例为主，分析、评点为辅，把最先进的教育理念和方法融入有趣的情境中。经典的案例，情境式的叙述，流畅的语言，充满感情的评述，发人深省的剖析，娓娓道来、深入浅出，让教师更充分地领会先进、有效的教育方法。

在诸多教育、出版界同仁的支持与努力下，“名师工程”丛书陆续推出了“名师讲述”“教学提升”“教学新突破”“高中新课程”“教师成长”“大师讲坛”“教育细节”“创新语文教学”“教育管理力”“教师修炼”“创新数学教学”“教育通识”“教育心理”“创新课堂”“思想者”“名师名课”“幼师提升”“优化教学”“教研提升”“名校长核心思想”“名校工程”“高效课堂”“创新班主任”“教育探索者”等系列，共 170 多个品种，后续图书也将陆续出版。

丛书在出版创作过程中得到各地、各级教育部门与教育工作者的大力支持与帮助，在此一并表示感谢！

教育事业是全社会共同的事业，本丛书的出版一方面希望能对广大教育工作者有所帮助，共飨先进成果；另一方面也是抛砖引玉，希望更多的教育工作者参与到出版创作中来，百家争鸣、百花齐放，为促进教育事业的发展共同努力！

前　言

随着中国社会价值观走向多元化，随着学校素质教育探索的不断深化，我们的中小学德育和家庭教育也面临着越来越多、越来越复杂的问题。《诗经·小雅·鹤鸣》有言："它山之石，可以攻玉。"纵观全球，很多发达国家不仅经济发展方式值得我们学习，在教育领域的一些先进理念和有效探索也非常值得我们借鉴。我们认为，最好的德育不是枯燥的理论，而是切实可行的方法；不是强硬灌输，而是在春风化雨的无声润泽中，让学生感受到真善美，感受到爱与智慧，感受到人生的快乐，养成终身受益的高尚品德。正如雅斯贝尔斯在《什么是教育》中所理解的教育："教育的本质意味着：一棵树摇动另一棵树，一朵云推动另一朵云，一个灵魂唤醒另一个灵魂。"因此，我们确定了以《润物细无声——品鉴国外德育智慧》作为本书的书名。

在这本书具体的编写过程中，我们将其分为《琢玉成器：个人品质篇》和《见贤思齐：社会素养篇》上下两篇，我与研究思想政治教育的张静老师分别负责上、下两篇的初稿写作，而我则负责全书的修改和统稿工作。为何做如此区分呢？因为我们认为针对孩子的德育，既应该从孩子自身出发，培养孩子们自尊、自立、自强、自爱、乐观、诚信、宽容、知足等美好的个人品质，也应该将孩子道德品质的培养放置到社会大环境中，让孩子在与他人的沟通交流中，与社会的深入接触中，锻造出内心丰盈的完美人性。

社会总是瞬息万变的，问题总是错综复杂的，也许我们这本书中的一些案例和分析能给有需要的老师们和家长们些微的启示和帮助，但是世界上没有两片完全相同的树叶，也没有两个完全相同的孩子，更不可能有完全相同的问题，因此，希望读者在使用这本书的过程中能够因材施教，因地制宜，具体分析孩子们遇到的问题，用一颗智慧而平和的心去静待孩子们的成长。正如一篇叫作《静待花开》的文章中所说的："每个孩子都有灿烂的花季，只不过每个人的花期不同。有的花，一开始就会很灿烂地绽放；有的花，则需要经历漫长的等待。不要看着别人怒放了，自己的那朵还没动静就着急，要相信是花都有自己的花期。细心地呵护自己的花，慢慢地看着它长大，陪着它沐浴阳光风雨，这何尝不是一种幸福！"笔者愿与各位读者共勉，在德育这片广阔的天地中，聆听鸟鸣，亲近花香。

——赵荣荣

目录
Contents

上篇 琢玉成器：个人品质篇

下篇 见贤思齐：社会素养篇

琢玉成器：个人品质篇

不肯低头在草莽
——自尊是心理健康的核心

自尊自爱，作为一种力求完善的动力，是一切伟大事业的渊源。

——【俄】屠格涅夫

引言

诺贝尔文学奖获得者高尔斯华绥有一句名言："人受到震动有种种不同，有的是在脊椎骨上，有的是在神经上，有的是在道德感受上，而最强烈的、最持久的则是在个人尊严上。"自尊，是人类心理健康的核心，也是个体人格及自我的核心，是人对自我行为的价值被他人与社会承认或认可的一种主观需要。它首先表现为自我尊重和自我爱护，指既不向别人卑躬屈膝，也不允许别人歧视、侮辱自己；其次，自尊还包含要求他人和社会对自己尊重的期望。那么，自尊在我们的生活中具有怎样的地位呢？心理学家纳撒尼尔·布兰登曾经说过，自尊的程度，决定了我们如何学习和工作，如何与人交往，也决定了我们可能攀得多高、取得多大的成就。不仅如此，它还决定了我们对朋友、配偶的选择，对孩子的教育和对自我幸福感的期许。一个具有自尊心的人具有强烈的内部驱动力，能更好地应对生活中的挫折，并且更愿意以开放、平和的心态对待生活。而缺乏自尊则可能导致人缺乏理性、无视现实、害怕新生与陌生的事物，产生不恰当的顺从或叛逆心理、盲目或武断的举止。马斯洛的需要层次理论风靡全球，他认为人的需要分为五个层次，生理和安全需要是最基本的需要，社会需要属于过渡性需要，尊重和自我实现的需要则属于最高范畴的需要。所以，对于获得健全的头脑、丰富的学识及幸福的生活来说，自尊至关重要。

然而，在自尊心的形成上，我们必须明白，自尊既是人的本性，也需要后天教育的培养。一个人只要不气馁，自己相信自己，自己尊重自己，就可以通过进一步的努力，找到自己的人生价值，赢得别人的尊敬，感受自尊的快乐。对于未成年人来说，自尊心的外在养成离不开教师、家长和社会的点滴教育。正如苏霍姆林斯基说的那样，要像对待荷叶上的露珠一样，小心翼翼地保护学生幼小的心灵。的确如此，荷叶上的露珠虽晶莹剔透却也脆弱敏感，正如学生的尊严一样，需要教师用爱心和智慧小心呵护。一个教育者，要像呵护自己的眼睛一样去呵护每一个孩子的自尊。

案例

苏霍姆林斯基曾说：没有自我尊重，就没有道德的纯洁性和丰富的个性精神。对自身的尊重、荣誉感、自豪感、自尊心——这是一块磨炼细腻的感情的砺石。在他的教育生涯中，他一直注重学生自尊心的培养，也充分呵护学生脆弱的自尊心。这源于苏霍姆林斯基教育实践初期曾经犯过的一个错误，而这个错误让他一生遗憾不已。

那时，他刚参加工作。一个名叫斯捷帕的男孩，由于过分活泼、顽皮，在一次玩耍中无意把教室里放着的一盆全班都十分珍爱的玫瑰花的花枝给碰断了。苏霍姆林斯基对此十分生气，他大声斥责了这个学生，并竭力使这个闯祸的孩子触及灵魂，吸取教训。事后，班上的孩子们又拿来了三盆这样的花，苏霍姆林斯基让孩子们用心看护，每天轮流值班，唯独没有批准斯捷帕参加这项集体活动。不久，这个学生变得话少了，也不那么淘气了。年轻的苏霍姆林斯基当时想，这倒也好，说明自己的申斥对这个学生起了作用。

可是，不愉快的事情在他斥责这位学生几周之后的一天发生了。这天放学后，苏霍姆林斯基因事情未了，还留在教室里。斯捷帕也在这里，他准备把作业做完回家。当发现教室里只有老师和他俩人时，斯捷帕觉得很窘迫，急忙收拾书包准备回家。苏霍姆林斯基并没有注意到这种情况，无意中叫斯捷帕跟自己一起到草地上去采花。这时，斯捷帕的表情变化迅速，先苦笑了一下，接着眼泪直滚了下来，随后当着苏霍姆林斯基的面跑着回家了。

这件事对苏霍姆林斯基触动很大。此时，他才明白了，这孩子对于责罚，心里是多么难受。他开始意识到自己以前的做法，是不经意地对孩子的一种疏远，使孩子感到了委屈。因为孩子弄断花枝是无意的，而且对自己的行为感到后悔，愿意做些好事来补偿自己的过失，而他却粗暴地拒绝了孩子的这种意愿。对这种真诚的懊悔，报之以发泄怒气的教育方式，这无疑是对孩子的当头一棒。

此后，苏霍姆林斯基吸取了这一教训，在以后的工作中很少使用责罚。通常，他对由于无知而做出不良行为的儿童采取宽恕态度。他认为，宽恕能触及学生自尊心最敏感的角落。

萨沙是个五年级的学生，他的一个同班同学有几支彩色铅笔，这在当时是十分贵重的。这位同学把彩色铅笔放在教室的柜子里，以便课余时间让每个想画画的同学都能画一画。有一天，彩色铅笔突然不见了。大家十分难过。毫无疑问，除了本班同学外，谁也不可能拿去。苏霍姆林斯基想，拿走彩色铅笔的可能是最喜欢画画的萨沙。

“谁也没有拿走彩笔，”苏霍姆林斯基竭力使孩子们相信，“只是出了个差错。有人忘了把彩笔放回柜子，他把彩笔带回家了，这是差错。现在彩笔正在他家的桌子上，明天他会放回原处的。这件事你们不要多讲了。”

萨沙低着头，脸红一阵、白一阵，眼里露出惊慌的神情。苏霍姆林斯基明白彩笔就是他拿的。他心里想，这也没有什么可怕的，萨沙会带来放回原处的。

清晨，苏霍姆林斯基到学校读书，突然听到有人翻篱笆进来了。原来是萨沙。苏霍姆林斯基看了一下孩子的眼睛，孩子以极其苦恼的眼神哀求着，于是苏霍姆林斯基不由自主地从长凳上站起来向他走去。“发生了什么事，萨沙？”“彩笔……”“放回柜里去吧。”“教室门关着，该怎么办呢？”孩子绝望地问道。“给我吧。不要和任何人谈起这件事……也不要对别人讲你犯了错误。我把彩笔拿回家搁一天，使用一下。”

萨沙松了口气，紧张的心情缓和下来了。进入教室时，苏霍姆林斯基从孩子们的眼神中看到了期待。

“彩笔在我家里，”苏霍姆林斯基愉快地对孩子们说，“我自己也弄不清怎么会把彩笔放进我的皮包的。我要画一棵水塘旁的小白桦。明天我就把彩笔带回来。”苏霍姆林斯基和萨沙两个人的目光相遇了，萨沙那闪闪发光的眼神流露着对苏霍姆林斯基的感激。

——本案例选自：[苏联]苏霍姆林斯基.苏霍姆林斯基选集（第二卷）[M].蔡汀译，北京：教育科学出版社，2002.

案例分析

苏格拉底曾说：一个人是否有成就只要看他是否具有自尊心和自信心两个条件。有心理学家做过测试，发现自尊和心理健康呈现出统计学上的“高相关”，也就是说，自尊和心理健康的一致性很高，意味着自尊是心理健康的核心。在我们每天的生活中，哪些社会因素会影响自尊心呢？科学研究表明，有三种社会因素会影响我们的自尊：首先是对整个社会、学校和自己认同的程度，其次是自己处理问题的能力，再次是自己在工作学习中的能力。如果你认为自己这些能力都很强，那么你的自尊心会很高，否则的话就会很自卑。

在苏霍姆林斯基的教育理念中，爱比训斥更有效。他说过：“有时宽容引起的道德震撼比惩罚更强烈。”“人非圣贤，孰能无过”，更何况是个小孩子呢？不能小孩子一犯错就打骂训斥，而应循循善诱，让孩子明白自己错在哪里。只有让孩子真正理解自己的错误才是正确的引导方法。反观中国的教育，面对犯错误的孩子，很多老师或家长可能会选择粗暴的方式来解决问题，比如有些老师会当着其他老师、家长、学生的面骂孩子“笨”，甚至让孩子在楼道中罚站，报纸上就报道过，一位母亲要求自己的孩子当街下跪，并且让其自己扇自己耳光。这些行为都严重地伤害孩子的自尊心，会让他们产生强烈的自卑感。孩子们觉得自己得不到长辈最起码的尊重，这会严重妨碍孩子性格的发展，对于自尊心强的孩子，还有可能导致逆反心理。更重要的是，孩子也“爱面子”，也希望得到他人的肯定和夸奖，当众训斥、体罚会让孩子开始怀疑自己的智力水平，而这种想法对于孩子的智力发展可谓是致命一击。

斯宾塞的一个朋友说过的一段话可能会给我们一些启示：“我的爸爸几乎总是在斥责我，还时常用木棍或者皮带对我施加暴力，但是，我在那个时期几乎没有学到任何知识。反而有一次，爸爸为了给我买书而冒着风雪步行60多里路，天很晚才回到家，是爸爸的爱给了我学习的动力。”由此可见，惩罚和暴力对于孩子智力的培养几乎毫无作用，唯有爱才是法宝，才是让孩子发奋学习的动力。所以，为人师者在教育实践中应该谨记这样几句话：“你这糊涂先生！你的教鞭下有瓦特，你的冷眼里有牛顿，你的讥笑中有爱迪生。你别急忙把他们赶跑。你可要等到坐火轮，点电灯，学微积分，才认他们是你当年的小学生？”

中国的老师和父母教育孩子的时候喜欢说“响鼓还需重槌敲”，但这句话在教育过程中可能并不适用。对一个自尊心很强的孩子来说，轻轻的一句话也许就会在他的心中掀起很大的波澜；而一个对老师经常性的批评都毫不在乎甚至有抵触情绪的学生，因为他没有什么自尊心，也许你声色俱厉的说词对他来说作用也微乎其微。学生群体作为未成年人，非常注重老师和社会对自己的评价。教师的评价能够影响学生的自我评价以及在班级中的人际交往，而班级里的其他学生也会因此对这些学生产生再次评价，进而影响学生的自我评价。初中生还处在自我意识的形成时期，正是培养自尊心的重要关头，如果他们每天都生活在指责、质疑、轻蔑的眼神，甚至打骂中，他们的自尊心、自信心无时无刻不在承受着打击和折磨，怎么可能形成健康的人格和品质？孩子的自尊心归根结底来自老师的尊重和肯定，如果教师能多给孩子一个信任的微笑、一句表扬的话语、一次正面的评价，孩子的自尊心就会像春天里的小苗一样茁壮地成长。

反思与建议

自尊教育，首先要激发学生的自尊心。任何人都有获得他人尊重的心理需要，所谓“士可杀而不可辱”，有时候人会把个人的尊严看得比性命还重要。的确如此，没有人是天生就没有自尊心的，任何一个孩子在第一次受到严厉的训斥时都会感到羞耻和难堪，就是因为他们觉得自己的自尊心受到了严重的伤害。但是，面对一次又一次不留情面的训斥，孩子们只会通过深深地埋藏起自己的自尊心，假装毫不在乎或者通过反叛来保护自己。因此，教师在教育学生时要注意不能伤害学生的自尊心，要讲究一定的策略。

一、用温情的语言感动学生

俗话说：“人要脸，树要皮。”要想在教育学生上取得实效，就绝不能与人的自尊对抗。每个孩子都有自尊心，冷眼奚落只会导致学生自卑、自我质疑，认为自己能力差，智力落后于别人。所以，对待孩子要多用赞许的语言夸赞他，多用关爱的眼光鼓励他，多去发现孩子身上的闪光点，帮他们树立自信。教师在教育学生时要有针对性，要讲究语言的艺术，绝不能对犯错误的学生讽刺挖苦或进行人身攻击，而应当注意保护他们的自尊心，以肯定大于否定的态度来指出孩子的缺点。在使用批评语言时要尽量学会包装，用幽默的语言去教育学生，巧妙地指出其“美中不足”，既让他们乐于接受，又达到了批评的效果。另外，风趣幽默的言谈举止能调动每个学生的积极性，使其产生积极的个体行为，如刻苦学习、尊敬师长、团结同学、热爱劳动等，成为榜样。所以，要多鼓励，善于发现学生的点滴进步；少斥责，多用赞扬代替批评，引导他们回到正确的航向上来。

二、用尊重的态度宽容学生

满园桃李，莫视作他人儿孙；一树蓓蕾，皆当成自家子弟。作为教师，我们面对学生的错误时必须要有很强的事业心和责任感，巧妙地保护学生的自尊心，因势利导，循循善诱。苏霍姆林斯基曾说：“教师的职业意味着他放弃了个体喜怒哀乐的权利，应使自己胸怀宽广。”陶行知先生也曾在面对一个正想用泥块砸另一个同学的学生时，宽容大度地给了他四块糖并巧妙地进行了教育，这既保护了学生的自尊心，也让学生认识到了自己的错误。爱与尊重是教育的灵魂，学生作为受教育者难免会犯错误，教师在进行教育的时候应该考虑到学生的感受，要知道当有其他人在场时对学生进行批评，哪怕是以最温和的方式也可能引起被批评学生的抱怨；如果在众目睽睽之下一味强调学生错在哪里，而不顾及学生能否接受，只会使学生产生抵触情绪，对改正错误于事无补。因此，先让学生自己剖析自己的错误，然后站在学生的角度分析这种错误带来的不良后果，这样才能很快和学生沟通，达成共识，最后再和他们一起找到改正错误的方法；才会让学生懂得，有了错误能勇于承认，不但不会失去自尊，而且会使自己的精神境界得到提升。

三、用适当的方式教育学生

教师应当在学习和生活中不断发现学生的优点，无时无刻不以赞赏和鼓励的眼光来看待学生，因为一个能肯定自己的才能和性格的学生才会逐渐建立起良好的自尊心。同时，在学生犯错误时，采取冷处理、反常态教育、自我教育、发挥同学力量来教育，如对积极改正错误的问题儿童给予奖励，这些方式也许更加有效。比如，一个美国老师的“杰作”就非常有效。一个周末的下午，他让全班学生在纸上分别列出班上其他同学的名字，名字间备有空格，然后把每位同学的优点写下来，在下课前交给老师。到了周一，老师把写有每人优点的纸发给了学生互相欣赏。看得出，全班同学的脸上都露出了笑容。有人在小声地说：“真的吗?”“我从来不知道别人这样看待我。”“我没想到别人竟会这么喜欢我!”此后，虽然再也没人提起过那张纸，但同学们之间却更加和谐融洽，朝气蓬勃，学习成绩也提高了许多。之后，渐渐长大的同学们都各奔前程。后来，一位名叫马克的同学在战争中英勇牺牲，战友在他的口袋里发现一个皮夹，里面有两张非常陈旧、折叠过无数次的纸，上面写着他的优点。显然，这是马克心爱的珍藏，它伴随着马克走过了一生。

四、自尊心不等于虚荣心

真正的自尊是建立在自我的严格要求和良好表现的基础之上的，而虚荣心是一个人过于追求表面的荣耀、光彩，以赢得他人尊重的心理，也就是我们通常所说的“自尊心太强”。虚荣心强的人，常常把对个人荣誉是否有好处作为支配自己行为的动力，总是以他人对自己是否看重作为天平，一旦他人有一点否定自己的言论或表情，便认为是损害了自己的自尊，这种心理是不健康的。虚荣心强的人，过于自尊却缺乏自信，还往往容易产生一种忌妒心理，即不能容忍别人超越自己。外国教育中非常注重维护孩子的自尊心，但更注意不要滋长孩子的虚荣心。有一位中国教授到北欧某国做访问学者，周末到当地教授家中做客。当她见到教授五岁的小女儿，情不自禁地对这个金发碧眼、可爱的洋娃娃称赞道：“你长得这么漂亮，真是可爱极了!”教授等女儿退走之后，很严肃地对朋友说，你伤害了我的女儿，你要向她道歉。原来，外国教授认为孩子漂亮是来自遗传，并非来自她自己后天的努力。孩子年龄小，不懂分辨，久而久之，当她一旦认为天生的美丽是值得骄傲的资本，她就会产生虚荣心，看不起长相平平甚至外表丑陋的孩子。但外国教授接着说：“有一点，你是可以夸奖她的，就是她的微笑和有礼貌。这是她自己努力的结果。”孩子不是一件可供欣赏的瓷器或是一片可供抚摸的羽毛，他们的心灵像很软的透明皂，每一次夸奖都会留下划痕，所以要时时注意自己的语言是否恰当，是否能给孩子的心灵带来正面的引导，以免让孩子养成虚荣的毛病。

天生我材必有用
——自信是美好生活的源头

有信心的人，可以化渺小为伟大，化平庸为神奇。

——【英】萧伯纳

引言

国外流传着这样一首《育儿歌》："在挑剔中成长的孩子，学会苛责；在敌意中成长的孩子，学会争斗；在讥笑中成长的孩子，学会羞怯；在羞辱中成长的孩子，学会自责；在宽容中成长的孩子，学会忍让；在鼓励中成长的孩子，学会自信。"兰德也曾经说过："对未来生活的自信，是理智的期望。"自信，就是相信自己的追求目标是正确的，并且相信凭借自己的实力一定能够实现自己的目标。自信心对人在智力、体力和人际交往等方面都发挥着至关重要的作用。一个充满自信的人，会在学习和生活中始终保持积极乐观、朝气蓬勃的人生状态，在追求成功的过程中也会勇于面对挫折和挑战。中学阶段，正是学生的人生观、价值观逐渐形成的关键时期，随着知识和经验的积累，学生会希望凭借自己的力量获得成功，以证明自己的存在价值。但学生的自信心又是非常脆弱的，在中学阶段，生活和学习上的困难、挫折在增多，退缩和孤独成为青少年成长过程中屡见不鲜的现象，在经历连续的挫折和失败时，他们非常需要教师和家长的鼓励，如果教师和家长不适当地加以引导，不是以鼓励、赞赏的态度去对待学生的努力，很可能会导致学生自信心的丧失，而让他们滑入自卑和自暴自弃的泥淖中。外国学校和家庭非常注重对学生的自信心教育，善于运用鼓励去帮助孩子建立自信心，美国老师经常会将"你很棒""加油，你可以！"这些词语放在嘴边，对于学生学业上哪怕只是一点微小的进步也会大声予以赞扬。

案例

如果在几年前，你问我："你了解自己的孩子吗?"，我会斩钉截铁、大言不惭地回答："恐怕在20万个父亲中，你才能找到一个像我这么了解孩子的人！"但女儿进入高中后，我深感恐惧：我几乎已经完全不了解女儿了，我每天能和她有效相处的时间不超过半小时，她一天要在学校待10个小时，要说"了解"，恐怕没有人能比老师更了解孩子了。可是很遗憾，无论是每学期一两次的家长会，还是学期结束时老师给孩子的评语，都丝毫不能增进家长对孩子的了解。

在女儿上高二时，她没有和我商量就告诉我："要分文理科班了，我报了文科。"我心头一震，心想"大事不好"，这意味着女儿对自己的理科前景做出了否定评价。我小心翼翼地问女儿："你为什么这样选择呢？"女儿说："老师说我没有数学脑子……"这话让我怒火中烧，一个为人师者，怎么可以这样摧毁学生的自信呢？尽管我对女儿很有信心，觉得她是一个心智很正常的孩子，品行也没有什么必须矫正的缺陷，但她的理科成绩确实有江河日下的趋势，老师对女儿的评价开始影响我，"也许女儿真是缺乏理科方面的才能？"终于有一天，女儿迟疑地对我说："爸，我厌学了。""是吗？"我沉默无语，内心涌起一片可怕的绝望。我明白错不在女儿，是什么让她苦苦挣扎到高三，却突然丧失了自信和学习兴趣？她曾是一个多么快乐和不甘人后的女孩呀！

高三上学期，女儿有了一个去美国读书的机会，我打算让她试一试。在国内几乎丧失了学习自信的女儿，去美国后会怎么样呢？她在陌生的英语教育环境中将遇到巨大困难，这是我可以想见的，也许她一开始就会沦为班上成绩最差的一名，美国老师会对这样的学生作何评价呢？我简直不敢想下去，并且做好了女儿再上两年高中的思想准备。仿佛在验证我的预计一样，进入美国高中没两天，女儿就在邮件中告诉我："大量的单词听不懂，所有的计算、作图都用计算机，我都不会……"第一次美国历史课考试女儿竟得了个"F"。我心情沉重，但别无退路，我回信道："这是正常的适应期，你一定会挺过去的！"听天由命吧！

不久，奇迹发生了。女儿那边好消息不断传来，"突破"先从法语开始，女儿首次得了满分！很快，她的化学又开始频频获满分。女儿在给我的信中写道："今天化学考试又得了100分。老师判完了卷子以后，拿给别的老师看，然后说：'班里没别人这样，这都能当标准答卷了。'正好有别的班的人来问问题，他就跟那人说：'问斯蒂芬妮，她什么都知道。'"

女儿的每封邮件都要写几句老师对她的评价。让我惊奇的是，这些评价无一例外是赞扬，而且往往是在全班同学面前大声地赞扬，"你们要努力呀，否则将来你们都要给斯蒂芬妮打工去了"等等，女儿说"我都不好意思了"。

这些赞扬有点像兴奋剂，不知为什么，女儿开始自信得让我感到陌生，一些我原来并未发现的特质开始呈现。3个月之后，女儿准备直接申请大学，托福成绩竟考了600多分，申请美国的大学绰绰有余。但与中国的“一考定终身”完全不同，美国对申请入大学的学生采用复合评价，不仅要看你“大学入学资格考试”(SAT)的成绩如何，你平时的成绩也占一定的比例，还要看你有什么特长，甚至做过多少时间的社会公益工作，中学老师的评价也是其中重要的一环。我大大地担心起来，以往国内老师对女儿的评价言犹在耳，刚刚在美国学校里待了几个月，美国老师怎么可能了解一个中国孩子呢？

又过了一段时间，我接到厚厚的一封信，是女儿从美国寄来的。打开一看，是4封美国老师给大学的推荐信！我迫不及待地开始读，一种从未有过的震撼油然而生。其中数学老师的推荐信这样写道：“斯蒂芬妮经常以自己优雅而且具有创造性的方式解决难题、完成数学证明。斯蒂芬妮也常常帮助身边的同学做难题。在校期间，斯蒂芬妮为了得到问题的答案，通常比别人回家晚，有时候她也在学校里帮助别的同学。”读完这些老师极具个性的评价，那个“没有数学脑子”的、只能上文科班的、垂头丧气的、感到“厌学”的女儿消失了，取而代之的是一个看起来正全面获得进展、甚至有点出类拔萃的女儿！仅仅三四个月时间，女儿的学习状态和自信简直就像换了一个人，是什么起了如此奇妙的催化作用？尽管相隔万里，我还是想大声对这些了不起的美国老师说声“谢谢”，他们做到了我这个父亲力不从心的事，让女儿重新“起飞”。

——本案例选自：田友谊.当代学生评价的理论与实践[M].武汉：华中师范大学出版社，2012.

案例分析

美国心理学家罗森塔尔曾经做过一项实验，证明了这样一个道理：人的自信心只有很少的一部分受遗传因素影响，而环境和教育对个体自信心的形成与增强有着不可替代的作用。他把一批智力水平相近的学生随机地分为两个班级，但是告诉这两个班的老师，其中一个班的学生智力水平比另一个班的高。一年后，他对学生的学业表现进行评判时发现，教“聪明班”的老师认为他们班的孩子表现非常好，而教“差班”的老师则抱怨这个班的学生难管教，两个班学生的学业成绩也相差很远。这个研究给予我们这样的启示：学生的表现和教师的期望值有密切的联系，如果老师对学生寄予厚望，不断肯定，非常有利于帮助学生提高自信心。如果教师善于表达对学生的积极正面的期望，学生就会获得不竭的动力；如果教师经常向学生传达负面的信息，则很容易导致学生自信心的丧失。在这一案例中，一个在中国中学教育中不断受挫，被教师评价为“没有数学脑子”的女孩却在进入美国中学后进步神速，并成功申请到了理想的大学，不得不说美国教师对学生的肯定性评价和真诚的鼓励发挥了巨大作用。

在外国学校教育中，教师认为，人与人之间的性格差异大，因此要了解不同学生的性格优势与不足，扬长补短，帮助学生形成独特的自信心；人又是不断发展变化的，需要以发展的眼光看待孩子的成长，对于学习有困难或者性格有缺陷的学生，应从鼓励、肯定的角度出发，帮助学生完善对自己的认知，不断取得进步。久而久之，学生的自信心就会在外部环境的期待和肯定中不断增强，并学会自己给自己鼓劲加油，自我认同感和归属感增强，逐渐成为一个全面发展、不断进步的人。而我们在教育孩子时大都提倡要谦虚，不要“出风头”，在一定程度上遏制了学生自我表现的欲望，面对成绩暂时遇到困难的学生，一些教师“你不行”“你怎么连这都不懂”的口头禅往往脱口而出，对学生进行否定性评价，打击了学生的自信心，使他们更加自暴自弃，这样的恶性循环导致学生的学习热情减退，开始怀疑自身的能力，变得畏缩不前。

在日常的学习生活中，美国教师喜欢用肯定性评价对学生进行鞭策，帮助学生克服困难，找到身上的闪光点。对于学生想做的事情，即使有可能会失败，他们也会鼓励学生坚持自己的想法大胆去做，对于学生取得的微小进步，教师都会看在眼里，毫不吝惜自己的赞美，当面提出表扬。面对学习有困难的学生，教师从不会认为是学生智力水平的问题，而是主动反思自己的教学方式，鼓励和帮助学生克服困难。比较中外学校的家长会，就会发现两者的区别。中国的家长会，内容不外乎是学生的考试情况、竞赛获奖情况，全年级排名情况，对表现好的学生提出表扬，对平常调皮捣蛋的学生则会当众批评，让后者的家长尴尬不已。毕业班的家长会，则几乎变成考前动员会，老师要求家长配合学校，做好学生考前复习的准备工作，但是家长与老师就学生的个人情况则交谈甚少。而美国的家长会，每一位家长与各科任课教师都会有 5 分钟的交谈机会。教师则会针对每一个学生的具体情况提出具体的建议，语言也基本以赞扬和鼓励为主，对于学生的点滴进步都给予充分肯定。这样的赞扬通过家长传达到学生耳中，成为鼓舞学生不断进步的动力。如果学生在学习中遇到困难，学校还会来信向家长道歉，把责任归因于没有做好学生的调整和辅助工作。

反思与建议

赞美、信任和期待具有一种能量，它能改变人的行为，当一个人获得另一个人的信任与赞美时，他便感觉获得了社会支持，从而增强了自我价值，变得自信，获得一种积极向上的动力，并尽力达到对方的期待，以避免让对方失望，从而维持这种社会支持的连续性。那么，教师应当如何培养学生的自信心呢？

一、用善于发现美的眼睛发现闪光点

美国哈佛大学心理学教授加德纳曾提出“多元化智能理论”，把人的智能划分为语言、空间、身体运动、人际交往、内省、自然观察、逻辑与数学、音乐八大智能。他认为人的能力是多种智能的组合，有的智能占优势，有的处于弱势，因此就有了人与人之间的差异。但不要因弱势而消极，只要发挥优势也可以促成弱势向优势发展。这和中国的谚语“尺有所短，寸有所长”一样，都告诉我们，每个人都有自己独特的思维方式和一技之长，关键在于是不是能够发现学生身上的闪光点，并因势利导，运用肯定、鼓励以及创设条件等手段强化它、发展它。一旦学生取得微小的进步，发现自己并非一无是处，自信心开始逐渐增强，他完全可以以此为突破点，逐渐取得全面进步。台湾著名作家三毛在散文《一生的战役》中写道：“我一生的悲哀，并不是要赚得全世界，而是要请你欣赏我。”她在读书时曾经因为数学成绩差而被数学老师当众责骂并罚站，给她幼小的心灵带来了伤害，从此丧失了学习数学的兴趣，但是谁又能想到她将来会成为一位著名的作家呢？

二、多给嘴巴抹点蜜

心理学家杰丝·雷尔评论说：“称赞对温暖人类的灵魂而言，就像阳光一样。没有它，我们就无法成长开花。但是我们大多数的人，只是敏于躲避别人的冷言冷语，而自己却吝于把赞许的温暖阳光给予别人。”青春期阶段的孩子心理通常比较脆弱，难以对自己形成成熟、稳定的自我评价。因此，教师的心理投射和评价成为孩子们形成自我评价的主要来源，学生需要从老师给予的肯定性评价中确立自信心。而且，学生年龄越小，这种现象越明显。如果教师经常用“聪明、能干、勇敢”等积极性和激励性的话语来评价学生，他们就会认为自己确实如此，遇事敢想敢干；如果学生总是听到教师评价他“你不行”“怎么连这都不懂”，久而久之，学生就会真的觉得自己低人一等，从而丧失信心。作为学校的权威，教师的负面评价是对学生自信心最残忍的伤害。再“差劲”的孩子都需要鼓励，而来自“权威”的鼓励则能最大限度地支撑起学生人生信念的风帆。曾有外国教师会要求每个学生带一个有塑胶盖的金属罐子来到学校，并鼓励学生把罐子装饰成代表他们兴趣特长的图样，还要在上面写上“我能”两个大字。每天放学前，这位教师通常会要求学生用小纸条写下他们今天学到的一项技能或者一个新知识，将纸条丢入罐中。这使学生们感到骄傲，因为这是原来他们办不到或者不知道的。大约每个月一次，教师要求学生打开他们的“我能”罐子，大家互相讨论看自己获得了哪些新技能和新知识。

三、成功是成功之母

人们常说“失败是成功之母”，但是对于青少年来说，接连遭受挫折和失败就会很容易变得沮丧、退缩和孤独。所以，我们经常看到的一个现象就是，学习优秀者会在鼓励和赞扬中变得越来越优秀，而“学困生”则会在屡次失败中越来越畏缩不前。因此，对于学习优秀的学生，要善于维持和保护他们原有的自信心，并不断为他们创设新的起点，使他们取得新的成功，进一步增强自信心。对成绩较差的学生，我们更应该关怀备至，不断鼓励，努力为他们确定适度的期望值，并创造更多的机会和条件，争取让他们在一次次微小的成功中不断积累经验，在不断进步的良性循环中树立自信心。比如，教育家苏霍姆林斯基对四年级以下的学生从不打不及格分数，而是让他们重新做失分的题目，让他们在进步中得到好成绩，并从中发现自己的力量。

柳暗花明又一村
——乐观是奏响生命旋律的激扬乐章

开朗的性格不仅可以使自己经常保持心情的愉快，而且可以感染你周围的人们，使他们也觉得人生充满了和谐与光明。

——【法】罗曼·罗兰

引言

“二战”时期，一位叫弗兰克的犹太精神病专家被投入法西斯的集中营，并经历了失去妻子、孩子以及一部倾注了毕生心血的手稿的巨大痛苦。面对如此沉重的打击，普通人也许会痛不欲生，但是他却选择坚强、乐观地活下来。而且，通过观察集中营中的悲惨生活，他发现了有些人在艰难的环境中很快就绝望而死，而另一些人能够更加坚强地活下去的原因：“人生态度的差异造成这种天壤之别。”面对法西斯的残忍暴行，弗兰克说：“有一种自由是无法剥夺的，那就是在任何情况下我们选择自己人生态度的权利，这种选择决定了我们的人生。”

弗兰克的故事告诉我们，乐观不仅是人的一种状态，更是一种能力，在人成长的道路上发挥着重要的作用。一个人如能让自己像孩子一样纯洁、善良、真诚，永远怀着乐观的心态做事，他的人生一定比别人快乐得多，也更容易获得成功。美国明尼苏达大学教授索尔伯格和他的同事埃文斯、西格斯托姆曾经调查了 2189 名大学生，发现那些在大一时对自己的学术成就一贯保持乐观的学生在大二时辍学的比例更低，并且这些学生所获得的平均成绩也比其他人高出很多。而在心理学实验中，美国心理学家布朗和马歇尔在 2001 年的研究中也发现了乐观对人生的帮助：乐观的人在完成目标的过程中会投入更长的时间、更多的精力，其获得的最终效果也明显高于其他人。因此，欧美各国的学校和家庭非常注重对孩子乐观情绪和乐观品格的培养。比如，英国学校就在一项新教育计划中采用美国中小学的“快乐”课程，让孩子们在学习中保持快乐的心情，在遇到困难时更加冷静、积极、自信，能够乐观地应对挑战。

我国著名的革命家瞿秋白先生曾经说过："如果人是乐观的，一切都有抵抗，一切都能抵抗，一切都会增强抵抗力。"乐观是一种积极向上的心态，培养孩子积极乐观的心态，对他们以后的成长过程中都是十分有益的。乐观不仅是指人在日常生活中的积极程度，还指人在经历了消极事件后能够很快从沮丧的心情中摆脱出来，并从中获取积极力量的能力，能以更平和的心态合理地运用各种有效的方法使自己变得乐观。另外，乐观的品格还应当包括人影响他人变得乐观的能力，也就是个体能够在多大程度上把自己的快乐传递给他人，使他人也变得乐观起来的能力。过去，我们的学校教育和家庭教育更多地关注孩子的成绩和物质生活，但是对学生的心灵世界关注不够，因此，我们必须教会孩子乐观地看待人生，笑看人生的风风雨雨，并用快乐感染他人。只有这样，我们的孩子才会生活在真正的快乐中，才会逐渐建立一个乐观积极的社会环境。

案例

有一个美国女孩，1984 年生于美国明尼苏达州，从小就十分迷恋冰雪世界，7 岁时开始学滑雪，并很快展露出过人的天赋。于是，她梦想成为一名世界级的滑雪选手。13 岁时，为了拥有更好的滑雪训练环境，她家从明尼苏达州搬到了科罗拉多州。14 岁时，她已经成为全世界最优秀的少年滑雪运动员之一。16 岁时，她入选美国国家队。

不幸的是，2003 年她的父母离异了。但她仍然坚持在滑雪赛场训练。她说："我专注于自己的滑雪事业，每周练习六天。我似乎在紧绷的神经上滑行。"2004 年 1 月，她首次站上了世界杯的领奖台，当年 12 月又首次获得世界杯分站赛冠军。但在 2005 年意大利博尔米奥举行的世锦赛上，她却与奖牌无缘。2006 年都灵冬奥会，她也是最大夺冠热门。然而就在比赛开始前两天，她在以 112 公里每小时的速度训练时摔倒。她忍着背部和骨盆的伤痛参加了四项比赛，但均与奖牌无缘。

2009 年 2 月 9 日，她在法国高山滑雪世锦赛上夺得两金，却在开香槟庆祝时伤到了右手拇指，险些被切除。同年 12 月在加拿大举行的世界杯分站赛上，她获得速降赛冠军，但下巴撞到膝盖，舌头被咬得鲜血淋漓。同月 28 日，她在奥地利林茨参加大回转比赛时滑雪板被凸起的雪块硌了一下，人整个飞了起来，然后重重地摔在雪面上，左手腕骨严重瘀伤。

她摔得那么重，膝盖撕裂都是很有可能的。所以刚开始听医生说她的胳膊断了时，她的丈夫托马斯·沃恩还松了一口气。而她听到消息后马上就问医生，自己怎样才能拖着断了的胳膊继续滑雪。一般的滑雪运动员受伤后都要好几个月甚至数年才能恢复，而她连一声叹息都没有，就以饱满的热情、灿烂的笑容面对人生的苦难，以乐观的心情重新投入滑雪运动中。丈夫称她真是“特殊材料”打造的。

就这样，她在2009年赛季中获得了七项世界杯冠军，包括速降项目的全部五项赛事。她还连续三个赛季夺得世界杯总冠军。然而，就在2010年2月12日开始的温哥华冬奥会开幕前夕，她在奥地利的一次训练中右腿胫骨受伤，整整一个星期不能训练。这让她的心理和身体都承受了巨大的压力和痛苦。高山滑雪的速度高达120公里每小时，相当于一辆汽车在高速公路上奔驰，这样的高速度对运动员的胫骨冲击非常大，赛前曾一度传出这位夺冠热门选手要退赛的消息。而冬奥会赛场上这条从起点到终点落差770米、全长2939米，号称世界上难度最大的赛道，让那些怀揣着奥运梦想的运动员们也望而却步。

再遭伤病的她，生怕发现自己的胫骨骨裂，从而影响比赛，于是她强忍伤痛，拒绝接受X光检测。丈夫也支持和鼓励她坚定信心重返赛场。幸运的是，比赛地惠斯勒山区赛前几天雨雪不断，高山速降的训练和比赛被接连推迟，她因而得到了宝贵的疗伤时间。

2010年2月17日，她又一次站在了冬奥会高山速降的赛场上，伤病曾无数次宣判她的“死刑”，对手曾无数次将她挫败，但她又一次勇敢地站了起来，向世界绽放她灿烂的笑容。这个没有被命运眷顾的女孩就像当年的美国“飞鱼”菲尔普斯一样，用自己的天赋、努力和积极乐观的心态吸引了全世界的目光。

出发令一响，她就急速飞出，像一只矫健的雪燕，在白皑皑的雪山翱翔。从比赛的一开始她就建立起优势，并一直将优势保持到了终点，最终她又一次战胜了自己，以1分44秒19的成绩摘得桂冠，傲视群芳，成为历史上第一个获得该项目金牌的美国女运动员。

她就是有“冬奥会第一美女”之称的美国选手林赛·沃恩。

“为了得到这个冠军，我等了四年。这四年时间里，我一直在为这枚金牌努力着，现在我是最幸福的人。”夺冠后的沃恩激动得哭了，“伤病对我的确有影响，但我一站在场上，就不会考虑其他任何因素，毕竟我要为我的汗水和之前所做的努力负责。”

眼下，在林赛·沃恩职业生涯中的世界杯冠军数已达31个，在美国滑雪运动员中仅次于32次夺冠的伯德·米勒。

2011年2月8日，素有“体坛奥斯卡”之誉的劳伦斯世界体育奖颁奖典礼在阿联酋的阿布扎比举行，林赛·沃恩击败三位网坛明星（小威廉姆斯、克里斯特尔斯和沃兹尼亚奇)，首度获得“年度最佳女运动员”这一殊荣。

站在梦想的赛道上，心无旁骛，坚韧不拔，奋勇向前。面对上帝赋予的人生苦难，没有抱怨、没有退缩，欣然接受生命赋予的一切，然后积极地面对、努力地争取、乐观地生活，她最终跃上了成功之巅，笑迎人生的灿烂与辉煌。

——本案例选自：崔鹤同.站在梦想的赛道上[J].发明与创新(中学时代)，2011，(8).

案例分析

乐观和悲观的最大区别就是对有利和不利事件原因的解释。乐观主义者认为，一切不利的事情都是暂时的，而有利的、令人愉快的事情却是永久的，它们能够促使好事发生。而悲观主义者则认为，好事总是暂时的，坏事才是永恒的。乐观者与悲观者之间的差别非常有趣：同样一个甜甜圈，乐观者看到的是油炸圈饼，悲观者看到的是一个窟窿；同样半杯水，乐观者看到的是还有半杯水，悲观者看到的是只有半杯水。所以，美国的心理学家威廉·詹姆斯才说：“我们所谓的灾难在很大程度上完全归结于人们对现象采取的态度，受害者的内在态度只要从恐惧转为奋斗，坏事就往往会变成令人鼓舞的好事。在我们尝试过避免灾难而未成功时，如果我们勇于面对灾难，乐观地忍受它，它的毒刺也往往会脱落，变成一株美丽的花。”

乐观者在每次危机中都看到了机会，而悲观的人在每个机会中都看到了危难。在上面的案例中，美国滑雪运动员林赛·沃恩面对父母离异、多次受伤、多次败北的人生，她没有沮丧，没有失落，没有去抱怨上帝的不公，而是以持之以恒的努力和笑对人生的乐观主义精神最终获得了命运之神的垂青。如果她当初面对伤痛痛哭流涕，面对失败黯然退缩，我们又怎么会看到现在的“冰雪女王”呢？从她的身上，我们可以看到，乐观是一种心态或倾向，让我们在面对失望与危难时仍能够看到事情有利的一面，期待最美好的结果；乐观是一种优良的个性，让我们能够用灿烂的笑容去面对人生的风雨和命运之神的挑战。而由此，我也想起一个哲学老师讲的故事，那就是“一张纸有几种命运”。一个教授把一张纸扔到地上问同学们：“这张纸有几种命运？”有人回答：“扔到地上就变成一张废纸！”教授抬脚在那张纸上踩了几脚，纸上印上了教授的脚印。教授又问：“现在这张纸有几种命运？”“这下真的变成一张废纸了！”有人大声说。教授捡起那张纸，把它撕成两半又扔在地上，再一次问大家：“现在这张纸片有几种命运？”大家更糊涂了，“这纯粹变成一张废纸。”教授捡起地上被撕成两半的纸，在一张上面画了一匹奔驰的骏马，而那脚印奇妙地变成骏马奔驰的原野。教授举着纸片再问："这张纸现在的命运是什么？"一个同学高声说："您赋予了一张废纸希望，使它有了价值。"教授掏出打火机，点燃了那张画，它立刻变成灰烬。这个故事同样告诉了我们这样一个道理——乐观是一种力量，对待同一事物因心态不同，事物的结局就会不同。

有这样一句话："生活像一面大镜子，你对它笑，它就对你笑；你对它哭，它就对你哭。"月有阴晴圆缺，人有喜怒哀乐，悲伤、失望在所难免，但是我们不能被悲伤的泥潭所淹没，而是要用乐观的精神来对抗生活中的悲伤，唯有如此才会发现生活的美好。

反思与建议

爱因斯坦有句名言："真正的快乐是对生活的乐观，对工作的愉快，对事业的兴奋。"乐观的情绪能够提高人的大脑及整个神经系统的活力，使体内各器官的活动协调一致，从而有助于充分发挥人的潜能，有益于身心健康和工作效率的提高。相反，悲观的情绪有可能使人的整个心理活动失去平衡，对人的身心健康都可能造成严重的不良影响。乐观是一种从小养成的习惯，也就是说童年时所养成的看待事物的方式、归因的习惯就决定了一个人长大后是悲观还是乐观。孩子正处在身体和心理的高速发展时期，在这个过程中，我们应重视培养孩子乐观向上的人格、豁达积极的人生态度。那么，怎样才能成为一个乐观的人呢？

一、放手去爱，给予自由，父母要具有乐观的思维方式

父母是孩子的第一任老师，也是孩子的终身老师。家庭是孩子的避风港湾、生活的基地，也是孩子接受心灵熏陶、获得精神安定的场所。孩子的乐观心态首先源自父母、源自家庭。孩子的模仿能力极强，如果父母遇事悲观，孩子久而久之也会受到影响。所以，培养孩子乐观的心态，父母责无旁贷。首先，如果父母希望孩子具有乐观的品性，就必须首先改变自己的思想与行为方式，以乐观的情绪感染孩子。所以，在家庭教育中，面对孩子的过失或者一时的挫败，比如成绩下降等，不要过于紧张、难过，这会增加孩子的心理压力，让孩子被悲观情绪所控制。更不要对孩子进行处罚、挖苦和责骂，而要善用幽默、乐观的情绪来引导孩子。其次，家长们平时可以想方设法让孩子的生活丰富多彩而充实，这样对孩子形成乐观、积极的心态大有裨益。马克思强调"把星期日还给孩子"，从不忘记带孩子出去游玩。受应试教育的影响，有的家长无休止地增加孩

子的课业负担，使孩子失去了读书、打球、交友、唱歌的时间，这样极易造成孩子的疲惫和厌倦，情绪自然低落，做事无精打采。所以，培养孩子的过程也是父母自身不断充实与学习的过程，父母不仅要尽量在孩子面前表现出乐观，营造快乐的氛围，更重要的是要真正拥有一颗乐观的心。

二、改变认知，加强实践，教师要具有乐观的教育方式

面对不同的学生，教师不同的认知会得出不同的结论。比如两个学生都拿着书睡着了。对于自己喜爱的学生，老师就会认为“这孩子真刻苦呀，连睡觉都还捧着一本书”；而对于自己不喜欢的学生，老师就会这样想“这孩子真不像话，看着书竟然都睡着了”。这种对学生先入为主的评价模式会直接影响到教师对学生的看法，也会间接影响到学生对自我的认知。因此，教师首先要调整自己的这些不合理认知，要学会接受学生、接纳学生，全面地看待学生，不要只见缺点不见优势。其次，学校应该以人为本，把帮助学生获得幸福生活作为教育的目标，把关注学生乐观情绪的发展作为教师工作的主要任务，让孩子在学习过程中体验快乐，而不是简单地以分数的高低来衡量教育的成败。另外，从学校管理和实践活动层面来讲，学校应大力发挥广大教师的主观能动性和积极创造性，鼓励和支持教师开展一系列以培养学生乐观品质为目的的各具特色的实践性教学活动。比如，对性格较内向、不善言辞、不愿参加集体活动、不愿和同学交往、孤僻离群的孩子，教师应该鼓励和督促他们多参加集体活动，争取在集体场合表现自己，并在课堂和实践活动中对这样的学生多鼓励，多给予表现的机会。这样，久而久之，学生的性格就会变得开朗、大方而外向。

三、积极自信，幽默自嘲，孩子要具有乐观的生活方式

有这样一句话：“世上没有非走不可的路，没有非想不可的人，没有非做不可的事，让该来的来，该去的去，这样你我就有一颗快乐的心。”乐观的人即使正经历着乌云满天、倾盆暴雨，也仍然相信厄运终会过去，阳光终会普照大地。快乐无处不在，只不过因为每个人看问题的角度不同，思考问题的出发点也不同，那么得到的结论也就不尽相同。一个人对事情和人生的认知往往决定了他是悲观还是乐观。悲观者面临困难，往往选择责备自己、诿过他人或者退缩不前，而这对解决问题来讲毫无帮助。我们希望孩子相信未来、勇于冒险、拥有正义与良知，即使在面对挫折与失败时也能够不屈不挠，但养成乐观品质的最终决定权还是在孩子们自己手中。只有他们学会调整自己的应对方式，以积极乐观的态度处理问题，才能成就人生。所以，我们首先要让孩子知道自己是幸福的，即使遇到不幸那也是暂时的。上帝是公平的，在为你关闭一扇窗的同时，肯定会为你打开一扇门，只是，这扇门有时需要你自己去找，不要一遇到烦恼就觉得

自己是天底下最不幸的人。其次,孩子们在平时的学习和生活中要学会放松心情,多与同学沟通交流,面对困难时要学会换位思考。另外,孩子们可以做一个幽默并且善于自嘲的人,在遭遇困难和尴尬的时候不要横眉怒目或者一言不发,应尽量以一种淡然、轻松的方式来应对,这样既表现出了自己的乐观,也会给其他人留下好印象。古今中外很多名人都是善于自嘲、幽默风趣的人。据说里根夫人曾在一个公共场合突然不小心从椅子上摔下来,众人大笑,情势十分尴尬,这时里根过去扶起夫人,气定神闲地说:“亲爱的,我说过多少次,只有当我得不到热烈的掌声时,您才需要如此辛苦地进行表演。”于是,四座掌声迭起,里根凭借幽默的语言、智慧的思维和宽容的气度化解了尴尬,也赢得了赞美。

凌霜不肯让松柏
——自立是勇于放手的爱

我宁愿靠自己的力量，打开我的前途，而不愿求有力者垂青。

——【法】雨果

引言

《礼记·儒行》中有这样一句话："力行以待取，其自立有如此者。"自立立人，自达达人。自立是不依赖别人、只依靠自己的力量行走在大地上的精神品质。自立教育是使受教育者树立独立意识，提高独立能力，形成独立人格，逐渐成长为一名全面发展的人才的教育活动。现代教育家陶行知先生也写过一首著名的教育诗："滴自己的汗，吃自己的饭，自己的事情自己干。靠人靠天靠祖上，不算是好汉。"可以说，婴儿从呱呱坠地开始，一步一步走向成熟，也是一步一步走向独立的过程。当我们初学走路，我们就获得了身体的自立；当我们能自己吃饭、穿衣时，我们就有了生活的自立；当我们走上工作岗位，能够自己养活自己时，我们就获得了基本自立的人生。自立的生活表现在方方面面，也从方方面面影响着我们的成长和发展。

中国的父母喜欢把孩子当作心肝宝贝，捧在手里怕摔了，含在口里怕化了，事事包办，件件操心，让孩子对父母和他人产生强烈的依赖感，生怕孩子"输在人生的起跑线上"，但是这不正是在扼杀孩子的独立性吗？苏联教育家苏霍姆林斯基曾经遇到过这样一件事情。一位年轻的母亲向他请教道："怎样才能教育好我的孩子呢？"结果，苏霍姆林斯基微笑着答道："先教会您的孩子剥鸡蛋吧。"这简单的一句话却包含着深刻的教育道理：让孩子独立解决自己能力范围内的事情。如果孩子没有独立生活的能力，没有独立思考问题的能力，只能按照家长和老师的愿望与指示按部就班地生活，一辈子也只能做"温室里的花朵""鸡妈妈羽翼下的小鸡"，何谈成为独当一面的社会人？只有对自己的事情负责，不依赖别人而活，勇于承担自己的责任，才能真正成为拥有自立能力的人。只有拥有了自立能力的人，才懂得独立思考，才能够在遇到问题的时候做出自己的选择，才能够具有创造精神。在发达国家，社会、学校和家庭都重视培养孩子的自立精神和自立能力，因为这是发达的市场经济对社会成员的必然要求。美国人很富有进取精神，他们不太崇尚传统，在教学中注重训练思路，十分注重从小就培养学生动口、动手的自立能力。美国百仕通集团创始人彼得·彼得森的女儿霍莉20岁时曾经因为父亲不给她零花钱而大声吵闹，但之后却不得不承认自己的父亲是对的。她说："其实在我们吵架的最后30秒时间内，他就已经通过存款利息挣到了我所要求的那么多钱。他那时告诉我，我能给你的最大财富就是独立。"著名作家茨威格也说过："世界上最辉煌最宏伟的事业就是使个人站起来。"学校教育的最终目的，就是帮助孩子用自己的双脚在这个世界上站起来。这既是学校的需要，也是社会和民族的需要。

案例

一对中国夫妻双双去美国攻读博士学位，就把上小学的女儿莉莉带了过去，希望她在美国接受两年的教育。在这两年的学习生涯中，这位中国妈妈对女儿在生活和学习上的变化惊叹不已，也让她看到了美国教育的独特之处。刚入学没多久，女儿在一次课后带回家的研究题目是"人们运动后多长时间心跳才能恢复正常"。于是她自己跑步，记录心率，然后分析数据，在计算机上做图表，写上文字，再打印出来贴在大纸板上并加以插图修饰，最后当众演讲。这跟国内只注重课本知识的教学方式差别很大，也让这位妈妈和她在美国的一些中国留学生朋友一致认为：美国同学或同事特别善于表现自己，这与他们从小经常上台演讲有关。

不久之后，莉莉的另一次经历再次给妈妈留下了深刻的印象。一天，在吃晚饭的时候，上五年级的女儿问她柏拉图、亚里士多德是哪年出生的，他们的代表作是什么。妈妈听了感到很奇怪，为什么女儿会突然问这个问题？莉莉说，今天我们上世界历史课，刚好学到古希腊，老师要我们每人做一个课题，写一篇关于古希腊文化对世界文明的贡献的论文，一个月以后要交。当时，妈妈感到这个题目太大，对一个13岁的孩子来说太难了，她嘴上没说，心里却觉得老师有点莫名其妙，"这么小的孩子，哪能做这样的作业？"而且说心里话，他们借在美国学习的机会，带孩子来美国上学不容易，也没指望女儿在学校学到多少东西，只希望她一心一意学好英语就行了，至于她能否完成这次作业，他们根本就没放在心上，反正美国学校又不严格，作业和考试从来都不要家长签名。可接下来的十多天里，莉莉一放学就往图书馆跑，查资料、上网，有个周末下午还和几个同学聚在一个同学家讨论。这么折腾了一些天之后，女儿还真把这个课题做完了。当莉莉把这份作业给妈妈看时，着实让她大吃一惊，先不说内容，仅是一眼看去那几页打印得工工整整、有模有样的论文，就已经把她给镇住了。等再往下看，就更让她激动不已。女儿的论文中，提到了著名的哲学家柏拉图、亚里士多德，著名的几何学家欧几里得、阿基米德，提到了古希腊在科学文化方面对人类文明的贡献，提到了古希腊神话故事中狮身人面的斯芬克斯、太阳神阿波罗。妈妈还读到了《荷马史诗》中所描述的奥德修斯设计制造大木马，诱使敌人拖入特洛伊城内，藏身其中的希腊士兵与城外军队里应外合攻下了特洛伊城的故事。客观地说，尽管这篇文章都是由一些资料组成的，用论文的标准来衡量的话还不能算合格，可对一个孩子来说，她居然能自己借助各种资料，搞出一篇有关古希腊文化的文章，这让受中国传统教育的妈妈震撼不已。

美国很重视让学生直接感知和自己动手的教学方法，美国学校的教学设备和条件都比较好，学校为教学提供的各种工具、机器十分齐全。比如讲矿物知识，学生可以先采石料，打磨加工成石珠项链；上艺术课，可以利用陶瓷、纸、瓦、石膏、木头、金属等材料制作各种艺术品。很多六年级的孩子上美术课时就学过制陶，做一个花瓶，从构思、制作、上色，全由学生一手完成。到了六年级，学校开设了技术课，开始是学做一些小实验，学做立交桥、飞机模型，莉莉非常喜欢。开学刚一周，莉莉带回了学校的一封信，信的内容是告诉家长：您的孩子下个星期开始学木工课，在课堂上，学生要使用一些机械，这些机械操作都有严格规定，操作不当会出危险，希望家长配合学校做好安全教育，如果家长没有什么异议，请签名。妈妈对这门课程不了解，又听说不安全，心里有点紧张，再加上莉莉告诉她，他们的技术老师在学校给他们讲安全教育，要他们使用机械时一定要按规定来操作，否则就像他那样手指都被锯掉两根。听女儿这么一说，妈妈更紧张了，于是找莉莉商量："要不我们别上这课了，我们只是在这里借读两年，学好英语就行了，可千万别把手指头锯掉了。"可女儿不干，非上这课不可。她每次上课回来，都特来劲儿。莉莉告诉妈妈，美国那些机器可厉害了，你想做什么，那些机器几乎都可以帮上忙。妈妈问她第一次使用机器时怕不怕，莉莉自豪地说："虽然第一次有点紧张，但后来就不怕了。"一个多月后，莉莉带回了她亲手做的两件作品，一件是可爱的木头小恐龙，另外一件是个精巧、别致的CD架。看到女儿的这两件作品，妈妈再次惊叹不已。女儿还告诉她，这些作品从挑选木材开始到最终完成，都是她自己独立完成的，她不但要自己设计，还要计算怎样用料才能够节约，老师觉得她做得不错，还拿给其他同学看。妈妈问她其他同学做了些什么，莉莉说做什么的都有，做小凳子、小床、小餐桌……

——本案例选自:刘燕敏.素质教育在美国[M].哈尔滨:黑龙江科学技术出版社,2013.

案例分析

对美国人来说,无论做什么,兴趣都是最重要的。在他们看来,有了兴趣才可能把事情做好,才能快乐。美国的学校,从幼儿园开始,就注意培养孩子独立解决问题的能力。学生从小就开始做课题、登台演讲、参加音乐演奏和画展等。所以,美国老师在教学中十分注意激发学生的兴趣,并培养孩子独立思考和解决问题的能力,老师上课绝不会是满堂灌,也不是单一的讲授法,而是在上课时把重点、要点讲完之后就提出一些问题,引导学生通过原有的知识来思考和解决问题,得出新的、正确的答案。从本案例可以看出,美国教育的最大特色,不是让学生靠死记硬背来积累知识,而是调动学生的学习主动性、独立性,让学生从多方面去认识问题,把书本上的知识应用到实际生活中去,培养和开发学生思考问题和解决问题的能力。美国的教师和父母都懂得,自立是孩子的需要,孩子在自立中才能增长自己的力量并由此获得自尊和价值感,而这种需要如果被长期压抑就会萎缩。

华东师范大学李季湄教授的一项研究成果验证了这一教育方法。她作为主要研究人员之一,曾经参加过联合国儿童基金会和中国教育部的合作课题"幼小衔接"的研究,前后长达5年,对2000多个孩子进行了严格的测试。科研证明:孩子在幼儿园阶段表现出来的任务意识以及主动性和独立性,对他们今后语文和数学成绩的影响非常明显。但她不无遗憾地表示,中国的父母在孩子入学前很重视写字技能和计算技能的训练,总是让自己的孩子多做一些习题,多写几个字,而不注意在生活中培养孩子的主动性和独立性。这样的教育既是不全面的,也是不正确的。一个孩子如果在日常生活和人际交往中能表现出主动性和独立性,遇事有积极想办法的能力,那么他的这些个性和智力品质在学校的学习生活中一定会表现出来,化为一种学习的能力。日本儿童教育学家岸本裕史也认为,一个能主动而妥善地处理好自己身边的事务,能与周围亲人和朋友愉快相处的孩子,在学习和日常生活上也一定具备了比较强的主动学习的能力。这种能力就是一种"潜在学力",它是促进孩子学习进步的原动力。如果我们在日常生活中不重视培养孩子的"潜在学力",那么他的"显在学力"也难以得到发展。

看到这里,有些中国教师或者父母可能会说:"我发现自己的孩子并不喜欢自立，事事都依赖我。”这种说法并不正确。没有一个孩子不渴望独立，只是父母和老师事事包办、事事插手，让孩子逐渐养成了依赖心理。有长远眼光的教育者都把培养孩子自立、自强的精神作为教育的主要目标。在自立教育中，我们应该改变自己的思维模式，不再把孩子当作温室的花朵、嗷嗷待哺的雏鸟，而是把学生当作独立的个体，不事事包办，不过度操心、担心，纠正孩子对我们的依赖心理。我们应该把属于孩子的东西交给孩子自己去管理，告诉孩子那是他的责任和义务，而不是当一个免费保姆。当然，当孩子面临困境和难题的时候，我们也可以间接地用自己的经验帮助他们成长。

反思与建议

高尔基讲过一句话：“爱护子女，这是母鸡都会做的事。然而，会教育子女，这就是一件伟大的国家事业了。”对孩子的自立教育，我们必须从小抓起。自立是自尊的基础，孩子不能够自立，就无法确立自尊并获得自豪感。教育者一味地提供和代劳，既不能让孩子产生幸福感，也不利于孩子树立正确的消费观和劳动观。更严重的是，溺爱妨碍了孩子经过锻炼和努力而提高自己的机会，实质上也剥夺了孩子成长和获得自豪感的机会。然而，在生活中，家长和老师往往出于以下几种心理而做孩子的提供者和代劳者：想让孩子幸福，所以孩子要什么就给什么；为了给孩子争取时间用于学习，而代劳许多事；心疼孩子，怕孩子受苦从而代劳；嫌孩子不会做，还不如自己做省事；怕孩子有风险，加以禁止或者由自己代劳。但是，自立是一个人的精神需要，破坏了孩子自立的条件，就破坏了孩子尊重自己、认识自己和发展自己的基础。“有一种爱叫作放手。”为人父母，为人师者，应该勇于放手，让孩子独立自主地发展，毕竟鹰巢里的雏鸟总要靠自己的力量学会高飞。在教学过程中，以下几个方面不失为培养学生自立能力的好方法。

一、让学习从兴趣开始

升学的竞争，就业的竞争，无处不在的竞争，使得教师对学生的智力发展和学习成绩过分关注。认为只要好好读书就可以了，这样的教育，使孩子把学习知识当成生活的主要内容，被动地接受老师课堂上的灌输，学习成绩的好坏成了他们快乐或者忧愁的主要根源。可是，这样就是健康的人生吗？这样就能获得好成绩吗？事实上，一个与周围的人缺乏沟通和对周围的事缺乏关心的孩子，一个因此而缺乏责任感的孩子，他一定难以发现，人的生命中蕴含着丰富多彩的情感体验和广袤无垠的思考空间，他也无法享受到责任感给自己带来的尊严和自信，更难体会到关心他人给自己带来的愉悦和充实，他甚至会因此缺少学习的动力、兴趣和勇气。我们很多时候愿意将自己的知识一股脑儿地传授给学生，以为这种填鸭式的教学方式能够让学生更快更多地学习知识。但是古人有云："授之以鱼，不如授之以渔"。教授别人做一件事要花费很多时间，帮助一个人找到他做某件事的最佳方法可能要花更多的时间，但对于孩子来讲这是必需的，这是学习过程的固有特点。所以，我们寻求所谓的捷径，实际上是以牺牲孩子学会某种技能的机会为代价的；我们为了躲避麻烦而去妨碍孩子学习，实际上是一种自私的表现。因为孩子不仅可以从做事中得到锻炼并增强能力，更为重要的是他们还会由此获得自尊和自信。

二、让劳动从小事开始

维吾尔族有一句谚语："自食其力，生活是美好的；卑躬屈膝，生活是酸苦的。"起源于日本的"啃老族"一词就生动地说明了日本教育史上曾出现的一些问题，不少日本青年在经济、心理上过于依赖父母、家庭，没有及时养成必要的独立意识。如今的日本家长都非常重视对孩子独立性的培养。日本的《家庭教育手册》中明确地写着这样的话："如果让孩子帮着做家务，他将变得很能干。"韩国家长在培养孩子的独立性方面颇具特色，崇尚"狮子型育儿法"。这种教育理念源于狮子养育幼狮的方式。森林中百般险恶，连被誉为"森林之王"的狮子也不敢懈怠，它们让幼狮一开始就面对真实的生活，自己从逆境中寻找生存的办法，从而更快成长。韩国家长的教育态度是，越是爱孩子就越该放手。韩国家长喜欢在周末带孩子外出游玩，常见到的情景是：家长身背一个几个月大的孩子，手拉一个三岁左右的孩子一起爬山。有时小孩子爬累了，家长也很少抱起他，只是在一边等他，休息一会儿再接着爬。这样做的目的是培养孩子坚强的性格和面对困难的勇气。

三、让理财从计划开始

美国家长擅长通过对孩子进行"金钱教育"来培养孩子的独立性。在美国，孩子们从小就有对钱的支配意识。美国儿童手中的零用钱与中国儿童的来源有所不同，他们的钱是通过适当手段而获得的收入。比如，小孩子有自己用不着的玩具时，家长会提醒他们可以摆在家门口出售，以获得一点收入；有的小孩帮大人做些日常家务后，家长也会视情况给予报酬。美国家长还从小教孩子合理使用自己的积蓄，他们除了供给孩子最基本的生活必需品外，有些消费就让孩子用自己的积蓄去开支。例如，孩子想买的玩具、卡通书等，家长会指导他用自己的积蓄去购买，这样会使孩子认识到积蓄的意义，体会到用自己的存款买到自己想要的东西时的愉快和兴奋，而且也培养了孩子管理金钱的能力。如果父母不加考虑地给孩子买东西，容易使孩子失去为了得到自己想要的东西而努力、忍耐、多加思考的精神，从而变得什么都想要，不能自控。所以，不管孩子怎么闹，不必要的东西不给买；不要给太多的零花钱，让孩子在定额的零花钱中自己安排、计划花费。

不畏浮云遮望眼

——自强是指引成功的明灯

生活就像海洋，只有意志坚强的人才能到达彼岸。

——【德】马克思

引言

《周易》有言："天行健，君子以自强不息；地势坤，君子以厚德载物。"自强，就是自我奋发图强，勇于面对磨难，勇敢迎接挑战，永远积极进取，奋斗不息。自强教育是一种精神教育、动力教育、奋斗教育。它是积极的人生态度的体现，是美好的道德品质的体现，是人不断自我成长的要求。纵观华夏五千年历史，自强是我们民族几千年熔铸成的民族精神。"人生不如意事十之八九"，生活的道路并不总是开满鲜花，难免要独自经历泥泞坎坷、荆棘丛生的道路。

造成挫折的原因包括主观和客观两个方面的因素。面对挫折，不同人的态度导致的结果也大不相同。自立自强的人能够正视挫折，强大的内心使他们能够坦然地面对成长过程中所遇到的一切，不回避前进途中的障碍，而是想方设法解决和战胜它。而自卑、懦弱的人面对挫折，则少了一份自强不息、勇闯风雨的气概，遇到挫折选择退缩、回避、幻想或妥协的方式，最终被挫折所压倒。所以，一位儿童心理学家说："有幸福童年的人常有不幸的成年。"很少遭受挫折的孩子，容易缺乏自强不息的精神，长大后会因不适应社会的激烈竞争及复杂多变而深感痛苦。一个从小经过逆境磨炼的人成年后往往更能有效地适应环境，也就是所谓的"自古英雄多磨难，从来纨绔少伟男。"因此，很多国家都在青少年的自强精神培养上颇费心力，从小让孩子经受艰苦磨炼，使其懂得生活中还有"逆境""坎坷""困难"等字眼。以犹太民族为例，它是一个久经战乱、漂泊不定的民族，也许正是因为历史上的灾难和生活中的艰辛，犹太人更懂得自立自强的重要性，并将这种自强精神的培养融入社会、学校和家庭教育的方方面面。有这样一个故事，有一次，一位犹太商人张开双臂，叫儿子跨越椅子跳到自己的怀里来，儿子听到父亲的呼唤，高兴地冲过去，但当他跳到父亲面前时，父亲却迅速地把双臂移开，结果儿子重重地摔在地上。对着发怔的儿子，父亲意味深长地告诫他："在生活的道路上，什么事情都会发生。只有学会坚强，学会独立，万事靠自己，才能获得生存。"

案例

1992年，中国和以色列正式建交，一位犹太裔的中国妈妈陈女士选择带着三个孩子——13岁的老大、12岁的老二和10岁的小女儿回到以色列。初到以色列，因为不懂语言和移民优惠政策，也没有谋生技能，生活难以为继，最后她决定在路边摆小摊卖春卷来养家糊口。

孩子们初到以色列的时候受到了不少邻居们的责难。以前在国内时，陈女士一直秉承"再苦也不能苦了孩子"的原则，到了以色列以后，她依旧做着合格的中国式妈妈，把孩子们送去学校读书，他们上学的时候她卖春卷。到了下午放学的时候，他们就来春卷摊，陈女士停止营业，在小炉子上面给他们做馄饨、下面条。

一天，当三个孩子围坐在小炉子旁边等妈妈做饭的时候，邻居过来训斥老大："你已经是大孩子了，你应该学会去帮助你的母亲，而不是在这里看着你母亲忙碌，自己就像废物一样。"然后，邻居转过头训斥陈女士："不要把你的中国式教育带到以色列来，别以为生了孩子你就是母亲。"

刚开始陈女士和孩子们都觉得邻居的话很伤人，可是回家后，老大说："也许，她说得没错。妈妈，让我试着去照顾弟弟妹妹吧。"之后每天放学，大儿子就来到小摊帮忙，学着妈妈的样子把打好的春卷皮包上馅，卷成成品，然后入油锅去炸。他的动作一开始有些笨拙，但是后来越来越熟练。

老大身上的转变大得连他母亲都没想到，除了帮她做春卷，大儿子还提出由他们带做好的春卷去学校卖给同学，每天放学后每人把10谢克尔的卖春卷收入全部上交给妈妈。陈女士觉得很心酸，让他们小小年龄就要担起生活的担子。可是，孩子们没有表现出她想象的那种委屈，他们慢慢开始喜欢这种赚钱的感觉了。

邻居太太经常来跟陈女士聊天，告诉她正规的犹太家庭应该如何运作，应该如何教育孩子。犹太人从来不觉得赚钱是一个需要到达一定年龄才能开展的活动，与中国的"教育从娃娃抓起"一样，他们始终觉得"赚钱从娃娃抓起"才是最好的教育方式。在犹太家庭里，孩子们没有免费的食物和照顾，任何东西都是有价格的，每个孩子都必须先学会赚钱，才能获得自己需要的一切，才能自强自立，用自己的肩膀扛起生活的重担。这样的教育手段虽然比较残酷，但是无论在犹太学校还是家庭，孩子们都被灌输这样的“犹太法则”。于是，陈女士决定试着将三个孩子培养成自强自立的犹太人。

首先，她在家里确立了有偿生活制度，家里的任何东西都不再无偿使用，包括母亲提供餐食和服务。在家吃一顿饭，需要支付100雅戈洛的成本费用，洗一次衣服需要支付50雅戈洛……在收取费用的同时，陈女士给予他们赚钱的机会，她以每个春卷30雅戈洛的价钱批发给他们，他们带到学校后，可以自行加价出售，利润部分可自由支配。没想到，三个孩子竟然用截然不同的经营方式获得了利润。而且，这种艰苦的工作和挑战性的任务，非但没有影响到他们的学业，还使他们为了琢磨出更多更新颖的赚钱方法，更加努力地去学习和思考。老师问过他们这样一个问题：“当遭到异教徒的袭击，必须逃命的时候，你会带着什么逃走？”正确的答案是“教育”。与财物不同，只要人活着，教育就不可能被别人夺走。他们很赞赏老师说的这么一句话：“如果你想将来成为富翁，就学好眼前的东西，它们将来都会大有用处的。”

当老大在法律课上学习了移民法后，他告诉陈女士像他们这样的家庭应该可以去移民局领取安家费，结果一下领回了6000谢克尔的安家费。然后，老大对陈女士说由于他给妈妈提供了信息，妈妈应该付给他10%的酬金。他拿到钱后，给妈妈和弟弟妹妹都买了很漂亮的礼物，然后他用剩下的钱邮购了一批国内很便宜的文具，然后去学校进行售卖，1年以后，他户头上的金额就已经超过了2000谢克尔。

尽管老大很会赚钱，但在实际上，老二比他更能领会犹太法则的精髓——从事那些不用投入本钱的行业，从事其他人不做的、无须花钱和投资的工作。当老大在利用国内的资源赚钱的时候，老二也在如此做着，不过，他赚的是不需要成本的精神领域的利润。老二以他14岁的阅历，竟然在报纸上开设了自己的专栏，专门介绍上海的风土人情，每周交稿两篇，每篇1000字左右，每月收入8000雅戈洛。

老三因为比较矜持，还没有展露出赚钱方面的才能，但是她身上体现出了犹太人的优雅和对生活的乐观。她学会了煮茶和做点心，每天晚上，她会精心煮一壶红茶，配上她自创的口味不同的点心，一家人围坐下来边吃边聊天。老三的点心有点中西合璧的味道，两个哥哥都很喜欢。不过，这些点心可不是免费的，两个哥哥须支付费用，刨开成本和每天需要交给妈妈的费用外，老三也能活得很滋润。

这一家人凭借着自立自强、永不言败的精神，获得了富足、幸福的生活。几年后，陈女士带着孩子们到中国任职，发现孩子的成长比很多同龄人都优秀，他们小小年纪已经可以应对生活和学习中的困难，通过自己的努力交学费。老大后来考入一所旅游高等专科学校，他说他要成为专业的旅游人才，然后去以色列开办自己的旅游公司，垄断经营中国游；第二年，老二考入上海外国语大学，他说他的理想是当一个作家，在不需任何投资的前提下赚取利润；老三说她会去学中国厨艺，当一个顶级的糕点师，然后去开办全以色列最好的糕点店。

——本案例选自：方元.犹太人是怎样教育孩子的[M].北京：中国长安出版社，2008.

案例分析

自强是一种努力向上，永不放弃对未来的美好憧憬和无限希望的乐观；是一种面对狂风暴雨依然屹立不倒的坚韧；是一种经历磨难百折不挠的英雄气概。自强教育，就是一种对青少年学生苦难意识和挫折意识的培养。对于青少年来讲，挫折既可以使他们产生消极情绪，也可以磨炼其意志，使之奋发向上。对挫折的耐受力虽然与个人的先天素质有关，但后天环境的作用也功不可没，它是一个人的情感、个性、意志的综合体现，历经一次磨难，就会获得一次再生的机会。自强是成功的阶梯，竞争需要磨难，吃苦也是财富，这是正被各国社会、学校和家长日益认同的教育理念。

在本案例中，受中国传统教育影响的母亲，刚开始并没有意识到自己教育孩子的行为有什么错误，在她看来，虽然自己过得清贫、辛苦，却努力为孩子营造一个安逸的环境，竭尽全力地保护孩子、关爱孩子，害怕孩子遭受苦难、挫折和歧视。但是邻居的一席话惊醒了梦中人，也让她意识到，在犹太社会中，只有从小接受磨难和挫折考验的孩子才能获得吃苦耐劳的精神和坚韧不拔的毅力；只有从小坚强独立、精打细算的孩子才能成长为一个聪明能干的犹太人。孩子的表现也没令母亲失望，为了改善家庭拮据的生活环境，他们用稚嫩的双手来帮助母亲分担养家的责任，用聪慧的头脑获得物质上的满足，他们在苦难和挫折中自强自立，积极进取，终于成长为优秀的青年。

这给我们很大的触动，新世纪青年的父辈和祖辈们，大都经历过物质匮乏、生活拮据的青少年时期，随着中国改革开放、经济迅速发展，如今的孩子基本都是“蜜罐里泡大的”一代，不想让孩子吃苦受累的心情可以理解，但是长此以往，缺少磨难和挫折的考验，缺少自强教育，使孩子在步入社会之后容易和生活脱轨，难以迅速适应残酷、让人受挫的社会现实，有些甚至采取堕落、自杀等极端方式。因此，从长远来看，中国的教师和家长应该学一学外国的教育方式，培养孩子自强不息的精神，勇于面对挫折，对自己的生命和人生负责。有学者曾漫步在俄罗斯街头，发现难得有家长抱着孩子，一些两三岁的孩子，你追我赶，打闹中跌破皮、流出血，疼得掉眼泪，父母也只是查看一下，就要求孩子自己站起来。这就像苏霍姆林斯基所认为的，必须让孩子从小就知道生活里有一个叫"困难"的字眼，这个字眼是跟劳动、流汗、手上磨出的老茧分不开的，这样，他们长大后才会大大缩短社会适应期，提高忍耐挫折的能力。

反思与建议

一、经历风雨，制造吃苦的机会

很多中国教师和家长信奉这样一句话："再苦也不能苦了孩子。"但正因为中国的孩子缺少磨难的考验，缺乏自立自强的精神，遇到挫折不是逃避就是让父母包办，反而不利于健全人格的培养。日本人深感年轻一代的创业精神远不及老一辈，便想方设法对孩子们进行"吃苦教育"。为了不忘过去最苦的日子，日本一所学校给孩子们做了"忆苦饭"，结果孩子们面对大人当年吃过的糠菜时号啕大哭，拒食三天，可校方仍毫不动摇。第四天，孩子们终于咽下了一顿忆苦饭。在日本的许多孤岛和森林里，常常可以看到小学生的身影，他们在没有老师带领的情况下，面对既无粮又无水的可怕境地，安营扎寨，寻觅野菜野果，捡拾柴草，寻找水源，自己"营救"自己。这些孩子都是家长主动送去的。像这样的吃苦教育，在日本是孩子们的必修课。日本每年都要定期举办"田间学校""孤岛学校""森林学校"等，组织学生到田间、海岛或森林去"自学"，让孩子经风雨，见世面，培养自强不息、吃苦耐劳的精神和克服困难的毅力，让孩子在自然界的竞争中求得生存和发展。与日本的"吃苦教育"类似，德国人也选择现场体验的方式，为孩子制造吃苦的机会。在柏林一所小学的课堂上，孩子们异常安静。讲台前，殡仪馆的叔叔、阿姨正在讲述人死时会发生的事情。讲完后，孩子们轮流扮演角色，模拟诸如父母因车祸身亡时如何应对。孩子们的表情异常痛苦，可老师却说，通过这样的课程，孩子们体验到了突然成为孤儿的感觉，这有助于他们体验遭遇不幸时的复杂心情，以及怎样控制情绪。德国人在暑假也会开设"磨难营"进行野外生存训练，旨在培养孩子的吃苦精神、团队意识及正视挫折的态度，培养孩子在黑暗中看到光明的自立自强的精神。

二、创设障碍，开掘"最近发展区"

人往往习惯于表现自己所熟悉、所擅长的领域，但仔细研究就会发现，虽然我们无时无刻不在面临着紧锣密鼓的工作和难度渐升的环境压力，但是却凭借生活的韧劲和不怕困难与挑战的自强精神，能力得到了大幅度的提升，原因就在于人的潜能是无限的，千斤重担会把人压垮，但是逐渐累积的重量却能开发出未知的能量。在教育上也是如此，一位音乐大师的教育方式验证了这一理论。他将一份高难度的琴谱放在学生面前，学生最初弹得生涩僵滞、错误百出，但经过不断地艰苦练习，终于有所进步，但是没想到教授又给了他一份难度更高的乐谱，学生再次挣扎于更高难度的技巧挑战。接连三个月都是如此，乐谱难度越来越大，学生感觉到了巨大的压力和挫折感，终于忍不住抱怨为何教授要不断折磨自己。教授没开口，将第一份乐谱放到学生面前，让他重新演奏，结果学生发现自己竟然可以将曲子弹奏得如此美妙。钢琴大师缓缓地说："如果我任由你表现最擅长的部分，可能你还在练习最早的那份乐谱，就不会有现在这样的程度。"这正是运用了苏联心理学家维果茨基"最近发展区"的教学理论。而这个故事也给我们对学生进行自强教育以启示，在日常的学习和生活中，教师可以巧妙地为学生设置障碍和挫折，给学生不断抬高横杆，让他们跳过一个个新高度。当学生面临更高的挑战和阻碍时，我们应该鼓励他们大胆面对，培养其自立自强、永不放弃的精神。长此以往，我们才能不断激发学生的潜能和他们自强不息的勇气，否则，他们就会在安逸和轻松的生活中停滞不前，丧失进步的动力和机会。但是，我们要注意，挫折教育并不是有意去挖坑让孩子跳进去，而是在孩子掉进"坑"里时我们能够及时发现并陪伴孩子去应对，在提出建议和指导的基础上，让孩子主要依靠自己的力量去找到方法，然后让孩子自己去面对和解决。

三、树立榜样，身教胜于言传

挫折可成为弱者巨大的精神压力，也可成为强者勇往直前的动力。在培养学生的自强精神方面，优良的示范就是最好的说服，所以非常有必要树立自强不息、积极进取的榜样，让学生从身边的人和事中获得感动和鼓舞，培养其自强精神。比如，诺贝尔生理学或医学奖获得者罗伯特·巴雷尼的成功就来自母亲的榜样力量。巴雷尼小时候因病成了残疾，母亲强忍住自己的悲痛来到巴雷尼的病床前，拉着他的手说："孩子，妈妈相信你是个坚强的人，希望你能用自己的双腿，在人生的道路上勇敢地走下去！"从那以后，妈妈只要一有空，就教巴雷尼练习走路，做体操，常常累得满头大汗。有一次妈妈得了重感冒，她想，做母亲的不仅要言传，还要身教。尽管发着高烧，她还是下床按计划帮助巴雷尼练习走路。黄豆般大小的汗珠从妈妈脸上淌下来，她用干毛巾擦擦，咬紧牙，硬是帮巴雷尼完成了当天的锻炼计划。体育锻炼弥补了由于残疾给巴雷尼带来的不便。母亲的榜样作用更是深深地教育了巴雷尼，他终于经受住了命运带给他的严酷打击，刻苦学习，以优异的成绩考进了维也纳大学医学院。大学毕业后，巴雷尼以全部精力致力于耳科神经学的研究。最后，终于登上了诺贝尔生理学或医学奖的领奖台。在教育过程中，我们还可以通过以下方式培养学生的自强精神，比如，开设关于“自强精神”和“挫折教育”的主题班会和专题讲座，搜集较好的文章进行宣传，并积极表扬自强不息、积极进取的同学，让学生认识熟悉而又陌生的同学，通过不断学习、端正心态、完善自我、超越自我来确立自身的价值，初步养成有自尊、有骨气、积极进取、不懈追求等自强品质。

静坐常思己身过

——自省是自我发展的根本

天上的繁星数得清，自己脸上的煤烟却看不见。

——【马来西亚】谚语

引言

法国牧师纳德·兰塞姆去世后，安葬在圣保罗大教堂，墓碑上工工整整地刻着他的手迹："假如时光可以倒流，世界上将有一半的人可以成为伟人。"一位智者在解读兰塞姆的手迹时说："如果每个人都能把反省提前几十年，便有50％的人可能让自己成为一名了不起的人。"他们的话，道出了反省对于人生的重要性。人对世界的认识主要包括两个方面，一是对客观外在世界的认识，对他人、社会的认识，二是对自我内心世界的认识。自省，就是通过经常地、冷静地回顾自己的思想和行为，寻找自己的缺点和错误，也就是指通过反观自己的内心世界，随时随地了解、认识自己的思想、意识、情绪与态度的一种做法。

在我国的传统文化中，非常重视对人的自省品质的培养。老子在《道德经》中写道："知人者智，自知者明，胜人者有力，自胜者强。"他强调了拥有自知之明和自我反省能力的重要性。《论语》中关于自省的名言也俯拾即是，如"君子求诸己，小人求诸人""吾未见能见其过而内自讼者也"，这就是说，能否坚持自我反省、自我反思是区别君子与小人的主要标志，君子能够"严于律己，宽以待人"，善于发现自身的错误，不断反省自身。"见贤思齐焉，见不贤而内自省也"这句话更是成为后世儒家修身养德的座右铭，认为好的榜样对自己的震撼能驱使自己努力赶上，坏的榜样对自己的"教益"则使人学会吸取教训，不致堕落。宋朝的大文豪苏轼在《河豚鱼说》这篇文章中讲了这样一个故事：有一条河豚游到一座桥下时不小心撞到了桥墩上，但它不反省自己的过失，也不打算绕过桥墩游走，反而恼怒地认为是桥墩撞了它。于是，它气得张开两鳃，胀起肚子，漂浮在水面，很长时间一动也不动。后来，一只老鹰发现了它，一把抓起了它，转眼间这条河豚就成了老鹰的美餐。这个故事告诉我们，这条河豚由于缺乏自我反省的意识和能力，最终葬送了自己的性命。“人非圣贤，孰能无过”，在人生道路上难免有过失，在过失面前贵在自省，知过能改。自省可以让人在顺境中清醒，在逆境中崛起。自省对于中学生来说尤为重要，因为他们走过的人生道路不长，很容易出现失误和偏差，在他们以后的漫长人生中自省就更有必要了，学生越早有意识地自省，他就越早获得成熟的心智，对问题和自我的认识也会越深刻。

案例

美国心理学家威廉斯说：“无论什么见解、计划、目的，只要以强烈的信念和期待反复地进行思考，那它必然会置于潜意识中，成为积极行动的源泉。”这就告诉我们，教育孩子一定要从孩子的立场出发，让孩子自省，让孩子的潜意识能感觉到问题所在。

有一个顽皮的男孩，小学一年级的时候，有一天他把一只毛毛虫塞进一位女同学的后脖颈，女同学猛然受到惊吓，慌乱之中蹦起来而扭伤了左脚，整整一个下午都在呻吟着喊痛。

祸肯定是闯大了。每一次闯祸回到家，父亲迎接他的都是一把上下翻飞的笤帚。男孩想，这次那把笤帚也一定会让自己的屁股皮开肉绽了。果然，父亲把胆战心惊的他叫到身边。父子俩都心照不宣，因为这样的“故事”重复太多次了。这次父亲挥了挥那把笤帚，没有直接打下来，而是让他先去做作业去，等吃完饭再收拾他。男孩心神不宁地吃完晚饭，蹑手蹑脚地往自己的房间里钻。父亲拦住他，说今天不揍他了，等明天吃完晚饭再补上。说完，父亲又一次挥动了那把笤帚。

第二天整整一天，男孩过得很不安稳。他开始后悔为什么要搞那样的恶作剧。他感到很奇怪，以前哪怕屁股还在火辣辣的痛，他也不会对自己的所作所为产生丝毫的悔恨。父亲落在他屁股上的笤帚，甚至让他有英雄般的感觉。而这次，父亲不过是把一顿暴揍延迟了一天，却让年幼的他产生了几许愧疚。尽管那些愧疚更多的是来自他对皮肉之苦的恐惧。晚饭后，父亲仍然没有揍他，感觉父亲好像忘记了要揍他这件事，这让他窃喜不已。可是三天后，当他以为一切都已经过去了，父亲却突然对他说，他还欠一顿揍。这时男孩知道这个惩罚终于还是没能逃得过去。想不到父亲却说记得就好，然后摆摆手让他去睡觉。

惩罚就这样遥遥无期地被拖了下去。可每当他要忘记时，父亲就会适时地提醒他，让他一次次紧张无比。而每一次，父亲都会摆摆手让他做别的事去。

这种缓期执行的做法，让他从此小心翼翼，不敢做任何错事。

多年以后，父亲向他解释了这样做的原因。父亲说，因为他上学了，长大了，自己就不能再用对待小孩子的方式对待他了。不过，错误既然犯下了，当然还是要受到惩罚的。这个惩罚，就是把最害怕的东西无限期地在心中拖延，让他时时后悔，时时愧疚，为自己的错误自我反省，自我约束，避免以后再犯类似的错误。

——本案例选自：万玮.向美国学教育[M].福州：福建教育出版社，2013.

案例分析

本案例中的这个故事让人想起了古希腊关于“达摩克利斯之剑”的传说：狄奥尼修斯国王请他的大臣达摩克利斯赴宴，命其坐在用一根马鬃悬挂着的一把寒光闪闪的利剑下。由此而产生的这个词，意指令人处于一种危机状态，或者随时有危机意识，心中敲起警钟等。上面案例中这位智慧父亲的做法，其实也没什么高明的，就是耍了一个手段，将惩罚之剑高高悬在儿子头上，而不直接斩下来。看似没有杀伤力，实则威力更大，这当然比揍儿子一顿更管用了。它的作用就表现在，孩子在潜意识的害怕中感到了自己的错误并时时能矫正自己的错误。这正是这位父亲教育的高明之处。

日本有位心理学家说过：“当我们的头脑处于半意识状态时，是潜意识最愿意接受意愿的时刻，此时来进行潜意识的接收工作是最理想不过的了。”孩子犯错之后，就会对自己产生责备的情绪，会感到后悔和羞愧。很多父母面对孩子犯错误时都会耐不住性子，对孩子非打即骂，这样的教育方式反而不利于孩子自我反省能力的提高。所以说，教育孩子即便是惩罚也不能立刻斥责、打骂，让孩子迫于威势承认错误，而是要讲方法，平静地指出孩子的错误，真正让孩子自省自觉，激发起他们去自我纠错，这样孩子不但不会逆反，还会在每一个缓冲的时间节点不断收到意想不到的效果，在今后的生活中就会少犯甚至不犯类似的错误。

父母要宽容地对待孩子的错误，而不要对孩子横加指责，让自己的暴躁脾气扼杀了孩子的自我反省能力。比如有一对父母采取的“自然后果法”就对培养孩子的自省能力卓有成效。女儿很喜欢金鱼，于是就常常背着父母把鱼缸里的金鱼拿出来玩。虽然父母对此批评教育了很多次，但是她仍然我行我素，于是父母就决定让孩子自己认识错误。不久之后，鱼缸里的金鱼因为经常被拿出来，都死掉了，父母没有批评女儿，也没有再买新的金鱼。爸爸问女儿：“你知道我们为什么不买新的金鱼吗?”女儿想了想说:“是因为我把金鱼捞出来它们才死掉的。爸爸妈妈你们去买吧,我知道错了,我再也不把它们捞出来了。”

从这里我们可以看出,自省是一种对自我的否定,是对自我道德、思想、行为、思维方式的否定,自省的过程需要忍受内心的煎熬,通过对自己内心深处的异化,从而达到对外部世界和社会的顺应。自省是一种学习能力,自省的过程也就是学习的过程,它能使人清醒,使人明辨是非,使人不断成长,使人成为一个真正有修养、有智慧的人。一个孩子只有不断地进行自我反省,并努力寻求解决问题的方法,从中不断总结失败的教训和成功的经验,并不断地完善自我,才能让心灵得到健康成长。

反思与建议

苏霍姆林斯基说:“能够使人去进行自我教育的教育,才是真正的教育。”自省不仅是单纯的自我批判,也是一种智慧总结。逆境时要自省,顺境时更要自省,当自己获得大家赞赏时应及时反省自己的纰漏和言行,以获得更大的进步。早在两千多年以前,儒家经典中便有“吾日三省吾身”的格言,在自省中可以总结经验,吸取教训;在自省中可以总结过去,规划未来;在自省中可以汲取智慧,运筹帷幄,决胜千里。在对学生的诸多能力的培养中,自我教育能力的培养至关重要。不断培养学生自我教育的能力,对学生一生的进步成长将起到非常重要的作用。

一、允许犯错,为自省提供宽松的空间

很多家长都焦虑地表示现在的孩子不好教育,说什么孩子都不太能听进耳朵,甚至还出现逆反心理。于是“武力镇压”成为对付孩子最简单的方式,以为这样便能让孩子臣服,乖乖改正错误。然而,这样的方法虽然暂时有效,但却绝不是最佳方法。真正的教育,不是孩子被动地臣服,而是主观自省。苏霍姆林斯基曾说过:“你面对的是儿童极易受到伤害的、极其脆弱的心灵,学校里的学习不是毫无热情地把知识从一个头脑装进另一个头脑里,而是师生之间每时每刻都在进行的心灵的接触。”尊重孩子,让他们从内心自觉意识到其不足,自我找到解决问题的办法才是上上策。每个孩子都有强烈的自尊心,父母用责骂的方式会严重伤害孩子的自尊心,并不能帮助孩子从思想上认识自己的错误。如果父母宽容地对待孩子,孩子会感谢父母的理解,进而自觉地反省和调整自己的做事方法,并作为自己的行为规范保持下去。父母也不要在外人面前指责孩子,对孩子的批评要符合实际情况,不要夸张,这样才会真正让孩子学会反省。

对学生中偶尔为之或初次犯下的错误，在让孩子认识到自己的错误时只需点到为止，不必深究；对经常犯错的孩子则应帮助他们分析犯错的原因，挖掘思想根源，使其在思想上有深层次的触动，并适时给以压力，以期让他们化压力为动力，以自身的毅力和决心克服不足；对严重犯规且屡教不改者，则需要采取一些严厉的措施和手段，通过家校配合加强检查，促其自省，如若再犯决不迁就，应按校规处理。也就是说，给予学生宽松平等的外部环境，允许其犯错，更希望其通过自身的努力及时改错。

二、进行心理分析，为自省提供多种策略

由于青少年爱面子、好名誉、不服输，自我意识有新觉醒，自我感觉、自我评价、自我分析、自我监督的能力迅速提高，人生观、世界观和理想正逐步形成，但此时的理想容易脱离实际，意志力仍有待进一步发展和完善。所以，教师在教育学生时，需要针对他们的心理特征采取相应的策略。如针对他们不服输的特点开展榜样教育，以学校历届学生中进步典型的例子教育学生，激发他们进取的热情，利用榜样效应，使他们能以他人之缺点看自身、以他人之优点评自己，从而更好地成长。此外，还可以利用班会开展人际交往教育、积极适应教育、正当竞争教育、承受挫折教育、情绪调控教育及自律自理教育等，培养他们的人际协调、适应和竞争等能力，学会应付挫折刺激、增强心理承受力，且会科学地调控情绪、自我约束。比如，在日常教育中，要让孩子在做错事后认真分析自己的错误，主动承担后果，并给予孩子辩解的机会，辩解的过程不仅可以让教师了解到事情的真实情况，还锻炼了孩子的反省能力。另外，教师可以用负面道德情感促使孩子反省。羞愧和内疚是主要的负面道德情感，这种情感体验会让孩子对自己有害于社会或他人的行为感到羞愧和内疚，是一种改变其行为的合理方式。当然，我们也可以尝试从正反两个方面唤起孩子的反省意识，在生活中既经常为孩子传达诸如正直、善良、勇敢等正面道德情感，也让孩子体验羞愧、内疚等负面道德情感，而且羞愧、内疚等负面道德情感与正面情感相比更能在孩子的心中留下深刻的记忆。

三、适时评价，教孩子学会自我总结

很多父母喜欢越俎代庖，替孩子做总结，这无疑会掺杂成人的价值观，并不利于孩子的成长。比如，当孩子因为没有听从父母的指导，考试前没有仔细检查用具，考试时出现麻烦导致成绩不理想时，父母不要幸灾乐祸地对孩子说："早和你说了，你自己不注意，现在尝到苦头了吧。"父母的这种态度只会导致孩子的逆反心理，而不会起到任何教育作用。父母要引导孩子进行自我总结和自我反省，每过一个阶段，每一位学生都要进行自我评价，对这一阶段的所作所为进行反思、分析，从而扬优抑劣。对于经常犯错的学生，班主任应多留心，及时评价，若有进步之处则大力表扬，使其充满信心，以点带面，调动其积极性，以期获得较快进步。让孩子学会总结经验教训，其实就是在帮助孩子养成自我反省的习惯。当孩子与同学发生矛盾冲突、学习成绩下降时，他也会在心里对自己最近的表现进行评价和定位。当他们将结果和过程结合在一起进行自我反省，再次行动时就会先考虑再行动，并且会对自己有更清楚的认识，也会自己判断事情的结果会是怎样，如果最后事情的结果和自己预想的出现了偏差，他们就会反思自己的行动，从而调整自己的状态。

宁可枝头抱香死
——自爱是生命价值的体现

自尊自爱，作为一种力求完善的动力，却是一切伟大事业的渊源。

——【俄】屠格涅夫

引言

我们生命的成长需要来自别人的爱，特别是来自父母、师长和同伴的爱。然而，爱不能仅仅局限于、依赖于他人之爱，还要有自身之爱。古人云："夫人能深自养，乃能养人；夫人能深自爱，乃能爱人。"这告诉我们，爱护自己的身体、心灵和良知，乃是人间之爱的一大要义。但是，真正的自爱绝不是自私，它是一种泽被万物的大爱，在提升和帮助自己的同时，也会提升和帮助身边的人。18 世纪法国启蒙思想家卢梭在《爱弥儿》中系统地阐述了性善问题，认为自爱是自然人性的首要法则，"人类唯一的自然欲望就其广义来说，便是自爱自利"，"儿童的第一种情操是自爱，导源于自爱而养成的第二种情操，便是爱他亲切的人"。培根将"自爱"视为"个人的善"，霍布斯认为"自爱"是人的"自然权利"，爱尔维修则由"自爱"得出"合理利己主义"。可见，在许多教育家看来，自爱既是自然的，也是合乎道德的，是友爱、博爱的基础。

何谓自爱？简单地说，就是自己爱自己，就是对自我的重视，就是对自己的需要、欲求及其实现的关心。自爱是人珍视自我、关注自身、保全自己的愿望和情感，是爱护自己的生命，关注生存与发展，以求获得幸福的一种内驱力。恰当的自爱能够使人积极地给自我估价，体认存在的价值，珍视自己的长处，获得发展的动力。自爱包括物质性自爱和精神性自爱两种，所谓物质性自爱就是关心自己的生存，维护自己的生命；所谓精神性自爱，根据马斯洛的理论，应该包括自我尊重和自我实现两个方面。自爱是内省的智慧，懂得自爱，就会过智慧的生活，活出不同凡响的境界来；相反，不懂得自爱的人，就会成为社会的累赘，终将被淘汰。

弗洛姆指出，如果一个人有爱的能力，那么他会爱他人，也更会爱自己，爱自己与爱他人是不可分离的。因此，青少年只有先学会自爱，才会真正理解父母之爱、师生之爱、亲友之爱；只有热爱自己的人，才会热爱生活、热爱社会、热爱生命。自爱是人的本性，是人类历史发展的一种动力。然而，长期以来，我们提倡集体主义、爱国主义，不能讲自爱，不敢讲自爱，也不会讲自爱。但不讲自爱并不等于会消除人的自爱，反而使自爱变得畸形、片面和狭隘，比如有的人把自爱等同于自私，有的人将自爱归结为物质的享受……因此，我们今天加强对正处于青春期的中学生的自爱教育已经刻不容缓。

案例

美国：两种观念的争锋

美国的青春期性教育始于 20 世纪 60 年代，时值西方国家兴起“性自由”“性解放”运动。当时，被公认的学校青春期性教育的目标有：减少性病，减少私生子和性适应不良行为，培养青少年如何正确对待异性，与异性建立高尚关系的态度和能力等。

近年来，美国社会各界均赞成在学校开展青春期性教育，但部分人士在对具体目标、任务的认识上存在差别。一派以美国性信息与性教育委员会为代表，提出“安全性行为”综合性教育目标，他们主张学校青春期性教育课程应主要教会学生使用避孕套，使学生在进行性行为时减轻对健康的伤害。另一派以美国性健康研究所为代表，他们提出性和品德教育目标，提倡以品德为基础的“禁欲方式”的性教育，即青春期性教育课程应主要进行人格教育，促进学生保持童贞，直到他们找到准备与之生活一辈子的人，结婚时再发生性关系。目前，越来越多的美国人倾向于后一种观点。

英国：中学生“做处女很酷”

一向以绅士或淑女自居的英国人如今再也提不得这份荣耀了，“传统”“保守”以及“自我克制”等英国人标榜的优点也都是历史了，事实是英国的青少年在性的开放程度上一点也不输给美国人，品尝“禁果”的中学生数不胜数，这导致了道德的堕落和性方面的混乱。十几岁的少女怀孕率急剧上升。据统计，英国的少女怀孕率在欧洲是最高的，为此，英国政府决定在中学中开展一项“无性之乐”(The Joy of No Sex)运动，教育少男少女们保持贞操，降低少女怀孕率。英国政府为这一计划拨款 8700 万英镑。

为了引起中学生们的注意，在全国的中学里广贴海报，包括在厕所中、宿舍里等，宣传海报上面的标语也很别致，比如“做处女很酷”“性：你思考得足够多了吗?”等。充满好奇的十几岁的中学生会注意到这些海报的,耳闻目睹得多了就会受到影响,最后他们会发现保持了贞操也就保持了自己的快乐。英国公共卫生部大臣伊薇特·库柏说:“这是一项与中学生直接对话式的运动,要让他们了解事实。”库柏下令说,要使这项运动达到使人觉得“时髦”和“完美”的效果。

瑞典:一步到位、不兜圈子

瑞典是世界上第一个推行青春期性教育的国家。早在1942年,瑞典就在义务制学校中开展了性教育,1957年国家有关部门制定了性教育指导要领,1970年将性教育扩大到所有学校。1975年之前,他们偏重于生理教育,后来逐步增加了性道德、性评价等内容。他们的教育有三个特点很突出:非常实用;从幼儿开始;性科学教育一步到位、不兜圈子。瑞典的性教育很有成效,少女妊娠和人流数明显减少,性病、性犯罪比例不断下降。

日本:青春期性教育经历了3个阶段

第一阶段为第二次世界大战后至20世纪60年代,叫“纯洁教育”,强调对青少年授以正确的性知识,使其保持身心纯洁;第二阶段为20世纪60至70年代,日本受到西方性自由浪潮的冲击,开始以传授性科学知识为主;第三阶段是20世纪70年代以后,日本进入“性指导”阶段,不仅让学生懂得性科学知识,还要懂得友爱的重要和生命的可贵。20世纪80年代以来,他们在性教育中特别强调性约束、性道德,认为性教育首先是性的文明教育、伦理教育和道德教育,尊重人的精神,反对以强凌弱,讲究男女平等。

韩国:义务性教育每年10课时

韩国从2001年起在小学、初中、高中实行每年10课时的义务性教育制,尤其加强了对中学以上学生的避孕知识的教育。韩国的教育人力资源部帮助每个学校按类别配备担任性教育的教师,而且要求每年从技能培训活动时间中挤出10个课时来进行性教育。就是这每年10个课时的宝贵时间,在韩国的教育史上也是有突破性的。韩国的教育部门做出这样的尝试也确实是情势所迫。

由韩国教育部编撰的教学指南中提出,在初中阶段讲解避孕的目的、避孕的种类、流产等知识;在高中阶段则进行详细的关于避孕种类和原理、各种避孕方式的长短处、错误的避孕知识、避孕失败的原因等方面的教育。韩国延世大学、梨花女子大学、高丽大学等高等学府也开设了有学分的性教育课程。课程的形式也突破了以往那种灌输方式,转而采取讨论、请已婚人士讲座的方式。

性教育与性观念最直接的副产品就是对待婚姻家庭的看法。婚姻与家庭观念直接影响了社会的稳定性与价值观的发展。在一项对1000名左右韩国大学生所做的问卷调查中,有高达74%的人对婚前性行为持肯定态度,对于是否赞成与相爱的人同居这个问题，也有一半以上的人表示赞成。这种观念直接冲击了年轻人的婚姻与家庭观。有关人士不无担忧地表示，看来，在韩国对性知识的正确传播已不足以引导社会的良好风气，什么是“正确的”性爱成了新的课题。

新加坡：疏堵并重

新加坡在学校专门开设了性教育课，教导学生们如何对待异性朋友、对待感情、对待早恋等，高度重视他们的青春期心理问题，并为孩子创造一些同异性接触的机会，教育他们如何掌握适当的尺度，理智地对待和异性的交往，不去跨越友谊的界线。同时对社会上一些不良的影视出版物、电脑黄毒等大力抵制，打击各种诱使少女犯罪的不法分子。

——本案例选自：佚名.国外性教育现状面面观[J].辽宁教育，2013，(04).

案例分析

自爱教育就是让青少年树立正确的生命观，培养对他人和自己的生命懂得珍惜和尊重的态度，增强爱心和社会责任感，体认生命意义和人格尊严。而当前青少年成长所遇到的问题主要来自两个方面：一是公共安全保障的失控。如今，许多国家的学生都已体会到了学校安全的失控。美国校园发生了有史以来最大的枪杀案，俄罗斯发生了极端分子在学校劫持人质事件，等。而在我国，校园意外伤害时有发生，每年都有很多中学生因火灾、溺水、交通事故、食物中毒而死亡，学生的安全自救能力令人担忧。二是生存意义的缺失。受到信息社会和多元文化的影响，青少年沉溺于电子游戏、互联网、电视等，加之升学和就业的压力，这些都导致了青少年身心疲惫，精神疾患日益增多。一项调查显示，我国约30%的青少年患有不同程度的心理疾病，抑郁症、狂躁病愈来愈成为青少年的最大杀手，多数青少年独立生活能力差，做事被动、胆怯、自私，只求别人照顾，不会关心他人，社会责任感弱，情绪波动大，易走极端等。在发达地区进行的一项问卷调查活动中，针对“你是否每天都很愉快?”这一问题，60%的人回答“没有愉快感”，其中20%的人明确表示“我每天都不愉快”，甚至有人强调说“我不知道怎样才能愉快”。物质的舒适和单纯的享受导致了自我生命的异化。

面对青少年自爱教育的缺失和由此导致的社会问题和教育问题，已经引起了不少国家的重视，并以有序、有效、理智和智慧的方式对学生进行关爱自我、关爱生命的教育。比如，在本案例中，虽然我们一直认为西方国家在两性关系上比较早熟、开放，但是其中不少国家的中小学已经在学生很小的时候就对他们进行了性教育，教育学生关爱自我的生命，约束自己的行为，在发生性关系时要注意保护自己，尽早形成健康的两性观、爱情观和家庭观，以避免不必要的伤害。反观我国，长期以来，各级学校对德育工作投入了大量的时间、精力、人力和财力，然而效果并不佳，其中一个很重要的原因就是，以往我们更多地倡导青少年爱祖国、爱社会、爱集体、爱父母、爱同学，对自爱问题却很少强调，甚至讳莫如深，避而不谈。受此影响，有些人把自爱等同于自私，有些人则否定、压抑自我，不知维护自己的合法权益，不敢张扬自己的独立人格，有些人却放纵自己的言语、行为和欲望，随意支配自己的身体。比如，在我国的中小学教育中，对青少年儿童的性教育问题讳莫如深，基本采取抑制、逃避等方式，即使开设一些卫生教育课也对相关知识一语带过。这样导致的一个严重后果就是，一些中小学生因为好奇，选择其他渠道去了解，或者因为两性知识的缺失而不懂得保护自己，乃至磨灭了自爱之心，做出伤害自我身心的行为。而我们的学校和家庭教育只是在出现问题之后才想到教育、补救，但为时已晚。这不仅使人们感到德育的效果难以切己，更容易使德育内容流于空泛和说教。事实上，自爱乃是道德主体的自我肯定，是人的生命得以存在和发展延续的力量。一个不懂得自爱也不会自爱的人，又怎么会拥有爱心，进而把爱传递给别人呢？因此，正视自爱，关注自爱，为自爱正名，对自爱问题给予辨析阐释，既是提升学校德育效能的有效途径，也是教育理论工作者义不容辞的职责。

反思与建议

自爱教育是人性的教育，自爱教育要唤醒青少年对生命价值的关怀和理想人格的追寻。善待自我，珍爱自我，是对青少年的要求，也是对我们的学校和家庭教育提出的要求。钱汉东教授在《自爱的艺术》一书中指出："自爱就是向自己敞开胸怀，使自己能感受周围和自己的一切；自爱就是给自己以足够的重视和关注，以使自己能常和自己接触；自爱就是做自己生活以及所经历、所领悟和所发现的事物的主人，并对其承担责任；自爱就是给自己一个生活方向——我要使自己成为一个有爱心的人。"那么，我们可以从哪些角度入手对学生进行自爱教育呢？

一、天生我材必有用，教育学生认识自我、客观评价

人生在世，与自己最亲近的人不是父母，不是伴侣，而是自己，寻找人生的真谛、生活的意义，追求自我的价值从根本上说都是任何其他人所不能代替的，每个人都必须对自己负责，才能找到自己在世界上的坐标，画出自己的人生轨

迹。所以说，要自爱，首先是认识自己，理解自己，它是自己生活的起点和人生的基础，而认识自己包括两个问题："自我性"和"我是谁"。"自我性"主要指通过别人来发现自己，即由人及己；"我是谁"则是内省和主观的，也就是要学会自我表现、自我交流，明白"我"的具体存在意义是什么。自爱必须建立在认识自我的基础上，否则就难免出现偏差。另外，人生的坐标是立体的、全方位的、容纳着个人全部的心血、精力和精神的多面体，而且这种坐标是在他人与自我、自我与社会的合理而现实的关系中建立的。中学生随着自己反思能力的提高和自我意识的觉醒，要积极发现自我、理解自我，在各种社会关系中找到合适的自我。因此，我们在日常教育中可以通过开展"我的心路历程""认识我自己"等主题班会和演讲活动，帮助学生客观地认识自己，评价自己，形成比较清晰的自我整体形象。

二、劝君惜取少年时，教育学生关爱自我、珍惜生命

在学科教学和日常生活中，我们应当教育青少年学生正确地认识自己，理解和关爱自己，勇敢地面对未来的挑战，昂起头来走路。首先，自爱教育不仅是对生命实体的关爱，还是对精神人格的关爱。现代青少年的自爱意识应体现为合理地爱"物质自我"与"精神自我"的统一，即除了维护人的生命实体和正当物质利益外，还应爱自己的精神与道德自我。只有这样，才能让身体更为健康强壮，让灵魂更为自由丰满。因为对青少年来说，健全的人格、健康的体魄比单纯的分数、奖项更重要，中学生应该认识自爱的内涵，珍惜生命，乐观地生活，培养良好的人生态度和习惯，纠正行为失范的问题，发展自己的精神世界，促使自己实现在生活上自理，在知识上自学，在品行上自育，在行为上自控。其次，中学生更要珍视自爱的权利，去除污秽的心理、卑微的意识，用行动捍卫自爱的权利。在学校教育中，我们也应当切实履行教育者的责任，避免校园自杀和校园暴力行为的发生。比如，俄罗斯曾发生过极端分子在学校劫持1200多名人质，并导致几百人死亡的事件。为避免此类情况再度发生，如今要进入莫斯科的学校，每位学生都要在脖子上挂一块身份识别卡，同时还要出示一张含有其姓名、住址、电话、电子指纹、血型等信息的"护照"，"护照"上还包括发生恐怖袭击等突发事件时的行动指南。日本学校开始试验的保安措施是在学生的书包里放上一块芯片，目的是让老师和家长能通过无线接收的方式迅速知道学生的下落。英国的老师和家长也要求学校配备金属探测系统，以防止越来越多的学生把武器带到学校。美国新泽西州一所学校采用虹膜身份识别系统来加强校园安全警戒。这些都可以给我们加强学校安全建设，保护学生生命，促进学生心理健康等提供学习的范例。

三、无情未必真豪杰，教育学生尊重感情、乐于沟通

我们的很多老师和家长把青少年萌动的感情视作洪水猛兽，过分地把青少年的情感看作一种盲目而危险的东西，为了让孩子沿着正确的道路成长，必须紧紧看住这萌动的感情，克服它，压抑它，绝不能让它横流。希望孩子自尊自爱、崇尚生活的理性并没有什么错误，但是这样却等于是把孩子看作一架没有感情的机器，没有看到感情对个人生存、发展和完善的重要作用。现代人早熟，在中学生这样的群体中出现男女之间萌动的情感是难以避免的。当然，我们并不是要鼓励中学生恋爱，只是说应该正确认识和对待中学生的自然情感，不要一味对此存有一种很不信任和戒备的心理，一概抹杀。另外，中学生自己也要学会沟通，提高自己的情商，乐于表达自己的喜怒哀乐，善于控制自己的情感，用理性为自己的情感掌舵、领航，而不是一味把自己的情感压抑、埋没在心里。所以，中学生要自爱，更要尊重自己的情感，珍视自己的情感，丰富自己的内心，让理性和情感和谐并存、携手共进。我们的教育要让学生培养自己的成长意识，让学生懂得自爱就是要促进自身的发展，让自己变得幸福。在教育过程中，教师可以经常和学生沟通交流，或者以主题班会、讲座、比赛等方式鼓励学生表达自己的真情实感，同时对早恋、青春期性行为等进行及时、合理地引导。

要留清白在人间
——羞耻心是一切品德的源泉

一个人的羞耻心在基本一点上被刺痛，那么，它的余波会在不知不觉中迅速传到全身哪怕最远处的神经末梢，只要轻轻一碰，偶尔一想，都能使一度感到羞愧的人重新感到数倍于前的痛楚。

——【奥地利】茨威格

引言

《孟子》中提出人有“四端”，是儒家认为人应有的四种德行，即：“恻隐之心，仁之端也；羞恶之心，义之端也；辞让之心，礼之端也；是非之心，智之端也。”其中，他将人的羞耻之心看作义的发端，可见羞耻心在个人品质中的重要地位。羞耻是人控制自己原始欲望的机制，羞耻使人能够超越自己的自然本能，从自然世界进入文明和道德的境界。这正如波兹曼所说的：“即使去除神学的内涵，羞耻心仍然是人类文明过程中必不可少的要素。羞耻是征服我们本性所要付出的代价。”儿童教育中最常运用的不是禁止的力量，而是羞耻感的影响，在儿童社会化、成人化的过程中从羞耻心出发，让孩子逐渐接受社会的道德行为规范，这是对孩子的教育中最为珍贵而微妙的部分。

洛克说：“尊重和羞耻之心，一旦令幼童体味到它们的真义，比之其他种种方式，会对心灵产生最为有力的一种刺激。您一旦让幼童从心里珍惜名誉，并害怕羞耻和羞辱，您便把真正的原则注入了他们的内心，这些原则将持续发挥作用，使他们走上正轨。”可是今天的社会却呈现出欲望强烈而羞耻心淡薄的态势，对许多违反道德的事情不以为耻成为一些成年人个人生活方式的一种当然选择，而这种态势也不可避免地侵入了校园，有部分孩子在耳濡目染、潜移默化的过程中，羞耻感逐渐淡漠。曾经听闻的一则事例令人对一部分中学生羞耻感缺失的现象深感担忧。一位男老师教训一个屡次违纪的高中女生，该女生轻蔑地说：“你管那么多做什么？我以后毕业了，去当小姐也比你做教书匠赚的钱多。你得意什么呢？”这番话让老师瞠目结舌，一个十六七岁的女孩子居然在老师面前说出如此没有自尊的话来！这不仅是教育的悲哀，还是社会的悲哀。

法国作家司汤达说："羞耻心是人的第二内衣。"现在，许多成人只在乎功名利禄，把道德与荣誉抛诸脑后，但是我们对儿童的教育要严守住道德与羞耻心的防线，因为教育的使命之一就是培养儿童的羞耻心和荣誉感，没有羞耻心和荣誉感的儿童日后进入社会很可能会成为践踏社会道德底线、恣意妄为的人。

案例

这十多年来，我经常乘坐飞机满世界跑，见识到了不少风土人情，也有幸了解了国外很多教育方式，其中的几件事情让我对国外对学生羞耻心的教育印象深刻。

我曾经和一组教育界人士参观美国阿利·伯克级导弹驱逐舰"奥凯恩"号，之后美军特意安排我们参观了"亚利桑那战舰纪念馆"。这个纪念馆是 1941 年 12 月 7 日日军 354 架飞机空袭珍珠港悲剧的缩影。在瓦胡岛暗灰色山体的映衬下，"亚桑利那战舰纪念馆"犹如白色的巨棺，静静地横卧在沉舰之上。纪念馆下的沉舰几十年来一直缓慢地向外渗着油渍，丝丝缕缕飘荡在水面上……

让我们一行人感到不平静的是，这个纪念馆几十年来一直翻印着 1941 年 12 月 7 日的报纸，报纸上赫然写着黑色的标题："战争！瓦胡岛遭日本飞机轰炸。"来来往往的参观者纷纷购买这份标志着美国耻辱的报纸以示纪念。

中国有句老话，"知耻近乎勇"，美国人这种"知耻"的精神深深地震撼了我，从那张旧报纸上，我看到了更多的勇气和动力。可以想象，1941 年 12 月 7 日报纸上那粗大的黑色标题，对当今的美国人，特别是年轻一代会有多大的震撼。

无独有偶，美国总统罗斯福患有小儿麻痹症，开始时，他一点也不能动，必须坐在轮椅上，但他讨厌整天依赖别人把他从楼上抬上抬下，于是晚上他就一个人偷偷练习。有一天，他告诉家人说，他发明了一种上楼梯的方法，要表演给大家看。原来，他先用手臂的力量，把身体撑起来，挪到台阶上，然后再把腿拖上去，就这样一阶一阶艰难缓慢地爬上楼梯。

他的母亲阻止他说："你这样在地上拖来拖去的，给别人看见了多难看。"

罗斯福断然说："不，我必须面对自己的耻辱。"

每个人都渴望成功，都渴望用汗水换来鲜花和掌声。但是当失败的残酷现实击碎了你美好的梦想时，你是悲叹命运的不公，还是在真理面前深深地思考？

在加拿大科技界，人们经常可以看到，在一些专家、学者左手的无名指上佩戴着一枚式样相同的钢制戒指。而且，凡是佩戴这种戒指的人，必定是加拿大工学院的毕业生。加拿大工学院是一所颇有声誉的高校，在国际上也很有名气。可是，在工学院历史上曾出现了一件几乎使该校声名扫地的事情。有一次，加拿大政府将一座大型桥梁的设计工作交给了一名毕业于该校的工程师，由于计算不精确，设计上出现失误，桥梁在完工后不久就倒塌了，给政府造成了巨大的经济损失。为了牢记这个惨痛的教训，加拿大工学院不惜重金，买下了建造这座桥梁的所有钢材，加工成一枚枚戒指，取名为“耻辱戒指”。从此，每当学生毕业领取文凭时，都要领取一枚这样的戒指戴在手上。

因为“耻辱戒指”，加拿大工学院的毕业生步入社会后都能忍辱负重，并在各自的岗位上一步一个脚印地干出了非凡的成绩，不仅为自己，也为学校赢得了良好的口碑。正如该校毕业生中的杰出代表、国际建筑界的权威人士科恩教授所说的那样：“没有什么能够改变过去的耻辱，我们唯一可以做并且应该做到的是——记住，并想尽一切办法努力超越！”

长期以来，加拿大工学院的毕业生们谨记“耻辱戒指”的教训，对工作一丝不苟，兢兢业业，取得了许多非凡的成就，赢得了社会的肯定和赞扬，为学校争得了无数荣誉。然而，“耻辱戒指”却始终戴在所有加拿大工学院毕业生的手上，成为他们工作严谨认真的不懈动力。“耻辱戒指”应该戴在手上，更应该戴在心里。只有这样，成功才不会是遥远的海市蜃楼，而是离你咫尺之近的灿烂图景。

——本案例选自：苏北.美国的“耻辱报纸”与加拿大的“耻辱戒指”[N].中国青年报，2011－02－24.

案例分析

孟子说：“无羞恶之心，非人也。”荀子说：“人不知羞耻，乃不能成人。”宋代名儒陆九渊说：“耻存则心存，耻忘则心忘。”明末思想家顾炎武说：“士而不先言耻，则为无本之人。”美国作家马克·吐温则说：“人是唯一知道羞耻和有必要知道羞耻的动物。”羞耻心是一种以自尊心为基础的道德情感，也是一个人行为品德的内在因素。一个人有了羞耻心，才会产生对错误行为的抵抗能力，才能矫正和预防不良的行为习惯。一个国家和民族有了羞耻心，才能以史为鉴，不断前行。

鲁迅先生曾说过，中国人是一个善忘的民族。忘记历史就意味着背叛，没有对自我的反思将永远难以逃脱历史循环的怪圈，难以获得自我道德的提升。在以上的案例中，我们需要向美国的“羞耻报纸”和加拿大的“羞耻戒指”学习的地方有很多。正视自己的缺点，挑战自己的缺陷，这是战胜自我的信心和决心。拥有了这些，还有什么困难不能克服呢？而且，只有充分认识到自己的过失，努力牢记曾经的失败，才能逐步走向成熟与成功，才能造就出真正成熟的人格。在美国总统罗斯福的身上，我们更感受到羞耻心对一个人成长的重要性。自己的苦难必须由自己来承受，自己的耻辱必须由自己来面对，因为只有勇敢面对自己的耻辱的人，才有可能战胜它，而一味地退缩逃避，绝不能解决问题。人生难免会有遗憾、错误的事情发生。时光无法倒流，历史不能修改，我们可以做的只有牢记耻辱，不重复过去的错误。然而，耻辱给我们的不仅仅是耻辱，它还教我们如何对待以后的人生。

只有软弱的人才会憎恶耻辱，真正的强者能直面耻辱，甚至会感激它让自己变得更执着，更强大。不同地域、不同时代的人都不约而同地强调羞耻心在为人处世中所起的关键作用，值得我们后人深思。心理学研究表明，羞耻心是克服消极因素，自觉抵制不良言行诱惑的一种精神力量。孩子的羞耻心是在自我意识发展过程中产生的，幼儿到了 3 岁以后便开始意识到自己，就需要别人的承认与肯定，这时孩子开始因自己的愚笨或做了让大人不满意的事情而感到羞愧。从 6 岁到 12 岁，随着生活面的扩展，孩子的自尊心越来越明显，耻辱感也越来越强烈。“千里之行，始于足下；九层之台，起于累土。”为了给社会培养出具有完善的心智和高尚的道德感的青年，我们在教育工作中必须加强对羞耻心的培养，让孩子从小做起，逐渐成长为一个具有强烈羞耻心的人。

反思与建议

德谟克利特说：“对可耻行为的追悔是对生命的拯救。”羞耻心是一个人在意识到自己的言行、品质与社会道德准则和行为规范不相符合时产生的一种内疚、自愧、难为情的心理体验。羞耻心是一种自我监督、自我检查的力量，假如人们没有羞耻心，则将麻木不仁、肆无忌惮。如果说道德规范是社会行为的较高要求，法律规定是社会行为的最底线的话，而羞耻心则是道德规范中的最底线，是介于道德和法律之间的“隔热层”。如果羞耻心这道“隔热层”防线被冲毁的话，将会直接严重威胁社会的法律底线。因此，培养学生的羞耻心，有利于他们道德信念和道德行为的形成，有助于整个社会道德水准的提高，而我们可以从以下几个方面着手。

一、积极引导，让家庭教育成为耻感教育的“护航舰”

据观察分析，学生羞耻心的形成受家庭、社会、学校三个方面的影响，其中，家庭的影响最大。家庭是儿童社会化的第一场所，父母是他们的第一任老师，更是他们在成长发育早期的模仿对象，所以父母的思想和行为对孩子的影响意义深远。通过观察可以发现，在小学生涯中，如果父母对孩子的教育不负责任，在日常言行中不注意自己的榜样作用，或者对孩子溺爱，会导致学生没有良好的行为习惯和较高的道德水平，养成自由散漫、缺乏羞耻心的恶习；父母如果对孩子的学习和生活不管不问，持放弃态度，会导致小学生的自我放弃，产生强烈的自卑心和耻感过度的倾向。父母如果很注重对孩子的品德、良好学习习惯的培养，积极督促孩子，则小学生各方面发展得都比较好。可见，孩子的羞耻心都是在父母的言传身教和潜移默化中形成的。而自学生进入初中阶段开始，羞耻心已经基本定型，学校教育的影响微乎其微。家庭教育应该成为小学生耻感教育的“护航舰”，用正确的指导和负责任的监督帮助孩子更好地成长，而不是以溺爱或者不负责任的态度致使孩子养成不良的个性与习惯，产生消极影响。

二、创设情境，让学校成为耻感教育的“催化剂”

根据心理学研究，青少年还处于形象思维占主导、抽象思维逐渐发展的阶段，教师如果还沿用德育的“老办法”，一味用死板的说教和批评对学生进行耻感教育，很难达到教育目的。因为人在一定的道德情境中可诱发情绪体验，所以结合具体的情境刺激青少年的羞耻心是一个比较有效的办法，比如在班级和校园文化氛围中，通过集体舆论赞扬或谴责某种行为，可以使学生产生强烈的道德情感体验，让舆论变成青少年羞耻心产生的“催化剂”。青少年学生爱面子，自尊心强，不愿自己的行为成为同伴或集体谴责的对象，所以在具体情境的刺激下，他们会在之后的学习和生活中力图避免再产生那种令人不愉快的羞耻体验，从而提高了产生羞耻心的敏感性，并有效控制自己的不良行为。因此，作为教师一味地对学生说“你知不知道羞耻”一类刺激性的话，非但不会改变学生的行为习惯，反而可能激起学生的逆反心理，做出更加出格的事情。班主任的教育，只有根据学生羞耻心的有无、多少，因材施教才会有所成效，无论是讲故事、围绕典型事例展开讨论，还是角色扮演，都要以引起学生的浓厚兴趣，加深学生对耻感的认知与理解为目标。

三、唤醒自我，让学生成为耻感教育的“发动机”

知羞明耻，是人性的标志，是良心和道德责任感的基础，更是人生美德的底蕴。“知羞耻成人”一直都是仁人志士立身做人的宝贵经验和修身养性的重要法宝，而一个不明是非、善恶的人，对自己的过失行为是不会感到羞耻的。比如，清代学者朱起凤年轻时在一家书院教书，因为没弄清“首施两端”和“首鼠两端”两词是通用的，而错判学生的作文，遭到众人的奚落。他知羞耻而发愤图强，潜心于词语研究，竟然编成了300多万字的《辞通》，为汉语言文字研究的发展做出了重要贡献。英国生物学家谢灵顿早年沾染恶习，在向一位女工求婚时，被姑娘一句“我宁愿跳进泰晤士河里淹死，也不会嫁给你！”的话深深刺痛，从此幡然醒悟，努力钻研医学和生物学，并最终在1932年获得了诺贝尔生理学或医学奖。所以说，知羞耻不仅是做人的基本，在某种意义上也是成就事业的起点，而他们羞耻心的形成既来源于外部环境的刺激，更来源于对自我尊严和人格的爱惜，来源于自我的思索。因此，对青少年学生羞耻心的培养，学校、家庭和社会要紧密配合，帮助他们树立起正确的是非观、善恶观，更要让羞耻心扎根于学生的内心，成为自发的一种情感，提高道德评价能力。心理学研究表明，人对容易唤起积极情感体验的事物好而趋之，对引起消极情感体验的事物恶而避之，一个自尊自爱的人做了一件不道德的事便会受到良心谴责，从而产生羞耻感。因此，孩子在犯错误后，教师和家长要因势利导，想方设法让孩子不仅从理智上，更要从感情上对自己的行为感到羞耻，从而自觉克制不符合道德规范的言行。当然，要促使孩子将羞耻心内化和深化不是一朝一夕可以做到的，家长和老师必须持之以恒，不断扩大羞耻心教育的内容与范围，如进行改正不良言语、行为、品质、人格的教育，家耻、国耻的教育，等，并努力使外部的要求逐渐转变为孩子对自己的要求，使孩子主动克制那些会受到谴责和非议的言行、愿望、动机，并且在自己有了不良行为以后敢于承认。

沧桑不倦人有情
——同情心是人类情感的共鸣

你不同情那跌倒的人的痛苦，在你遇到困难时也将没有朋友帮忙。

——【古波斯】萨迪

引言

“人之初，性本善。”孩子从出生起就具有同情心，一个9个月大的婴儿在看到另一个婴儿啼哭时也会触景生情，毫不吝啬地落下眼泪，这是同情心最简单、最原始的表达方式。同情心是一个人由于对他人的遭遇“感同身受”，并因此与他人产生强烈情感共鸣的心理体验，其具体表现为理解、不忍、关心和亲近等。人类所表现出的“爱的奉献”，大多是从同情心开始的。可见，同情是人类的一种很珍贵的感情，也是个体道德成长的基础。培根说：“同情在一切内在的道德和尊严中为最高的美德。”孟德斯鸠也说过：“同情是善良所启发的一种情感的反映。”所以，人不可无同情心，同情心可以使人变得可亲可敬，变得伟大崇高。而缺乏同情心的人，则会对别人的痛苦无动于衷，对弱小者横加欺凌，最终人类将进入冰冷残酷的世界。

以美国为例，近年来，校园暴力事件频发，在其中最为严重的一起事件中，一名越南裔闯进纽约州宾厄姆顿的美国公民协会，枪杀了13人，其中有4位中国公民身亡。本来，纽约州斯卡斯代尔初中的一堂课，不会引起美国人多大的关注。但是，当惨烈的枪击案发生后，人们因无法预知下一场枪击案会发生在哪里，感到无限困惑的时候，当地一家小报对斯卡斯代尔初中开设“同情教育课”的报道，理所当然地引发了一场上至州议员、下至普通市民的关注。美国不缺少财富，不缺少完备的法律，但稀缺同情。而这所初中倡导的是：让每个孩子做善良的孩子，不参与任何谩骂，不讲人是非，杜绝在社交场合上侮辱别人的行为。许多人认为，这所初中的教育理念，也许要比“9·11”事件的教育作用更大，可以在许多孩子心中播下与人平和相处的种子，从而减少犯罪。因此，美国的教育专家认为，理解别人的感情、关注别人的需要和感受、富有同情心是良好道德情感的核心。美国家庭和学校的德育应该把培养孩子为别人着想的同情心、体察他人情感的敏感性放在首位。如今，美国越来越多的人认为，教育的根基是“同情”，已有 18 个州的学校开设了形式多样的“同情教育”课程。在美国加利福尼亚大学洛杉矶分校的幼儿园教室里挂着一块书写板，上面写着四条箴言：认可孩子的感觉；弄清楚孩子为什么这样；启发孩子自己解决问题；帮助孩子心情好起来。

英国的“同情教育”曾经在很长一段时间也不容乐观，英国教师协会曾公布过一份协会内部对 16 万名老师的调查结果，有 2/3 的老师处理过学生殴打他人的事件，1/4 的老师处理过学生用刀割或刺伤他人的事件。一位接受调查的老师说，曾经有一个只有 6 岁的孩子，竟然持刀闯入老师的办公室，用刀划破电脑，还想攻击老师，结果老师不得不报警。这样的孩子如果长大成人，在遭遇别人非议的时候，他将采取怎样的措施，这让人不寒而栗。英国人认为这是张扬个性，而同情教育滞后的恶果则不光是一个孩子的不幸，更是一个国家的不幸。因为一个没有同情心、心中也不善良的孩子，他会永远生活在愤懑中，往往要比那些善良的人更加痛苦，然后他又把自己的痛苦转嫁给社会。一个没有同情心的人，是冷酷残忍的人；一个没有同情心的世界，是冷漠可怕的世界。但同情心不会自发产生，同情心也要靠精心培植和维护，在心灵深处播下爱的种子，才能长成同情之花。全社会都为同情心叫好、呐喊，才能形成一个充满同情心的环境。

案例

随着中国经济的发展，一些时代的弄潮儿成为中国先富起来的一批人，而他们的后代则被人称为“富二代”。近年来，“富二代”负面事件频发，药家鑫持刀杀人、李启铭撞人逃逸……“富二代”身上涌现出来的问题屡见不鲜，社会对于“富二代”的争议也越来越多，而如何培养“富二代”也成为中国富人们绞尽脑汁思考的问题。虽然富二代培训班层出不穷，课程从财务报表分析、国际贸易、上市公司表现，到高尔夫球、骑马、茶道、国际社交舞、国学以及形象穿着与品位等无所不包，但是“富二代”问题的实质在于他们缺乏同情心教育，时时处处以自我为中心，没有恻隐之心。

英美对“富二代”的教育已经有几百年的历史。美国首都华盛顿的一家精英教会高中男校的同情心教育，颇值得中国的“富二代”及其父母们参考。

这所高中的校训是“为了别人的人”，旨在培养学生的社会责任感，培养学生的同情之心、怜悯之心、恻隐之心，希望他们能够对别人的苦难和处境感同身受，以便将来能够利用手中的财富造福社会和更多需要帮助的人们。为了把学生培养成“为了别人的人”，所有毕业班的学生必须参加至少40个小时的社会服务才能毕业。低年级学生虽然没有硬性要求，但受整个学风的影响，大多数也都积极投身于社会服务。其中一个主要的服务项目，是到无家可归者救济站面对面地给那些无家可归者提供饮食服务。而该校把无家可归者救济中心就设在校园内。

这些孩子多出身于富裕家庭，住在富人区，过去听说过贫困，但亲身的经验几乎没有。到无家可归者救济中心服务，是他们上的第一堂贫困课程。这种服务听起来似乎很简单，实际上对十五六岁的孩子来说是很大的挑战。那些无家可归者非常可怜，许多有毒瘾，还有些人神经不正常，对付起来非常不容易。一位学生因为拒绝了给一位无家可归者咖啡里加六勺糖的请求，被粗暴地咒骂，最后那人不得不被押送走。有的学生利用午饭时间来服务，有的则干脆住在救济中心一周，帮助准备各种饭菜。一位十五岁的男孩负责打饭，看到排队领饭的人全都低着头，眼睛看着地面，一言不发。什么是人的尊严，一下子就让这个刚刚开始理解世界的男孩体会到了。他立即满脸春光地主动打招呼：“嗨，你过得怎么样呀？”来人先是一阵沉默，最后脸上终于绽出一丝笑意：“还不坏，还不算太坏。”

从中可以看出，学校喜欢利用情景体验的方式，让学生置身于贫穷和苦难之中，设身处地地感受这些底层人的悲惨生活，从而激发起他们的同情心。学校还有一个非常特别的同情心训练方法——残障模拟。在这个活动中，教师希望学生通过体验残障人士是如何生活的来感受他们生活的不便和痛苦，将来在现实生活中能够对他们心生怜悯并竭尽全力改善残障人士的处境。

教师组织学生开展了三个游戏：听不见的时候、不会说话的时候、看不见的时候。这三个游戏包括让学生闭上眼睛戴上眼罩，手拉手一起上下楼梯；让学生夹着双拐或坐在轮椅上行走；绑起学生的右手，让他们用左手吃饭、写字等；禁止学生开口说话，只能以别的方式进行交流；等等。这些活动结束后，老师让他们谈一谈当身体的这些机能丧失时的感受，不少学生表示这样的生活太麻烦、太痛苦了，终于切身体会到了特殊人群生活的不容易，但是这些特殊人士却在坚持跟困难做斗争，顽强地生活着，因此在以后的生活中要多关心、尊重、同情和帮助他们。

这才是真正的“富二代”教育。正当的财富，是你通过为他人提供服务而得到的报偿。所以，致富的正途首先是理解他人。富裕的家庭最怕孩子缺乏同情心和仁慈之心，对自己能为别人做什么丧失了理解力，所以才会掏腰包让养尊处优的孩子看看真实的生活，理解什么是人的尊严，怎样做才能增进人的尊严。

研究表明，这种教育方式培养出来的学生都有强烈的同情心，能够处处为他人着想，同情并理解他人的感受，遇到弱小者时能够慷慨解囊、伸出援手，社会责任感普遍比较强。

——本案例选自：张硕.华侨亲历：美国人如何教育富二代[EB/OL].[2014—10—15].http://news.xinhuanet.com/overseas/2011—04/03/c_121264196.htm

案例分析

其实，“同情教育”在我国的传统文化教育中并不陌生，它实质上就是儒家所倡导的“己所不欲，勿施于人”“仁者有不忍人之心”。我国古代教育家孟子曾说过：“人皆有四心，恻隐之心，仁之端也；羞恶之心，义之端也；辞让之心，礼之端也；是非之心，智之端也。”其中的恻隐之心其实就是同情心，而孟子所说的恻隐之心是指能够体验到他人的忧伤和悲痛，从而从心理和行动上去同情他人。可以说，自人类社会诞生以来，同情心作为人类的重要禀赋之一，一直渗透在人们的共同生活中。然而，在本案例中的药家鑫、李天一等“富二代”们，本应利用手中的财富和社会资源多行慈善之德，推动社会的发展与进步，成为当代青年的先锋与表率。然而，金钱没有成为推动他们完善道德与人格的动力，反而成为他们嚣张跋扈、冷漠残忍的庇护者。而反观美国的“富二代”，他们虽然有钱，却不恃宠而骄，反而更多地深入平民社会，身体力行去帮助饱受苦难的社会底层人士，用心去感受人与人之间亲密的情感，即使面对不解、抱怨乃至辱骂，也不放弃。这不得不让我们深刻反思：中国经济在飞速发展，但为什么高贵的品质却被日益富裕的人们抛之于脑后了呢？为什么我们的学校和家庭忽视了对学生进行有关同情心的教育？当下，一些孩子身上非常缺少同情心：对残疾人、受难者他们冷漠无情，对患病者他们嗤之以鼻，对小动物他们狠下毒手，对朝夕相处的同伴他们苛刻计较，对一些公益活动他们则袖手旁观。从清华大学学生“伤熊事件”到“山西黑砖窑事件”的先后出现，让人们不得不叹息，当今社会最珍贵的东西——同情心的缺失导致社会付出了惨重的代价。

学者朱小蔓曾提出：教育的核心与关键是德育，教育的目的即育德教育。心理学认为，同情心是健康人格得以形成的情感基础；而从社会学的角度来看，具备基本的同情心是公民道德品质要求的底线。因此，教育为本，德育为先，而且应该把同情心教育放在德育的重要位置。那么，究竟是谁偷走了人们的同情心呢？她认为，首先，人们过于追求经济利益，人际关系无不带有功利色彩，这样最终使那种纯洁的人际关系越来越疏远。其次，随着经济的高速发展，社会上利用人类的天性来骗取别人同情的现象也在增加。另外，社会人口结构也在改变，独生子女增多，溺爱现象普遍。没有经历过痛苦的人，就不能理解爱的本真和同情的温暖，这些在温室里长大的孩子，既不会给予爱，也不知道怎么给予爱，容易以自我为中心，同情心的发展也会有所欠缺。

奥地利作家茨威格将同情分为两种：一种是出自感情的冲动，看到别人的不幸后本能地感到难受，这种同情虽出于善心，但于事无补；而另一种是伴随着冷静与理智的真正同情，有帮助的方法和行动上的反应，有贯彻的毅力，还有持久的耐性。只有在机智灵活、不屈不挠的情况下，一个人才能真正帮助别人，才能做到舍己为人。而这样的同情才是别人真正所需要的。在19世纪末的西伯利亚，富于同情心的小镇居民，常常于深夜在屋外的窗台上放着酸奶、面包和旧衣服，以供那些从流亡地逃跑的十二月党人食用，一些著名的十二月党人就是靠着这些食物和衣服才逃出了冰天雪地的西伯利亚。那些小镇居民的名字至今谁也不知道，可他们的善举，不仅温暖了冻饿之极的十二月党人，至今也还温暖着我们的心田。

反思与建议

英国哲学家罗素说："人生有三件要事：对真理的追求，对真爱的寻求，对苦难的同情。"同情心是人类的一种高贵品质，它意味着对人的珍重，把所有的人都看成平等的人，认为每个人都有权过幸福和有尊严的生活。当别人遇到痛苦和困难时，同情心会引发他们去救助受苦受难的人。当一个孩子从小具备了这种品质，他就不会恃强凌弱，仗势欺人。到孩子成年了，他就是一个善良的人，他才能为国家和民族做出有价值的正面的贡献，到父母晚年时，他才能善待父母。因而可以说，同情心是爱的基础，是善良的基础，它在一个人的道德品质和健康人格中占有重要的位置。所以，关注孩子同情心的培养，帮助孩子将美好的扶助需要转为自觉的助人行为，并形成良好的习惯，这可以说是其他良好习惯养成的基础。那么，在培养孩子形成同情心方面，我们可以采取哪些有效措施呢？

一、移情体验，唤醒同情心

孩子并不是没有怜悯之心，但往往需要我们来唤起。美国早期教育的先驱卡尔·威特在陶冶自己孩子的感情教育中也有过类似的事例。小威特7岁时，有一次他养的一条狗跑进屋里，威特一把拽住狗的尾巴，把它拉到自己身边。他父亲看到了就伸手揪住威特的头发，拽住不放，脸色吓人。威特吃了一惊，把拽着狗的手放开了。这时候，他父亲也把手放开了，然后对他说："威特，你喜欢被人拽着头发吗？"威特红着脸说："不喜欢。""如果是这样，那么对狗也不应当那样。”老威特的教育方法其实也是一种移情体验，让孩子切身地去感受自己行为的结果，从而知道哪些行为是会给人带来痛苦和不安的。在孩子的感情教育上，移情体验不失为一种好方法，它能培养孩子懂得站在他人的立场上来考虑问题，从小就培养善良的品质，不光对同胞怀有深情，就连对鸟兽之类也富有怜悯心。

二、鼓励策略，强化同情心

斯金纳认为，强化是塑造行为的基础。因此，当学生做出同情行为时，教育者应该及时给予强化；而当学生出现冷漠、伤害他人的倾向时，应该及时给予引导，并适当运用惩罚，让学生从中得到教训。比如，当学生在生活中能够主动地同情弱势群体，并通过实际行动去帮助别人时，教师可以从物质和精神两个方面进行强化。物质强化一般只能在短期内增加同情行为发生的频率。一旦停止物质奖励，收效可能就会减弱，原因在于有些学生可能会把他们做出的行动和物质补偿而不是被帮助者的需要相挂钩，因此教师应该少用、慎用物质强化，多用精神强化。用亲切、鼓励的语言对学生的同情行为做出口头表扬，长此以往，既能强化被表扬者的同情心，也能让班里的其他同学受到潜移默化的鼓舞。

三、模仿策略，养成同情心

班杜拉指出，模仿的可能性受示范者地位的影响，而青少年正是处于易模仿学习的关键期，所以老师、家长要为青少年树立正确的榜样。通过向他人施与同情心的行为，榜样可以诱导学生表现出相似的行为，同时作为教育者，经常向学生做有关同情心的说理，可以帮助学生内化社会责任规范，从而促进学生利他性的发展。比如，老师、父母当着孩子的面给乞丐钱或者让孩子把钱送给乞丐这一普通的行为，却能让孩子从中看到学习的榜样，孩子以后见到乞丐也会模仿着去做。如果当着孩子的面斥责乞丐，或者拿乞丐做反面教材，说什么“不好好学习，将来你长大了就会像他那样”的话，孩子非但不会按我们成年人那样去理解，反而可能会使孩子的心肠变硬。并且，我们也不能跟孩子说“乞丐都是骗子”之类的话。无论我们对乞丐有什么看法，为了教育孩子，我们都应该施予一些钱物给乞丐，让孩子对受苦人产生同情。但是必须要注意的是，同情心是有底线和原则的，而非一张占据道德制高点的通行证。超过必要的限度，滥施同情心，很可能就是一种不道德的行为。同情心并不等于怜悯，在向别人施与同情的时候，要以维护别人的自尊心为前提，它是一种建立在理解基础上的同感。只有怀着深切的关心，抱着与人为善的态度，才能有真诚的同情，才能有助人的愿望和行动。真正的同情是有效的良药，它医治的不仅是别人当时的痛苦，还会平复以往生活留下的创伤，会带来同情者与被同情者感情上的一致性，为建立友谊打下坚实的基础。

我以我血荐轩辕
——责任心是一切高尚与伟大的代价

每一个人都应该有这样的信心：人所能负的责任，我必能负；人所不能负的责任，我亦能负。如此，你才能磨炼自己，求得更高的知识而进入更高的境界。

——【美】林肯

引言

梁启超先生说过："人生须知负责任的苦处，才能知道尽责任的乐趣。"责任心是指个人对自己和他人、对家庭和集体、对国家和社会所负责任的认识、情感和信念，以及与之相应的遵守规范和履行义务的自觉态度。责任心是孩子健全人格的基础，是能力发展的催化剂。责任心的培养应遵循这样一个规律：从自己到他人，从家庭到学校，从小事到大事，从具体到抽象。在这个世界上，我们有许多事情不一定喜欢去做，但是却不得不做，这就是责任的含义。尽管责任有时使人厌烦，但不履行责任却是懦夫所为。

几年前，美国著名的心理学博士艾尔森对世界上的100名杰出人士做了问卷调查，结果让他十分惊讶：其中61名杰出人士承认，他们所从事的职业并不是他们内心最喜欢做的，至少不是他们心目中最理想的。这些杰出人士竟然在并非自己喜欢的领域里取得了那样辉煌的业绩，除了聪颖和勤奋之外，究竟靠的是什么呢？带着这样的疑问，艾尔森博士又走访了多位商界英才。其中，纽约证券公司的"金领丽人"苏珊的经历，为他寻找满意的答案提供了有益的启示。苏珊出身于中国台北的一个音乐世家，她从小就受到了很好的音乐启蒙教育，非常喜欢音乐，期望自己的一生能够驰骋在音乐的广阔天地里，但她阴差阳错地考进了大学的工商管理系。一向认真的她，尽管不喜欢这一专业，可还是学得格外刻苦，每学期各科成绩均是优异，毕业时被保送到美国麻省理工学院，攻读当时许多学生可望而不可即的工商管理硕士(MBA)，后来，她又以优异的成绩拿到了经济管理专业的博士学位。如今，她已是美国证券业界的风云人物，在被调查时她依然心存遗憾地说："老实说，迄今为止，我仍不喜欢自己所从事的工作。如果能够让我重新选择，我会毫不犹豫地选择音乐。但我知道那只能是一个美好的'假如'了，我只能把手头的工作做好。因为我在这个位置上，这里有我应尽的职责，我必须认真对待。”在以后的继续走访中，艾尔森发现，许多成功人士的反思与苏珊大致相同——因为种种原因，我们常常被安排到自己并不十分喜欢的领域，从事并不十分理想的工作，但一时又无法改变。这时，任何的抱怨、消极、懈怠，都是不足取的。不管喜欢不喜欢，那都是我自己必须面对的，唯有把那份工作当作一种不可推卸的责任担在肩头，全身心地投入其中，才是正确与明智的选择。那不仅是对工作负责，也是对自己负责。有责任感才可以创造奇迹。正是在这种“在其位，谋其政。尽其责，成其事”的高度责任感的驱使下，他们才赢得了令人瞩目的成功。而这些人的成功与学校和家庭在道德教育中对孩子的责任感的培养是分不开的。

案例

中国教育家林教授因为工作的原因，经常在世界各地进行调研，他发现很多国家的教师和父母都十分重视对孩子责任感的教育，要求孩子要为自己的行为负责。

有一次，林教授因工作关系去了泰国南部的宋卡拉府乍拍县，住在当地居民纳塔蓬的家里。纳塔蓬有两个儿子，大儿子 11 岁，小儿子 8 岁。纳塔蓬的大儿子很淘气，经常在外惹祸，使家里为他负担额外的经济责任。有一次，纳塔蓬的大儿子又惹祸了，一个小伙伴被他打伤，送进了医院。小伙伴的家长找到纳塔蓬家，让他负担医疗费。纳塔蓬如数支付了那笔款项，待他们走后，他把大儿子拉过来说：“你要自己负责，明白吗？”后来，林教授才知道，他所说的“自己负责”是什么意思。如果这个 11 岁的孩子不用自己的劳动所得填补这笔费用，那么，纳塔蓬就不让他和小伙伴玩。每当看到这个孩子在街上躬着腰捡废品，或采草药卖给小诊所时，林教授就觉得纳塔蓬做得有些过分。

然而，当他看到纳塔蓬对待小儿子的态度时才发现，他对大儿子的做法并不能称之为过分。那天，纳塔蓬 8 岁的小儿子在自家的小菜园里用小铁锹“翻地”，将土壤挖松，用以种植秋白菜。纳塔蓬给他规定的任务是近一米长半米宽的面积。小孩子当然不可能全身心地投入到劳动中，挖着土，看到小虫子要玩一会儿，看到小蟋蟀也要玩一会儿。就这样，到了吃饭的时间，那块地还没有“翻完”。妈妈喊道：“吃饭了。”孩子向家走过来。

可刚走到门口，就被纳塔蓬挡住了，“你还没有干完活。”

“但是我饿了。”孩子想从爸爸的腋下钻过去，吃完饭再干。

“不行！”纳塔蓬不容商量，“干活前，你说你能干完这些活。干活时，你去玩了。既然这样，你就要承担因为玩而耽误干活的责任，你要为你说过的话负责。”

最后这孩子流着泪又拿起了小铁锹。而林教授想去帮他的时候，他竟然拒绝了。拒绝的理由是他要承担责任。孩子返回菜园继续干活的样子永远地定格在了林教授的记忆里。

两年后，林教授去德国一个学校做教师，小男孩格里的经历让他发现德国的学校和家庭都在为培养孩子为自己负责的能力而努力。下面这个故事就是由格里的妈妈告诉他的。

格里没有等到晚上放学，就哭着回到了家，送他回来的是学校里的一个叔叔。格里的母亲萨利特斯问学校里的叔叔，这到底是怎么一回事？叔叔说，放学前小朋友们排队，可格里根本就不好好站，总是窜来窜去的，结果不知怎么的，就和一个同学起了冲突。老师批评了格里几句，他就开始哇哇地哭个不停，还跟老师嚷嚷："我没错！我没有打他！"

母亲萨利特斯向叔叔道了谢，然后拉着格里进了门。"怎么回事？"萨利特斯看着两眼红红的格里问道。

"我不小心和马克撞了一下，结果马克就使劲儿地推我，我踢了他一脚，马克哭了，老师就说我了。"格里脸上挂着两行泪珠，补充说道："是他先推我的！"

听到这里，母亲萨利特斯基本上把事情的来龙去脉搞清楚了，她语气平和地问格里："难道你一点责任都没有吗？"

"没有！不是我的错！是马克先推我的！"

"好，现在我问你，如果你好好按照老师的要求排队，不乱跑，你会不小心撞到别人吗？你没有撞到马克，马克会推你吗？"格里默不作声了。

"现在你再仔细想想，你一点责任都没有吗？你是男子汉，记住，不要把什么责任都推到别人的身上！遇事仔细想一想，为什么别人会这样对你，你是不是做了什么不对的事情。"最后，萨利特斯对儿子格里说了一句话："你得学会对自己的行为负责！"格里用力地点了点头。

林教授发现，德国家长在对待孩子的教育问题上都比较"狠心"，能够帮助孩子指出自己的过错，并要求他们通过自己的努力对自己的行为负责。他的同事詹姆斯教授对待女儿海拉蒂的方法也让他深受启发。

海拉蒂今年四岁半了，在上幼儿园，最近她在学习有关植物方面的知识。海拉蒂迷上了植物，她觉得那些花草实在是太美了，便苦苦地哀求爸爸给她买一盆鲜花。

詹姆斯教授同意了海拉蒂的请求，趁周末带着海拉蒂到花卉市场买了一盆小花。父亲希望海拉蒂看到小花生长的整个过程，并且能够自己照顾它。于是，父亲和海拉蒂约定，由海拉蒂负责照顾鲜花，给它浇水和施肥。最初几天，海拉蒂非常兴奋，每天耐心地给小花浇水，还根据日照的情况，不断给花盆挪动位置，并拿出本子，歪歪扭扭地在上面画出花卉生长的情况。

詹姆斯教授看到小海拉蒂这么有责任心，十分满意。可是，没过多久，詹姆斯教授发现小海拉蒂给花浇水的次数越来越少了，甚至好多天都不给小花浇水，也不做记录，似乎她已把养花的事给忘了。结果，小花慢慢枯萎了，叶子也开始泛黄，生长的速度减慢了，再过几天，那盆花就快死了。

吃过晚饭，詹姆斯教授把海拉蒂叫到阳台上，说："你给花浇水了吗？"

海拉蒂低着头说："没有。"

"为什么没有？"

"我……"

"我们在买这盆花的时候，是怎么说的？由谁负责给这盆花浇水？"

海拉蒂沉默不语。

"你看，这盆花多么伤心、悲哀！她失去了美丽的叶子，变得枯黄，而这都是因为你。"以后的日子里，海拉蒂每天坚持给花浇水，小花不久又恢复了以往漂亮的颜色。

——本案例选自：吕莉.家长如何培养孩子的责任感[J].中华家教，2005，(11).

案例分析

曾经读过这样一首小诗："有一些路崎岖坎坷不得不走/有一些苦艰难辛酸不得不受/有一些事义不容辞不得不做/有一些情刻骨铭心永远守候/为什么/有一种责任在心头/有一种人泰山压顶从不颤抖/有一种人忍辱负重决不停留/有一种人恪尽职守无怨无悔/有一种人肩负使命奉献所有/为什么/有一种责任在心头"。

当今世界，国际竞争日趋激烈，这种竞争是经济的竞争、科技的竞争、国力的竞争，更是民族凝聚力的竞争，是一种民族精神的竞争，只有拥有有责任心的公民，才能使民族团结，国家富强。中华民族历来是一个重责任的民族，顾炎武的"天下兴亡，匹夫有责"包含了公民对国家和民族强烈的责任感。再看当今社会，因为种种原因，我们的社会正面临着以个人利益为中心，责任意识逐渐淡化的挑战，培养学生的责任感是当下学校德育不可推卸的责任。

托尔斯泰认为："有无责任心，将决定生活、家庭、工作、学习的成功和失败。这在人与人的所有关系中也无所不及。"因此，在对青少年的责任感教育中，我们不仅要培养他们对国家、社会、家庭的责任感，还要着重培养他们对自我的责任感，因为中国古语有云，“推己及人”“达则兼济天下，穷则独善其身”“一屋不扫，何以扫天下”，一个连对自己都没有责任感的人，一个对自己的行为都不能勇敢承担后果的人，怎么可能成长为对社会充满责任感的人呢？总之，对个人责任感的培养是社会责任感培养的前提。然而，我们发现，我国的许多学生虽然把自我责任放在各类责任的首位，并且对自我责任的履行有较高的自我评价，但他们所谓的“自我责任”指的却是以自我利益为先，自己不喜欢或者不利于自己的事情不做，绝对不能让自身的利益受到损害。这种所谓的“自我责任”只是一种强烈的“以自我为中心”的思想，反而体现出“自我责任”教育的缺失。

林教授作为一名教育家，有机会周游列国，在自己的生活和教学中发现了很多鲜活的例子和行之有效的教育方法。在林教授经历的这几件事情中，无论是泰国的父母还是德国的父母，在教育孩子、促进他们养成对自己的行为负责方面都非常“狠心”，不会因为他们是小孩子或者是能力不够就纵容他们，或者代为包办。由此，想起中外教育中“打椅子”这样一个有趣的现象。孩子在小的时候，经常会不小心被椅子或障碍物绊倒而哇哇大哭，中国的父母见状肯定急忙跑过去，又是擦眼泪又是亲额头，还会作势要打椅子，嘴里说着“都是椅子不好，把我的宝宝弄哭了，打死它”，直到孩子破涕为笑。而外国父母面对这样的情况，会非常冷静地对孩子说：“自己站起来！是你自己的原因，没有看好路，才会摔倒，下次注意不要再摔跤了。”尽管孩子又哭又闹，父母也不会过去帮忙。同一件事，两种不同的处理方式，结果会怎样呢？久而久之，中国的孩子遇到事情都会觉得是外部的障碍和别人的过错，不会从自身找原因，也不会承担自己应当担负的责任，而外国孩子则会在成长的过程中不断提醒自己不再犯同样的错误，不怨天尤人，而是对自己的言行负责到底。没有长篇大论，没有枯燥的劝说，外国孩子对自己负责的态度就是这样从一言一行中累积起来的。这些小事情中的大道理值得中国的家庭和学校深深地思考。

反思与建议

随着社会经济的发展，我国的德育也出现了不少新情况、新问题。由于长时间以来，我国的中小学教育片面强调升学率，学校一般只重视教给学生知识，却忽视了对学生道德品质和个人责任感的培养。责任教育是中学生德育的重要组成部分，对自己负责又是责任教育中必不可少的环节，这早已引起发达国家的关注。因此，责任教育意义重大，刻不容缓。如何才能有效培养起学生对自己负责的美好品质呢?

一、自己的目标自己定

如果问中学生他们的目标是什么,十有八九会说希望自己能够考上一所好高中、好大学,拥有一个美好灿烂的未来。这无可厚非,没有梦想的人生是苍白的,只有拥有坚定和远大的目标才能增强克服困难的勇气,最终拥有风光无限的人生。教师必须要让学生明白,为了对自己负责,就要树立远大的人生目标,而这一目标的实现离不开个人的自我奋斗。

二、自己的事情自己干

责任不能期待别人,也不能期待明天,只能从自己做起,从今天做起。为自己负责,抛却依赖心,这是做人的根本,也是家庭和学校必须明确告诉学生的。《渔王的故事》中的经验和教训值得我们思考。有个渔夫因为捕鱼技术一流被尊称为"渔王",但是他的三个儿子渔技却非常平庸。原来,他从儿子们懂事起就从最基本的东西教起,把自己多年来总结的经验毫无保留地传授给了他们,但只传授给了他们技术,没传授给他们教训。对于才能来说,没有教训与没有经验一样,都不能使人成大器。这在一定程度上解答了为什么很多勤快的父母教育出的孩子却非常懒惰,为什么很多讲课精细深入的老师培养出的学生却缺乏自我学习的能力。因此,老师有必要让学生明白:你的前途只能由你来负责,你的学习同样只能由你自己来负责。有些学生总指望父母能花钱让自己进一所好大学,或者平时学习不愿付出勤奋,总梦想老师能在考试前传授万灵秘诀,这些思想都是错误的。

三、自己的错误自己担

成长总要付出代价,经历阵痛才能破茧成蝶。中学生心智尚未成熟,因为自己的一些行为而对自己、他人、社会造成伤害在所难免,我们应当利用这些机会让孩子为自己的错误埋单,为自己的行为负责,这样在以后的成长中他们才能学会从自己的错误中汲取教训,承担错误的代价。比如,在美国很多孩子因为和父母发脾气,发誓不吃晚饭,父母是不会因为孩子后来喊"肚子饿"而忘记他的誓言的;英国的一对父母发现外出露营的女儿将雨伞忘在了家里也不会去送给她。面对淋成落汤鸡的女儿,他们要让她明白要对自己的粗心大意负责,这样以后就不会出现类似的问题;日本的一名女教师带学生出去春游摘玉米,她告诫学生们可以随便采摘,但是回去的时候必须把自己采摘的玉米全都背回去。结果有些学生因为贪心,回去时负荷过重而请求老师允许他们扔掉一些玉米,老师义正词严地拒绝了,要求他们为自己的贪心承担后果。

人间正道是沧桑
——正义感是大地上耸立的高塔

只要提着正义之剑攻击，再柔弱的手臂也会力大无穷。

——【美】丹尼尔·韦伯斯特

引言

“公平正义比太阳还要有光辉。”这是2010年温家宝总理在回答中外记者提问时说的一句话。此言一出，立刻成为国内各大媒体的头号标题。正义一直是中国人永恒的追求之一。孔子曾说：“君子喻于义，小人喻于利。”在正义面前，一切的金钱与诱惑都黯然失色。文天祥广为流传的《正气歌》中是这样描述正义的：“天地有正义，杂然赋流形。下则为河岳，上则为日星。于人曰浩然，沛乎塞苍冥。皇路当清夷，含和吐明庭。时穷节乃见，一一垂丹青。”意思是说，天地间存有正气，它孕育了各种各样的物体。在大地上它孕育了江河湖海、崇山峻岭，在天空中它孕育了日月星辰。在人的身上，它体现为至大至刚的浩然之气。当国家、政局处于清平宁和的时代，秉有正气的人为国家出力，使国泰民安。当国家、民族出现危难的时候，秉有正气的人就体现出崇高的气节。他们的英名永垂史册。在西方的《圣经》中同样提醒着人们去追寻正义的脚步，因为“饥渴慕义的人是有福的，因为他们要得饱饫”。

一个人最伤心的事莫过于良心的泯灭，一个社会最伤心的现象莫过于正义的沦亡。哪里有正义，哪里就是圣地。我们的教育，不仅要教孩子满怀善良友爱之心，更应该让孩子们在学习和生活中培养明辨是非黑白、区分正邪善恶的能力。只有让孩子明白“行一件好事，心中泰然；行一件歹事，衾影抱愧”的道理，才能使他们在成长的道路上严格遵守法律和道德的律令，做一个奉公守法的公民，才能让他们走上社会时面对邪恶、阴暗与腐败敢于挺身而出，维护正义，以一己之清流涤荡社会之浊污。然而，如今的学校和家庭对于孩子的正义感教育却着实令人担忧，因为一些家长的宠爱和教师的错误引导，让孩子没有正确的是非观念，即使犯了错也毫不自知。比如，某个孩子在花园里摘了一朵花，看到这种行为的小女孩却不敢去阻止这件事或是把这件事告诉老师，原因是怕其他的孩子埋怨她打小报告。明明是错误的行为，却受到了大部分孩子的保护；明明是正确的行为，却遭到了其他伙伴的唾弃。

孩子是社会正气的源头。苏霍姆林斯基曾经说过："我们要在孩子还处于儿童的时期内，就给他们塑造一种十分明显的是非对错的心。"因此，在我们的教育中，对孩子正义感和是非观的培养至关重要，孩子越小越需要走正确的道路，不允许有一点的是非扭曲，否则错误会随着年龄慢慢地扩大。

案例

詹姆斯·格林和他的儿子艾伦·格林是一对生活在纽约的父子。作为一位知名杂志摄影师，詹姆斯·格林却认为自己最大的成就不是所拍的新闻图片获奖无数，而是对13岁的儿子艾伦正义感的培养。他把对儿子的"正义"教育称作"绅士品格"的培养。

最早意识到对孩子正义感培养的重要性源于艾伦一年级时在学校的一次"闯祸"。一天，詹姆斯在接艾伦放学回家的路上，艾伦告诉爸爸："戴维今天玩滑梯时不肯排队，一次次插在我前面！"詹姆斯问："那么你是怎么做的呢？"艾伦很委屈地说："我能怎么办啊？戴维长得比我高多了，我又打不过他。"詹姆斯严肃地告诉艾伦："以后再碰到这样的事，不管他是插在你前面还是别人的前面，你都应该把插队的小朋友拉到后面去，让他排队，告诉他要遵守秩序。"结果，第二天放学，詹姆斯就被老师请到了学校。原来，艾伦今天因为戴维插队玩滑梯和欺负女同学的事情同他大打出手，结果两人都挂了彩。在学校的办公室里，老师和双方父母没有争执，而是平静地听两个孩子把事情的来龙去脉讲清楚。之后，老师对戴维的行为提出了批评，并表扬了艾伦的勇敢行为，进一步教育孩子们："对自己认为正确的事情，不管别的小朋友怎么看，要敢于坚持。同时，对小朋友的缺点和错误提出批评时，要讲究方法。如果自己有错，也应主动承担责任，以获得其他小朋友的同情和帮助。"双方父母和老师守护正义的做法，对孩子养成诚实正义的品质很有意义。

在艾伦四年级时，发生的一件事也令詹姆斯触动很大。他带着儿子回老家弗吉尼亚的乡下度暑假，在邻居家门前看到一个年纪很大的乞丐，用拐杖敲敲地，然后作下跪状，邻居很不耐烦地轰走了老乞丐。

回到家中，艾伦就缠住爸爸问："爸爸，那个老爷爷在干什么？"

爸爸告诉艾伦："那个老爷爷没饭吃，在向别人要钱。"

“叔叔为什么不给他钱?”艾伦好奇地问。

爸爸有些生气地说:“因为那些人中也有骗子,不能给他。”

艾伦不作声了,好像在思考什么。几天后的一个早晨,爸爸看见艾伦睁着天真的眼睛在床上发呆,爸爸问艾伦怎么了,他吞吞吐吐地说:“爸爸,我觉得那个老爷爷好可怜,叔叔怎么不给他钱呢?”

望着稚气的儿子,爸爸心中一紧,9 岁的儿子会思考问题了。在乡下快乐地玩了近一个月的儿子,却被这一简单的问题给难住了。

孩子幼小的心灵中充满了阳光,该怎样向他解释阳光下也会有阴影呢?尽管这个世界上有许多人利用人们的正义感和同情心在行骗,尽管那个衣衫褴褛的老人或许不像表面上那样落魄、贫穷,但是他所乞讨的毕竟只是几毛钱,为什么邻居要如此吝啬呢?邻居吝啬的不仅仅是几毛钱,而且是在吝啬温暖,这种吝啬在艾伦小小的心灵中留下了一片阴影。

艾伦时不时显得心事重重,詹姆斯试着解释、安慰、辩白,但总感觉自己的语言是那么苍白无力,终于有一天,他找到了一个卸下儿子重负的机会。

那一天,艾伦闹着要吃零食,爸爸妈妈对艾伦光吃零食不吃饭想了很多办法,但总是不奏效。这时,远处一个盲人在弹吉他乞讨,爸爸心一动,对艾伦说:“把你为买零食省下来的钱给盲人叔叔好不好?他眼睛看不见,没钱吃饭,没钱治眼睛。”艾伦愣了一下,马上点头同意了。看着这个小男孩紧捏着 1 美元向盲人跑去,爸爸突然觉得儿子长大了。

从此以后,不论在什么地方,只要遇见求助的、行乞的人,詹姆斯都会掏出一些零钱给他们。詹姆斯并不富有,也并不在乎他们是不是在行骗,只是觉得儿子的目光在看着他。他决定维护儿子小小的正义感,让他在关爱别人、宽容别人中得到更多的爱。

从艾伦进入初中开始,詹姆斯也体会了一把学校的“正义感”教育,让他的教育方式也变得越来越多样。随着艾伦渐渐长大,他开始对电视节目等产生浓厚的兴趣,并经常模仿《变形金刚》《钢铁侠》《奥特曼》《蜘蛛侠》等电影电视中的打斗场景。这让詹姆斯头痛不已,生怕艾伦成为崇尚暴力和血腥的男孩。但是一次学校的公开课却让他彻底改变了自己的想法。在这次“我最喜爱的电视形象”的亲子讨论课上,老师让同学们自由发言,艾伦站起来回答说自己最喜欢的是日本的奥特曼。

“《奥特曼》里有怪兽,怪兽是坏人,奥特曼把它们都打死了,奥特曼是好人。”艾伦想了一会儿,很认真地说。

听到艾伦这么说,旁边很多同学产生了兴趣,争先恐后地讨论起来。

“那些怪兽好厉害的，可是奥特曼不怕，他上去就这样踢一下，再这样踢一下，怪兽就死掉了！”

“不对的，一开始奥特曼总是不行，他打不过怪兽，可后来他很努力地打，就能把怪兽打败了。”

“奥特曼太厉害了，他想飞就可以飞，想游泳就游泳，他还会变形，想变成什么就变成什么，我也想变，可我变不出来。”

“《奥特曼》就是好看，不用大人说，我自己就能分清好人和坏人了！”

听了孩子们畅快淋漓的发言，詹姆斯和在场的父母们陷入了沉思。原以为奥特曼是带有血腥与暴力的东西，没想到孩子们的眼里看到的，却是正义战胜邪恶，好人打败坏人。在孩子们看来，奥特曼绝不是打打杀杀的代言人，而是一个顶天立地的英雄。男孩们希望自己勇敢并被承认，当“想变成什么就变成什么”的奥特曼打败敌人的时候，男孩们也在做着自己的英雄梦。维持正义，拯救弱小，保护地球……这不正是男孩们的正义感的体现吗？

詹姆斯不禁感慨：“转眼 20 年过去了，在生存的高压下，我们和想象力渐行渐远，甚至为了生计，正义感也开始打折扣，而在《奥特曼》中我们又看到了正义的凯旋！它对我们诠释了自由与和平的追求，博爱、勇敢和献身精神，将‘正义’的含义根植在我们心中。所以，应当尊重孩子对正义的理解和选择。”

——本案例选自：安君杨.男孩当绅士 女孩做淑女[M].西安：陕西人民出版社，2008.

案例分析

童年是理智的休眠期，但每一个孩子身上都潜伏着正义的种子。这个时期孩子的正义感是以天性的方式表达出来的，比如想当英雄拯救世界、扶助弱小，换句话说，孩子的正义的种子正处在萌芽状态，需要教育者把这种天性内化为道德的力量。詹姆斯和学校对艾伦的正义感教育给了我们很多启发。如果在艾伦一年级面对“滑梯事件”时，他没让儿子勇敢地坚持正义、维持秩序，而是要儿子息事宁人、忍气吞声，在儿子犯错被叫到学校时，对儿子大发雷霆或者极力袒护，也许就没有后来“正义的小男子汉”的成长。可以说，詹姆斯、老师乃至戴维的父母都选择了一种智慧和正确的方式对待孩子的成长，他们共同让孩子们明白：每个人都要守秩序，不能因为一个人长得高大，他就可以为所欲为，而我们便只能忍气吞声；而在比我们弱小的人面前，我们也没有欺负人的权利，真正的好汉绝对不是欺软怕硬之徒。这样一来，男孩就有了正确的道德意识和正义感。

9岁以前的孩子还没有能力进行自我监督，还不能进行复杂的逻辑思考，他们只能通过模仿父母、配合父母的意愿来认识到什么是正确的。在“乞丐事件”中，当父母和老师认同社会黑暗、人与人之间到处都是欺骗和虚伪的时候，必然会对孩子的思维产生影响，甚至会让他们把大人的行为当成正确的标准。只有当大人以一颗充满正义与善良的心来教育和抚慰孩子，他们才会在成长的道路上给予世界正义和关怀。另外，在对待儿子正义感的养成上，詹姆斯没有将自己对世界的看法和意志强加给儿子，而是尊重儿子对正义的看法和选择。一部电影或一本图书受追捧的背后也许就隐藏着深层次的英雄情结，孩子们的电视偶像可能暗示了他们对于成功和冒险的渴望，以及对正义的追求，我们不应当轻易加以扼杀。

反思与建议

“我不会碰巧看到正义的凯旋。”波兰诗人米沃什如是说。男孩是“尚在培训中的绅士”，或许绅士所应具备的种种品质都可以在孩子身上找到隐约的影子，但教育的目标是，让我们的孩子在长大成人、踏入社会后，在遭遇了一系列有关势利圆滑、自私冷漠、胆小懦弱的事情后，仍能将正义之心强化为本能的精神，即判断事情时持冷静客观的公正态度，有是非分明的界限和分寸，纵然在特殊状况下必须对抗时，也力求公平竞争，不耍诈，不占对方便宜，也不接受来源不当的恩惠。让孩子身上正义的火苗呈燎原之势，才是我们教育者的责任。那么，我们的学校和家庭又该怎样做呢？

一、言传身教，培养学生的正义感

对于未成年人来说，父母和老师的榜样尤其重要，如果孩子在学校学习和了解了交通规则，自己上学、放学路上也严格遵守交通规则，但是跟父母一起上街时却被父母以赶时间、工作忙等借口拉着翻围栏、闯红灯，久而久之，必然会让孩子觉得大可不必遵守交通规则，自己的利益大于规则的严肃性，学校的教育也就失效了。对学校来说，对孩子正义感的培养要循序渐进，不能脱离青少年心理发展的实际。一些学校在德育课程中大力向学生灌输爱国主义、革命英雄主义、理想主义的教育，却忽视了对学生日常行为习惯的培养，他们还没有对正义感产生具体的认知和内心情感的认同，怎么能理解那些抽象的“主义”呢？因此，从实践出发是培养孩子正义感的关键。老师应当让学生多观察周围发生的事情，然后师生共同参与讨论，以提高学生对正义和是非的判断能力。比如，通过在学校中发生的恃强凌弱、破坏公物、盗窃同学物品等有关校园治安和青少年问题的典型案例，让学生们加强对是非善恶的认识，无形中也就增强了学生的正义感。

二、深入社会，巩固学生的正义感

社会是教育孩子的活教材，我们不应当为了保护孩子纯洁、幼小的心灵就将他们圈禁在一座狭窄的象牙塔中，把他们和外界一切有失公平、正义的丑恶现象过滤、隔离开来，或者以一句“这些都是社会上的事，你长大了自然就会明白的”就将孩子们的疑问打发了。法国启蒙思想家霍尔巴赫说：“如果人们很注意，从来不在幼年时期欺骗我们，只给予我们一些真实的观念，我们就会得到理性的指导，就会做出正确的判断，我们就会是道德的。”如果我们将所有非正义的事情都为学生们屏蔽掉了，他们哪里还有了解“人之社会”的机会呢？我们总以为是在保护孩子并把孩子搂在最温暖的怀里，却忘记了，在这么战战兢兢地“保护”的同时，也一直把孩子锁在“门”里。有一天，孩子肯定要推开“门”，走出去面对社会的，可那时的他，该怎么应付呢？我们在勇敢地将孩子推向社会、直面现实的同时，也应当注意不要因为对社会上负面事件的不当看法挫伤男孩的正义感。例如，有小偷偷东西，家长看见了还不许孩子说；有些乞丐满街要钱，教师教育孩子不要理这些人，说他们是在行骗；有人被车撞伤了，肇事车逃走，学校就对孩子说不要插手，帮人不讨好，脱不了干系……在这样的教育背景下，孩子怎么可能树立起正义感呢？

三、见义“智”为，维护学生的正义感

我们的传统教育经常教育孩子要见义勇为，敢于同坏人坏事做斗争。这种提倡是好事，但是应该教育孩子见义勇为的同时更要见义“智”为。作为没有完全行为能力的自然人，孩子的任何行为都要以保护自己为前提。“见义勇为”是不是等于“挺身而出”？勇敢是不是等于鲁莽？在这个问题上，西方的教育与我们是有差异的。一个刚到澳大利亚的14岁女孩，第一天放学就带回家一个安全套。她这样对母亲说：“老师上的第一堂课就是教我们怎样保护自己，如果遭到强暴，能反抗就反抗。实在不行的话，就要坚持让对方带上安全套，将伤害降至最低。”作为中华民族的优良传统，见义勇为自然是要大力倡导的，但我们更应该倡导的，是在实际生活中遇到此类问题时应该怎样处置。现在的社会呼唤正义，需要英雄，但绝不需要个人英雄主义。时下的学校都会教育学生如何对抗恶势力，但很少有学校会深入教导学生怎样应付其中存在的风险。我们在培养孩子正义感的同时，也要告诉孩子，要学会保护自己。

宝剑锋从磨砺出
——坚持是抗击命运风暴的伟大力量

古之成大事业者，不惟有超世之才，亦必有坚韧不拔之志。

——【北宋】苏轼

引言

听说过这样一个小故事：有一个人经常出差，经常买不到有座位的火车票。可是无论长途短途，无论车上有多挤，他总能找到座位。他的办法其实很简单，就是耐心地一节节车厢找过去。这个办法听上去似乎并不高明，但却很有用。每次，他都做好了从第一节车厢走到最后一节车厢的准备，可是每次他都用不着走到最后就会发现空位。他说，这是因为像他这样锲而不舍地找座位的乘客实在不多。经常是在他落座的车厢里尚余若干座位，而在其他车厢的过道和车厢接头处居然人满为患。这个故事虽然简单，却让我们明白一个深刻的道理：人贵在坚持，只要坚持不懈就一定能够有所收获。

心理学上把“坚持”定义为“自觉地确定目的，并根据目的来支配、调节自己的行动，进而克服重重困难，实现目的的一种心理活动”。在中国的传统文化中，“坚毅”“坚强”“恒心”就是“坚持”的代名词。具体说来，坚持是在完成一件有意义的事情的过程中那种不达目的誓不罢休的顽强意志，是在坚持良好习惯的过程中那种始终如一的良好品质，是在遭遇逆境的过程中仍然顽强生存、成长壮大的坚韧品质，是在困难重重的包围中仍然英勇拼搏并最终取得胜利的英雄气概。古往今来，有哪位有所建树的伟大人士不是在不懈的坚持下才获得成功的？达尔文二十年如一日地研究生物学，最终发现了生物进化的规律。门捷列夫在各方面人士都反对他的研究的情况下仍然坚持，终于制定了较为完备的元素周期表。歌德六十年坚持不懈，最终创作出了鸿篇巨制《浮士德》。贝多芬失聪后仍然坚持不懈，最终创作出了伟大的《命运交响曲》。据说，当年哥伦布在他每天的航海日记的最后总要写上一句“我们继续前进”。这句话看似平凡，实则包含了无比的信心和毅力。正是凭着这一股大无畏的精神，他向着茫茫不可知的前方挺进，穿过惊涛骇浪，历经蛮荒野地，终于发现了新大陆，完成了历史上的惊人壮举。

坚持品质的培养对学生的成长来说非常重要，因为青少年已经具备了一定的智商，有了相当的认知能力，对他们中的大多数人来说，道理一说就懂，甚至不说也明白，但往往做不到，或者做到了也坚持不下去。现实生活中我们常常看到这样的情况，有的学生制订了期末考试复习计划，结果“三天打鱼，两天晒网”，以各种各样的理由拖延时间，结果成效甚微；有的班级为了提高身体素质每天组织晨跑运动，但是因为劳累、寒冷、生病等诸多原因，人数越来越少，等到学期末这项活动就不了了之了……这样的例子屡见不鲜，原因就在于孩子们缺乏坚韧不拔的毅力和克服困难的顽强意志。任何事业的成功，都不可能一帆风顺，都会遇到各种意想不到的挫折和障碍，有时还会遭到失败。关键就在于要迎难而上，不因失败而灰心、失望。英国著名哲学家罗素说过：“伟大的事业根源于坚韧不拔地工作，以全副的精神去从事，不避艰苦。”有了这种不避艰苦和坚韧不拔的精神，才能获得真知。

案例

一位著名的推销大师即将告别他的推销生涯，应行业协会和社会各界的邀请，他将在该城中最大的体育馆发表告别职业生涯的演说。

这天，会场上座无虚席，人们在热切地、焦急地等待着这位伟大的推销员作精彩的演讲。当大幕徐徐拉开，舞台的正中央吊着一个巨大的铁球。为了这个铁球，台上搭起了高大的铁架。一位老者在人们热烈的掌声中走了出来，站在铁架的一边。他穿着一件红色的运动服，脚下是一双白色胶鞋。人们惊奇地望着他，不知道他要做出什么举动。这时，两位工作人员抬着一个大铁锤，放在老者的面前。

主持人这时对观众说：“请两位身体强壮的人，到台上来。”好多年轻人站起来，转眼间已有两名动作快的跑到了台上。老人这时开口和他们讲规则，请他们用一把大铁锤，去敲打那个吊着的铁球，直到让它荡起来。一个年轻人抢着拿起铁锤，拉开架势，抡起大锤，全力向那吊着的铁球砸去，一声震耳的响声过后，那吊球动也没动。于是他就用大铁锤接二连三地砸向吊球，很快他就气喘吁吁了。另一个人也不示弱，接过大铁锤把吊球砸得叮当响，可是铁球仍旧一动不动。台下逐渐没了呐喊声，观众好像认定那是没用的，就等着老人做出什么解释。

会场恢复了平静，老人从上衣口袋里掏出一把小锤，然后认真地面对着那个巨大的铁球。他用小锤对着铁球“咚！”敲了一下，然后停顿一下，再一次用小锤“咚”敲了一下。人们奇怪地看着，老人就那样“咚”地敲一下，然后停顿一下，就这样持续地做。

十分钟过去了，二十分钟过去了，会场里早已开始骚动，有的人干脆叫骂起来，人们用各种声音和动作发泄着他们的不满。老人仍然一敲一停地工作着，他好像根本没有听见人们在喊叫什么。人们开始愤然离去，会场上出现了大片的空缺。留下来的人们好像也喊累了，会场渐渐地安静下来。

大概在老人进行到第四十分钟的时候，坐在前面的一个妇女突然尖叫一声：“球动了！”霎时间，会场立即变得鸦雀无声，人们聚精会神地看着那个铁球。那球以很小的摆度动了起来，不仔细看很难察觉。老人仍旧一小锤接着一小锤地敲着，人们好像都听到了那小锤敲打吊球的声响。吊球在老人一锤一锤的敲打中越荡越高，它拉动着那个铁架子哐哐作响，它的巨大威力强烈地震撼着在场的每一个人。终于，场上爆发出一阵阵热烈的掌声，在掌声中，老人转过身来，慢慢地把那把小锤揣进兜里。

老人开口讲话了，他只说了一句话：“在成功的道路上，你没有耐心去等待成功的到来，那么，你只好用一生的耐心去面对失败。”

——本案例选自：悠然.修一颗简单的心给自己[M].西安：陕西师范大学出版社，2012.

案例分析

故事中的老人默默忍受着成功过程中的枯燥和寂寞，既不幻想着立即就能取得辉煌，也不理会别人的嘲讽和谩骂，而是耐住性子，专心致志，将一件简单的事情重复做。读罢案例中的故事，我们既感慨老人身上那种持之以恒、锲而不舍的精神，也不禁扪心自问：“什么叫坚持？”坚持就是当全世界的人都认为你会半途而废的时候你却在给自己加油；坚持就是你有停下来的想法却没有停下来的动作；坚持就是没有人懂得欣赏你，而你却在自我欣赏的过程。坚持是这样一种力量，在别人放弃的时候，你依然向前走；坚持是这样一种力量，在别人找不到方法的时候，你依然苦苦地寻找；坚持是这样一种力量，在别人退出战场的时候，你依然在那里浴血奋战；坚持是这样一种力量，在别人看不到光明的时候，你依然在黑暗当中，执着地走向成功的方向。

毛泽东曾说过：“人一辈子做一件好事不难，难得的是一辈子做好事不做坏事。"可见坚持是多么难的一件事。但做成任何一件事情，都要有一种百折不挠的精神。有一句话说得好："日日行，不怕千万里；常常做，不怕千万事。"坚持不懈的人，可以在艰难困苦的环境中奋发图强，干出一番事业来；缺乏恒心的人，往往碰到困难就畏缩不前，最后一事无成。谁都知道，凡尔纳是一位世界闻名的法国科幻小说家，但很少有人知道，凡尔纳为了发表他的第一部作品，曾经遭受过多么大的挫折。1863 年冬天的一个上午，凡尔纳收到了来自出版社的第 15 封退稿信，他的第一部科幻小说《乘气球五周记》又未被采用。他愤怒地发誓，从此再也不写了，并准备把这些稿子付之一炬。但他的妻子以满怀关切的话语安慰丈夫："亲爱的，不要灰心，再试一次吧，也许这次能交上好运的。"第 16 次，终于没有落空，收到稿件的这家出版社立即决定出版此书，并与凡尔纳签订了 20 年的出书合同。如果凡尔纳没有再努力一次的勇气，我们也许根本无法读到他笔下那些脍炙人口的科幻故事，人类就会失去一笔极其珍贵的精神财富。大发明家托马斯·爱迪生说："很多生活中的失败是因为人们没有意识到，当他们放弃努力时，距离成功是多么近。"阿里巴巴的创始人马云的故事同样给我们以启发。他被称为"创业教父"，貌不出众，两次高考落榜却从不放弃，为了创办中国第一家互联网商业公司，坚持不懈地将公司的资料寄给全球各地的朋友以获得支持。最终，他成功了，因为坚持，阿里巴巴上了市，造就了中国的电子商务时代，而更重要的是，跟随他 10 年的"十八罗汉"竟然没有一个离开，一直坚持跟随他，一直坚持把这件事做好。在获得世人的瞩目和赞扬时，他说了一句令人震撼的话："今天很残酷，明天更残酷，后天很美好，大部分人死在明天晚上，看不到后天的太阳。"

人需要一种持之以恒的精神。坚持是一种能力，坚持是一种智慧，坚持是一种风度。有了坚持，才能披荆斩棘，才能在一千次跌倒后又一千零一次地站起来。好多人抱怨，自己坚持了，努力了，为什么还是不成功？那是因为坚持还没有累积到足以成功的程度。人生便如一块香料，只有在以坚持的信念为柴，以坚守的行动为火的炙烤中才能散发出最浓郁的芬芳。

反思与建议

法国伟大的启蒙思想家布封曾经说过："天才就是长期地坚持不懈。"我国著名的数学家华罗庚也曾说："做学问，做研究工作，必须持之以恒。"的确，我们干什么事，要取得成功，坚持不懈的毅力和持之以恒的精神是必不可少的。世界上最容易的事是坚持，最难的事也是坚持。坚持是我们在生活中不可或缺的品质，也是实现理想必不可少的要素。然而，这种可贵的品质在现在的孩子身上却在逐渐流失。原因可能在于现在很多孩子从小家庭条件就不错，物质欲望的轻易满足导致他们在延迟满足能力方面比较差，因此，做事情总是不能坚持。有人在学习和生活上很随意，学得好就再看看，学不好就算了，“三天打鱼，两天晒网”；还有人是常立志，今天有个想法，很兴奋很冲动，可是明天遇到点困难就受挫，很快就想改弦更张；更有一些自视聪明的年轻人，希望找到成功的窍门，不费力气，一举成名。凡此种种，很大程度上都是因为没有自我坚持的能力。我们该如何让孩子在坚持的道路上奋然前行呢？

一、近朱者赤，择善而从，在榜样身上体味坚持

墨子说：“人生如素丝，染于苍则苍，染于黄则黄。”现代心理学认为，人有从众心理，环境的影响经常会改变人的行为。比如，在学习过程中，有的学生本来已打算要去上自习的，碰到有人去网吧，招呼一声就跟着走了，放弃了学习。因此，要让学生学会坚持，首先要知道榜样的力量是无穷的，要学会接近和躲避，学会坚持和放弃。在与人交往方面，要多接近老师，多接近有上进心、有恒心、有意志力的同学，能接近自己心目中的榜样更好。如果有些学生内心不够强大，一定要躲避拉自己走下坡路的同学。在生活场所方面，要多去一些高雅的场所，比如图书馆，尽量避免去网吧、酒吧等地方。在个人精神品质方面，则应当坚持进取，放弃堕落；坚持修养，放弃放纵；坚持勤奋，放弃懒惰；坚持理智，放弃盲从；坚持冷静，放弃冲动；坚持自强，放弃依赖；坚持勇敢，放弃怯懦；坚持自信，放弃自卑；等等。经常选择美好、积极、正义的榜样去学习，久而久之就能够增强自己的意志力。

二、寻找乐趣，磨砺决心，在快乐中体味坚持

真正的强者是能够克制自己本性中的负面因素，超越自我的人。要超越自我，重要的是要能从学习和生活中寻找乐趣，学会锻炼自己。比如，有些学生不喜欢看着词汇书背单词，但喜欢看英文小故事，那就可以让他们选择广泛阅读，或者读一些英文杂志中有趣的小故事，碰到不会的单词再查一下，等看完了全文，顺带复习下单词。看的文章多了，同样的单词会出现数次，最终照样能记住单词，这远比看着单词表重复念几遍有趣多了。完成同样的任务，不同的人可以有不同的方式，要探索适合自己的方式。另外，学生的能力毕竟有限，要让学生养成坚持的习惯，必须要让他们建立从事一项工作的责任感和自信心，如果失败的次数过多或者任务的难度太大，很容易导致学生半途而废。因此，可以先让学生们找一件稍微容易的事情来坚持做，以提高自信心。比如，每天写一篇或者转载一篇好的博客。这样，孩子的信心也会越来越强，慢慢地，他自身会

有很多改变,因为这种信心会逐步泛化到他生活的点点滴滴中。有一个中学生的例子就非常值得我们参考。他读书的时候,自己立有一个小小的规矩,那就是"从来不在我第一次想玩的时候去玩!"意思就是,每次他想玩的时候,都给自己找点有意义的事情做,做完之后再去玩。比如,先做半小时数学作业,做完了如果想玩再去;有时做完了,感觉玩心还是很大,还想磨炼自己,那就读读诗词;读完了之后,可能再做一道物理题。最后,再去玩的时候,玩的感觉会很爽,因为他让自己的玩多了很多理由和资本。长时间坚持下来,他对自己的玩心就越来越可控。其实只要你能够保持这样的决心和动力,你的改变就成功了一半。

三、制订计划,付诸行动,在习惯中体味坚持

习惯是坚持品质的缩影,是意志力的表现之一,是人们通过经常重复或练习而巩固下来的并变成需要的行为方式。形成习惯的行为虽小,但意义很大。高尔基说得好:"哪怕是一点小的克制,也会使人变得坚强起来。"在培养某一习惯的过程中,意志力在不知不觉中得到了提升。需要注意的是:第一,拥有一个良好的爱好是好习惯,不具有某一不良嗜好也是一个好习惯;第二,培养一个好习惯是坚持品质的表现,戒掉一个坏习惯则需要更多的坚持。培养一个好习惯会帮助学生成为一个成功的人。当一个人把业余时间用于工作并成为习惯,他一定会成为该领域的专家。所以,坚持是一种非常难得的优良品质,但不是一朝一夕就可以养成的,是一个逐渐成长的过程,对于小孩子和青年人要注重这种品质的培养。第一,不要给自己定过高的目标。一旦难以实现就不得不放弃,如果以后再次遇见困难就越来越容易放弃,所以订立目标要适宜。第二,要充满自信。遇见困难或者问题时要相信自己的能力,把精力放在解决问题上,而不是踌躇不定。第三,不找借口。遇见问题,不要给自己找借口,经常给自己找借口的人是难以应对困难的,他们逐渐学会和习惯了逃避。第四,要有自控或者他控的反馈处理环节,并且设置处罚条款。在每个人改变的过程中,都会有很多小的偏离,一开始这些偏离不大,但是,如果不及时纠正和处理,慢慢地这些偏离就会让前面的努力化为乌有。因此,处罚在自我控制中必不可少。例如:如果学生没有遵守自己的计划,在没有完成100个单词任务量的前提下跑出去玩了半天,那么学生就要给自己加码,回来后要完成150个或者学自己最不喜欢的一门课等。当然,处罚的方法有很多,可以让学生挑那种让自己比较不舒服的方式。

四、学会放弃,及时反思,固执是坚持的反面

当然,凡事懂得再坚持一次,是建立在对前途的敏锐认识和对客观条件的充分把握上的,并不是一味地去坚持一件毫无意义的事情。某些彩民数十年坚

持买某组数字的彩票，最终往往是徒劳，因为从概率学上来说，这组数字中奖的概率本身就很低。所以说，坚持是对有一定把握的事情的执着，坚持绝不等于固执。坚持去做某一件事情无所谓错，但绝不能不顾及客观条件的变化去固执地守着过去的行为。当情况发生变化后，仍旧去固守不合时宜的行为只会适得其反，带来不良的后果。所以，我们在让学生学会坚持时，也要尽量避免让学生走上固执的歪路。

尽信书不如无书
——质疑是一切思维的开始

读书无疑者须教有疑，有疑者却要无疑，到这里方是长进。

——【南宋】朱熹

引言

有人曾问剑桥大学校长，剑桥何以几百年里人才辈出？他一言以蔽之："质疑精神。"质疑精神是优秀人才，尤其是创造型人才不可缺少的素质，主要是指首先敢于向权威质疑，包括教师和书本知识；其次是乐于发现和提出问题，以及能够解决问题。剑桥大学每年都会来中国招生，该校负责招生面试的主考官多次表示，中国学生所有学科都很强，基础知识非常扎实，但是却暴露出一个明显的缺点，那就是缺乏独立思考的能力和对权威的质疑能力。在剑桥大学的教授看来，优秀学生不照搬书本，不把老师说的都当作金科玉律，他们会质疑，具有批判精神。在一次面试中，主考官曾经故意质疑中国学生最得意的某项特长，期盼那位学生能够捍卫自己的观点，但他却默认了考官的指责。他每次面试时都会故意犯一个错误，然后观察学生的表情，有的中国学生可能已经知道老师说错了，但是不敢说出来。他遗憾地表示："能够参加面试的学生都是优秀的，但能够指出老师错误的才是我们需要的。"

权威，是可信度最大、威望最高的代名词，在人们的生活中占据着重要的地位，以至于人们对它深信不疑。教师在学生眼中是无上的权威，但是教师毕竟不是圣人，当面对教师的错误和前人的既定经验，拥有一份挑战权威、质疑真理的精神，尤其难能可贵。亚里士多德早在古希腊时期就大胆地提出："吾爱吾师，吾更爱真理。"怀疑精神是科学精神的重要组成部分，质疑则是迈向真理的第一步。如果没有质疑精神，伽利略就不会发现"两个铁球同时着地"的科学真理；如果没有质疑精神，达尔文的进化论永远不会颠覆宗教的"神创论"；如果没有质疑精神，五年级的小学生就不会发现存在于美国宇航局长达 27 年的错误，芬兰的那个 13 岁男孩就不敢揭穿俄罗斯国家电视台"北极之旅"节目的画面是从《泰坦尼克号》中剪接下来的黑幕……爱因斯坦曾经说过："提出一个问题比解决一个问题更重要。"世界上许多发明创造都源于疑问，思维的花朵从疑问和惊奇的土壤中绽放，质疑是开启创新之门的钥匙。我们常常感叹中国的孩子考试成绩突出却缺乏创造性，应试教育培养出来的人难以摘取诺贝尔奖的桂冠。连外来的教练也感叹中国的球员踢球为什么那么刻板单调，没有想象力。其中最重要的一个原因恐怕就在于中国人缺少了对知识的质疑和对权威的挑战。中国教育对质疑精神采取了一种不鼓励、不提倡、不欣赏、不奖励的态度，长此以往，销蚀了学生的创造力和独立判断的能力。是否具备质疑精神，反映出东西方文化的差异，但确实给我们的教育敲响了警钟。学生能够说"不"在某种程度上是质疑精神的表现，教师在教育过程中千万不要扼杀了这种质疑精神。

案例

怀特森先生教的是六年级的科学课。在第一堂课上，他给我们讲了一种叫作凯蒂旺普斯的东西，说那是种夜行兽，因在冰川期中无法适应环境而绝迹了。他一边说，一边把一个头骨传来传去，我们都做了笔记，后来又进行了测验。

他把我的试卷还给我时，我惊呆了。我答的每道题都被打了个大大的红叉。测验不及格。

一定有什么地方弄错了！我是完完全全按照怀特森先生所说的回答的呀。接着我意识到班里的每个人都没及格。发生了什么事？

很简单，怀特森先生解释道，有关凯蒂旺普斯的一切都是他编造出来的。这种动物从来没有存在过。所以，我们笔记里记下的那些都是错的。难道错的答案也能得分吗？

不用说，我们都气坏了。这种测验算什么测验？这种老师算什么老师？

你们本该推断出来的，怀特森说道。毕竟，在传凯蒂旺普斯的头骨（其实那是猫的头骨）时，他不是告诉过我们有关这种动物的一切都没有遗留下来吗？怀特森描述了它惊人的夜间视力，它的皮毛的颜色，还有许多他不可能知道的"事实"。他还给这种动物起了个可笑的名字。可我们一点也没起疑心。

他说我们试卷上的零分是要登记在他的成绩记录簿上的。他也真这么做了。

怀特森先生说他希望我们从这件事当中学到点什么。课本和老师都不是一贯正确的。事实上，没有人一贯正确。他要我们时刻保持警惕，一旦认为他错了，或是课本错了，就大胆地说出来。

上怀特森先生的课，每一次都是不寻常的探险。有些科学课我现在仍然能够差不多从头至尾地记起来。有一次他对我们说他的大众牌轿车是活的生物。我们花了整整两天才拼凑了一篇在他那里通得过的驳论。他不肯放过我们，直到我们证明我们不但知道什么叫生物，而且还有坚持真理的毅力时，他才罢休。

我们把这种崭新的怀疑主义带进了所有课的课堂。这就给那些不习惯被怀疑的老师带来了问题。我们的历史老师讲着讲着，会有人清清嗓子，说道："凯蒂旺普斯。"

如果要我给我们的学校危机提出个解决人选的话，我一定会提出怀特森先生。我没做出过什么重大的科学发现，但我和我的同学们从怀特森先生那里得到了一种同样重要的东西，一种正视着某个人的眼睛，告诉他他错了的勇气。怀特森先生还让我们看到，这么做有时候是很有趣的。

这里面的价值并非每个人都能觉察到。有一次我把怀特森先生的事讲给一位小学教师听，他惊骇极了。"他不该像这样捉弄你们的。"那小学教师说道。我正视着他的眼睛，告诉他他全错了。

——本案例选自：[英]大卫·欧文.我最好的老师.[出版者不详].

案例分析

欧美学校的教师非常注重对学生思维能力的培养，在他们看来，一个富有创造性的教师不仅要了解学生的需要、感受、能力、兴趣及行为，还需要时常调整自己的角色和教学方法，去开拓学生的视野，培养学生的创造性思维。他们认为，教师首先要教给学生的是思维方法，是培养学生的批判、反思能力，否则就难以在教学中让学生发展创造性。例如本案例中自然科学老师怀特先生，故意向学生们讲解一种叫凯蒂旺普斯的夜行兽，但是却在最后的考卷上给认真记笔记的孩子们打了一个大大的零分，因为他认为这些孩子虽然认真听讲，听老师的话，却没有独立的思维能力，没有发现老师讲解中的矛盾和疏漏，提出自己的意见。而他这样做的目的，是要给孩子们一个深刻的教训：教师并不是至高无上的权威，教师也不是绝对的真理，孩子们应该在对老师的质疑中深化对未知知识的理解。怀特先生的教育理念在当代的美国教育中也屡见不鲜。比如，在培养学生阅读、判断和考证资料来源方面，老师会先给学生看一本历史书，然后提出一些问题，学生此时往往缺乏独立判断的能力，以为书里写的一切都是正确的。此时，老师会再给学生一本内容和观点都与前一本相矛盾的书，这会让孩子对两本书的内容费尽思量。接着，老师就会适当地引导学生在求异思维中得出正确的结论。为何他们会选择这种教学方法呢？比较研究表明，高中生和专家阅读的角度很不相同，一个高中生死记硬背历史书上旧知识的能力可能比史学家更厉害，但是史学家在遇到相互矛盾的历史资料时凭借独立思考、质疑的精神做出正确解释的推理能力却是高中生望尘莫及的。中学生一旦对某一事情形成初步的理解就容易形成固有的印象，所以教师在教学中一定要培养学生的思维能力，让学生学会质疑，培养求异思维，不要盲从。

负责中学教师培训工作的温伯格教授曾经做过一个有趣的试验：他让一位朋友冒他的名去讲授皮亚杰教育理论的第一节课，他故意让朋友不合乎逻辑地讲得乱七八糟，但学生还是认真记录，居然没人提出不同意见。这时坐在学生中的温伯格教授举手说："这些内容都在课本上，为什么要我们记？"冒名的老师说："等会儿就知道了。"5 分钟后温伯格教授又提出："听不懂！"冒名的老师说："要么你来讲吧！"温伯格教授这才上去开始讲课。据说这个实验办法用了 11 年，目的是为了引导学生对教师的讲解进行批判性思考，克服学生上课一味听讲、不假思索地记笔记的习惯。

古人有云："学贵有疑，小疑则小进，大疑则大进。"怀疑，是思之始，学之端。如果说智慧是创造的源泉，那么思考是智慧的起点，没有思考就没有怀疑，没有怀疑就没有创新。现代原子物理学的奠基者卢瑟福对思考极为推崇。一天深夜，他偶然发现一位学生还在埋头做实验，便好奇地问："上午你在干什么？"学生回答："在做实验。""下午呢？""做实验。"卢瑟福不禁皱起了眉头，继续追问："那晚上呢？""也在做实验。"勤奋的学生以为能够得到导师的一番夸奖，没想到卢瑟福居然大为光火，厉声斥责道："你一天到晚都在做实验，什么时间用于思考呢？"一个只知道学习而不懂得思考，只知道被动地接受、迷信老师的一切言语，而不知道独立地思考，积极地质疑、大胆地批判的学生，怎么可能成为一个拥有独立自主精神的人才？怎么可能燃烧起对知识的兴趣和对智慧火焰的追逐？因此，在我们的教学中，要多给学生思考的空间，多创造问题情境，鼓励学生独立思考，大胆质疑，挑战权威。

反思与建议

"为什么我们的学校总是培养不出杰出人才？"——"钱学森之问"成为中国教育界需要破解的一道难题。蜚声中外的物理学家杨振宁教授曾根据中西文化传统的不同，比较了中美两国的教学方法，他认为：美国的教学方法注重归纳、分析、渗透和综合，是一种"体会式"教学，其优点是注重独立思考能力和创造力的培养；而中国传统教学方法注重演绎、推理、按部就班，学生有相当多的时间浪费在机械记忆标准答案上，遵循教师的“谆谆教导”，缺乏创造性思维，缺乏质疑能力。

那么，在质疑精神的教育方面，欧美国家有哪些值得我们学习的呢？

一、前人铺路，学生思考

牛顿说过：“我站得高，是因为我站在巨人的肩膀上。”让学生学会质疑，并不是随便就去怀疑，一切怀疑的前提首先都来自对前人思想的继承和对知识的尊重。没有深厚的知识储备和深刻的思想就随意地怀疑一切，那并不是创造精神和质疑能力，而只是一种狂妄和愚蠢。在知识面前，既要保持应有的敬畏，更要有理性的质疑精神。因为真理是不怕被质疑的，正是在不断地被质疑、被修正的过程中，才愈益显示出真理的光辉。美国学校提倡课前预习和自学，学生在进入课堂之前必须花大量的时间和精力查找资料，在自主学习中发现问题、思考问题，因此美国学生具有相当的自主学习能力。并且通过预习和自学对课本知识有了一定的了解，课堂只是强化和深化知识的场所，如此有备而来当然容易发现教师教学中的纰漏。而中国学生多年来养成的“填鸭式”的学习方式，使他们没有课前预习的习惯，更不会自主学习，这就促使教师首先要重视学生的课前预习和自学，提倡学生做课前预习，并有目的地将部分浅显易懂的教学内容留给学生自学，让学生学会自主学习，这样才能在课堂上真正和教师互动。

二、教师搭台，学生唱戏

在中国的课堂上，教师占有着绝对的主导和权威地位，很多老师喜欢安静的教学环境，学生规规矩矩地坐好，认真地听教师传授知识，并做好笔记，甚至画好教学重点备考。在这种情境下，学生对老师的态度自然是顺从和恭敬，很难产生学习的积极性和主动性，即便内心产生了疑虑和问题也不敢主动提出。有时候，一些学生因为水平差异，提出的一些疑问比较幼稚，就在老师的冷嘲热讽中逐渐丧失了质疑的兴趣。随着年龄的增长，知识的增多，“怕丢面子”的心理更限制了这种挑战权威的精神，课堂最终变成教师的“一言堂”。美国比较注重独立意识和个人价值，强调让学生展现自己的个性和才能，因此美国的课堂教学与中国的大不相同。正如第斯多惠所说的：“一个不称职的教师强迫学生接受真知，一个优秀的教师则教学生主动寻求真知。”美国课堂上的师生关系是民主和平等的，教师扮演得更多的是导演的角色，仅具有“脚手架”的功能，课堂与课外活动都是学生的表演舞台。在这里，教师与学生教学相长，共同进步，教师不是照本宣科地向学生灌输知识，而是引导学生质疑和提出问题，指导学生查找相关资料来解决问题。教师鼓励学生有不同见解，尊重学生的观点和选择，并且鼓励学生要有批判和质疑精神。古人曾说：“水尝无华，相荡乃成涟漪；

石本无火，相击而成灵光。”只有当教师站在平等对话的平台上，在讨论中深入，在批判中研究，才能够使学生逐步养成开放、灵活的质疑思维和质疑能力。因此，在我们的课堂上，教师要允许学生出错，允许学生提出自己的意见。有时候学生因为水平较低，提出的问题可能并无价值，教师不但不能轻易地予以否定，还要制止其他同学的讥笑，并表扬其好问的精神，然后根据具体情况给予帮助和引导。老师对学生有水平的提问或解答还要及时给予表扬，让学生分享成功的喜悦。当学生有了质疑的勇气，消除了紧张感和顾虑，才会有大胆陈述自己疑惑和见解的勇气。

三、营造氛围，探究策略

爱因斯坦曾说：“只有大胆的思辨，而不是经验的堆积，才能使我们进步。”教育的艺术不在于传授知识，而在于唤醒、激励和鼓舞。在教学过程中，教学要注意营造和谐、轻松的课堂环境，注意采取多样化的教学策略，去鼓励和引导学生大胆质疑，独立发现和提出问题。教师应该让学生知道，在学习中做到“三不迷信”：一是不迷信权威和课本，教材只是个例子而不是经典，更不是不可逾越的权威，教材也可能有错误和自相矛盾的地方；二是不迷信教师，教师在教学过程中也会有不清楚或者口误的情况，这时候应该大胆指出老师的错误并提出自己的观点；三是不迷信自己，不要对自己抱有盲目的信任，总觉得其他人的意见都不对，教师要教会学生质疑自己所提出的质疑是否合理，能够对自己的质疑进行再质疑。在教学上可以采取三种不同的策略，即学生自疑、学生互疑和师生互疑。教师在课堂上应该有意识地与学生互换角色，提出重点问题，同时发挥小组协作精神，鼓励学生之间相互质疑、讨论、辩论，从而营造出一种既有独立思考又有相互探讨，既有自主学习又有相互合作的良好氛围。

领异标新二月花
——创造力是一个民族进步的灵魂

人才进行工作，而天才进行创造。

——【德】舒曼

引言

有这样一个笑话：某国际学校的一位老师问班里的学生，请大家针对“其他国家粮食短缺这一现象”谈谈自己的看法。非洲学生问：“什么是粮食？”欧洲学生问：“什么是短缺？”美国学生问：“什么是其他国家？”中国学生问：“什么是自己的看法？”我们在听完这个笑话，莞尔一笑的同时，对其中所反映的问题不得不进行深入思考。从何时开始，在国际社会中，中国的孩子已经被认为是缺少创造性思维和独立思考能力的一代？创造力是人类特有的一种综合性本领，是指产生新思想，发现和创造新事物的能力，体现了人类的认知能力、实践能力和高度的主观能动性。它是成功地完成某种创造性活动所必需的心理品质，更是推动国家兴旺发达和社会发展的不竭动力。

英国前首相撒切尔夫人曾在她的著作中说：“今天的中国只能出口电视机而不是思想观念，中国没有那种可用来推进自己的权力，从而削弱其他国家的具有国际传播影响的学说。”这句话虽不好听，但却足以让国人警醒。在竞争日益激烈的21世纪，国与国之间经济的竞争、综合国力的竞争，实质上已经成为科学技术的竞争和民族素质的竞争，而这一切又都可以归因于民族创新能力的竞争。唯有创新，才能不断进步。展望全球，“中国制造”已经走上了国际舞台，而“中国创造”却似乎尚未起步。对于青少年创造性思维和创新能力的培养迫在眉睫，因此江泽民同志指出：“创新是一个民族进步的灵魂，是国家兴旺发达的不竭动力。要全面建设小康社会，实现中华民族的伟大复兴，离不开创新。当今世界是一个创新的时代，创新的时代呼唤创造型人才，发展中的中国更需要创造型人才。”

中国孩子是不是天生就不如外国孩子具有创造力呢？答案显然是否定的。

外国专家在中国进行的一项调查研究发现，5岁的孩子看到鲜花绿草时，能想到要保护环境，给花园装个垃圾桶；看到空荡的公交，会联想到自己的校车而画满小朋友的脸。一个5岁的小孩儿尚能无负担地插上想象的小翅膀自由飞翔，可见中国学生并不是天生就缺乏创造力，而是在某些教育环节出现了问题。一位留德学者曾经说过："如果教师提出一个问题，十个中国学生的答案往往都差不多；而在外国学生中，十个人也许能讲出二十种答案，尽管有些想法非常离奇。"诺贝尔奖得主、美籍华人朱棣文教授也说，美国学生的学习成绩不如中国学生，但他们有创新及冒险精神，所以往往创造出一些惊人的成就。他还说，创新精神强而天资差的学生往往比天资强而创新精神不足的学生取得更大的成就。中国学校的传统教育已经难以适应时代的需要，创新思维的培养势在必行，只有这样才能培养出具有良好创新能力的人才。近年来，随着素质教育的普及，学校、家庭和社会对学生创造性思维的培养也越来越重视。借鉴和学习国外的创造性思维培养模式不失为一条捷径。

案例

上课铃响了，孩子们跑进教室，这节课老师要讲的是灰姑娘的故事。老师先请一个孩子上台给同学讲一讲这个故事。孩子很快讲完了，老师对他表示了感谢，然后开始向全班提问。

老师：你们喜欢故事里面的哪一个？不喜欢哪一个？为什么？

学生：喜欢辛黛瑞拉(灰姑娘)，还有王子，不喜欢她的后妈和后妈带来的姐姐。辛黛瑞拉善良、可爱、漂亮。后妈和姐姐对辛黛瑞拉不好。

老师：如果在午夜12点的时候，辛黛瑞拉没有来得及跳上她的南瓜马车，你们想一想，可能会出现什么情况？

学生：辛黛瑞拉会变成原来脏脏的样子，穿着破旧的衣服。哎呀，那就惨啦。

老师：所以，你们一定要做一个守时的人，不然就可能给自己带来麻烦。另外，你们看，你们每个人平时都要打扮得漂漂亮亮的，千万不要突然邋里邋遢地出现在别人面前，不然你们的朋友要被吓着了。女孩子们，你们更要注意，将来你们长大和男孩子约会，要是你不注意，被你的男朋友看到你很难看的样子，他们可能就吓昏了(老师做昏倒状，全班大笑)。好，下一个问题：如果你是辛黛瑞拉的后妈，你会不会阻止辛黛瑞拉去参加王子的舞会？你们一定要诚实哟！

(过了一会儿，有孩子举手回答)

学生：是的，如果我是辛黛瑞拉的后妈，我也会阻止她去参加王子的舞会。

老师：为什么？

学生：因为……因为我爱自己的女儿，我希望自己的女儿当上王后。

老师：是的，所以，我们看到的后妈好像都是不好的人，她们只是对别人不够好，可是她们对自己的孩子却很好，你们明白了吗？她们不是坏人，只是她们还不能够像爱自己的孩子一样去爱其他的孩子。孩子们，下一个问题：辛黛瑞拉的后妈不让她去参加王子的舞会，甚至把门锁起来，她为什么能够去，而且还成为舞会上最美丽的姑娘呢？

学生：因为有仙女帮助她，给她漂亮的衣服，还把南瓜变成马车，把狗和老鼠变成仆人。

老师：对，你们说得很好！想一想，如果辛黛瑞拉没有得到仙女的帮助，她是不可能去参加舞会的，是不是？

学生：是的！

老师：如果狗、老鼠都不愿意帮助她，她可能在最后的时刻成功地跑回家吗？

学生：不会，那样她就可以成功地吓到王子了。（全班再次大笑）

老师：虽然辛黛瑞拉有仙女帮助她，但是，光有仙女的帮助还不够。所以，孩子们，无论走到哪里，我们都是需要朋友的。我们的朋友不一定是仙女，但是，我们需要他们，我也希望你们有很多很多的朋友。下面，请你们想一想，如果辛黛瑞拉因为后妈不愿意她参加舞会就放弃了机会，她可能成为王子的新娘吗？

学生：不会！那样的话，她就不会到舞会上，不会被王子遇见、认识和爱上了。

老师：对极了！如果辛黛瑞拉不想参加舞会，就算是她的后妈没有阻止，甚至支持她去，也是没有用的，是谁决定她要去参加王子的舞会？

学生：她自己。

老师：所以，孩子们，就算是辛黛瑞拉没有妈妈爱她，她的后妈不爱她，这也不能够让她不爱自己。就是因为她爱自己，她才可能去寻找自己希望得到的东西。如果你们当中有人觉得没有人爱，或者像辛黛瑞拉一样有一个不爱她的后妈，你们要怎么样？

学生：要爱自己！

老师：对，没有一个人可以阻止你爱自己，如果你觉得别人不够爱你，你要加倍地爱自己；如果别人没有给你机会，你应该加倍地给自己机会。如果你们真的爱自己，就会为自己找到自己需要的东西。没有人可以阻止辛黛瑞拉参加王子的舞会，没有人可以阻止辛黛瑞拉当上王后，除了她自己。对不对？

学生：是的！

老师：最后一个问题，这个故事有什么不合理的地方？

学生：午夜12点以后所有的东西都要变回原样，可是，辛黛瑞拉的水晶鞋没有变回去。

老师：天哪，你们太棒了！你们看，就是伟大的作家也有出错的时候，所以，出错不是什么可怕的事情。我担保，如果你们当中谁将来要当作家，一定比这个作家更棒！你们相信吗？

孩子们欢呼雀跃。

这是美国一所普通小学的一堂阅读课。我们是几岁的时候才想到这些层面的？

——本案例选自：Zero.美国老师如何讲灰姑娘的故事[J].师道，2006，(3).

案例分析

毋庸置疑，这个案例中的老师是成功的。面对古老而广泛流传的灰姑娘的故事，她并没有对学生们简单地提出自己的观点，也没有坚持老生常谈的固定思维，告诉学生："灰姑娘是好人，后妈和两个姐姐是坏人，'善有善报，恶有恶报'。"而是循循善诱，设计出大量促进学生思考的现实问题，一步一步引导学生从故事中得出自己的看法，有效地开发了学生的创造性思维。

我们该如何理解创造性思维呢？所谓创造性思维就是指发散性思维方式，它的思维路线是开放性、扩散性的。它帮助人们在遇到问题时，既不受现有知识的限制，也不受传统方法的束缚，能从多角度、多侧面、多层次、多结构去思考问题，寻找答案。创造性思维具有广阔性、深刻性、独特性、评判性、敏捷性和灵活性等特点。它能把学生置于新思路与新问题之中，适应中小学学生好奇求新的心理和想象力、创造力的发展。

据统计，很多科学家震惊世界的科技成果都出现在30岁以前。他们在年轻时"初生牛犊不怕虎"，拥有创造性思维和非凡的想象力，敢于打破思维定式，走别人从未走过的道路，往往能取得非凡的成就。随着年岁的增长，知识和经验的积累虽然越来越丰厚，但是精力不济、思维僵化，反而遏制了科学生命的发展。罗日杰斯特文斯基曾在他的诗中深刻地写道："我最怕/人们睁开眼睛/毫不惊奇/对白昼习以为常/活着/不追求童话的幻想/而出入诗句/像进修道院游逛……"因此，保持创造性的思维方式，就是让自己保持事业的青春。要创造，就要跳出自己的经验圈子，让自己的"杯子"总能是空的。

对学生的教育也是如此。婴儿从呱呱坠地开始，就对周围的世界充满了好奇，渴望去探索所处的环境。比如，他们会用眼睛去观察周围的事物，用小手去触摸身边的东西,用小嘴去品尝食物的味道,用耳朵去倾听来自不同方向的声音。虽然只是单纯的感觉,却也是他们探索世界的第一步。因此,教师和家长应注意发现孩子创造力的萌芽,保护孩子最原始的创造意识和创新精神,才能使他们的创造性得以持续和发展。国外有一个孩子,家长让他画太阳,他画了一个蓝太阳。家长问他:"你怎么把太阳画成蓝色的?"孩子说:"我画的是海里的太阳。"家长夸奖道:"好极了,你太有想象力了!"有一位幼儿教育专家到国外考察,他看到一个小孩用蓝色笔画了一个大苹果,老师走过来说:"嗯,画得好!"而且爱抚地摸了摸孩子的头,孩子高兴极了。这时中国专家问外国教师:"他用蓝色画苹果,你怎么不纠正?"那个教师说:"我为什么要纠正呢?也许他以后真的能培养出蓝色的苹果呢。"

反思与建议

教育家皮亚杰有一句名言:"教育的基本目标就是培养具有创造新事物能力的人,他不是简单地重复别人做过的事,而是具有创造性,擅长于发明的发现者。"创造性作为民族自主之本和科学研究的生命线,对于整个社会的发展和科学进步起着巨大的推动作用。陶行知先生曾指出:"处处是创造之地,天天是创造之时,人人是创造之人。"每个孩子先天都有创造能力,他们的思维由于不受条条框框的约束,往往比成人的思维更丰富、更大胆,如果加以引导和开发,就会成为一种创造的力量。因此,在中小学教育中,加强对学生创造性思维的保护、鼓励和推动是至关重要的。这将使孩子们摆脱千篇一律的平庸,为综合素质的提高和未来的发展打下坚实的基础。在保护和培养创造力方面,教师可以借鉴以下三个原则。

一、观念入手,平等尊重

中国的老师和家长大都喜欢听话的孩子,但是西方人却允许孩子"不听话"。在创造人格中"敢"字很重要,敢想、敢说、敢做才有创造,给孩子一点"不听话"的权利就是给了孩子表达不同意见的机会,因为其中可能包含了创造力。美国的学校强调要尊重孩子的独立人格,平等地看待孩子,对孩子的教育要做到"管而不死,活而不乱",这是非常值得我们学习的。因此,要培养学生的创造力,教师首先要改变自己的学生观,把学生看作和自己平等的个体,学会尊重学生。面对一个成天板着脸孔,在教学中搞"一言堂"的老师,孩子们敢提出什么有创新性的问题吗?我们一直强调师生间的关系是平等的,但是很多教师往往会自觉不自觉地表现出一种居高临下的姿态,一旦学生的想法偏离了他们预设好的结论，脱离了他们给学生的框架，他们潜意识里就会采取一些不当的措施，制止学生的行为，维护自己的权威。一位中国老师在上《坐井观天》这篇课文的时候，让学生根据课文内容展开想象，以“青蛙跳出井口了”为题进行说话和写作训练。结果，一位学生回答说：“青蛙从井里跳出来，它到外面看了看，觉得还是井里好，它又跳回了井里。”老师生气地说道：“我看你是一只青蛙，坐井观天。”但是当她看完学生续写的故事时，却被学生的创造力和想象力震撼了。学生在作文中写道，青蛙跳出井口，来到一条小河边，想去喝水，却发现水里漂满了死鱼，原来水源早已被化工厂的废水、残渣污染了。一只向它提出警告的老青蛙也被人类的钢叉捕杀了。因此，这只青蛙感到环境污染这么严重，外面的世界太可怕了，又跳回到安全的井里。老师为自己的言行感到后悔，因为自己非但没有给这个有创造力的孩子一个发表自己观点的机会，反而还深深地讽刺了他。孩子的心灵就像井外那多彩的世界，需要跳出来的恰恰是自以为是的自己，原来自己才是“坐井观天”的青蛙。最后，这位老师诚挚地向这位学生表达了歉意。这个故事中之所以会出现打断学生发言、剥夺学生创造思维和求异思维发展的情况，是因为教师并没有把学生看作和自己平等的主体。教育的结果不应当是教师的领唱和学生的大合唱，而应当是多声部配合的交响曲。在课堂上，有些杂音反而更美好。

二、方法奠基，启发诱导

在中国的课堂上，经常会出现这样的一幕：老师讲完一则新的教学内容，问学生听懂了没有，教室里一片沉默，当老师让学生回答时，有些学生又一片茫然，老师不得不把刚才的内容再复述一遍。这种传统的“填鸭式”教学在某种程度上阻碍了学生创造性思维能力的发展。苏霍姆林斯基曾说：“在人们的心灵深处，都有一种根深蒂固的要求，就是希望感到自己是个发现者、研究者、探索者，而在儿童身上这种需要特别强烈。”因此，在教育的过程中，教师要改变旧观念、旧模式，将课堂还给孩子，让他们变被动吸收为主动思考，以启发诱导的方式充分调动学生的积极性和主动性。夸美纽斯曾说：“兴趣是创造一个欢乐和光明的教学环境的主要途径之一。”只有当学生在学习中产生一种迫切探求新知识的欲望时，他们的创造能力才能得以充分发挥。因此，教师应利用一切可能的条件不失时机地激发学生发出疑问，充分调动学生的求知欲望和思考问题的积极性，引导其产生浓厚的学习兴趣。在课堂上我们可以采取做游戏、竞赛等方式来激发学生思考，也可以通过发现学习法、课堂讨论法、情境感受法等方式进行教学，允许学生选择自己喜欢的方式学习。另外，平时要引导学生多走出课堂，对自然界、人类社会的各种现象给予关注，并在观察的基础上引导学生大胆想象，因为丰富的想象力是创造的翅膀。比如，美国的一堂数学课上，老师就出了这样一道题："8减6是2，8加6也是2，有这种可能吗？请加以证明。"一位男生思索片刻后回答："上午8点的6个小时前是凌晨2点，6个小时后是下午两点。"这个例子让人耳目一新，给我们的启示也显而易见：一个人的创造才能是智慧中最有魅力的东西，它是多种智力因素经过奇妙组合与相互作用后爆出的火花。

三、氛围辅助，自由宽松

爱因斯坦在回忆他的学生生活时曾这样感慨道："现代的教学方法，竟然还没有把研究问题的神圣好奇心完全扼杀掉，真可以说是一个奇迹，因为这株脆弱的幼苗除了需要鼓励以外，主要需要自由。要是没有自由，它不可避免地会夭折。认为用强制和责任感就能增进观察和探索的乐趣，那是一种严重的错误。"阿瑞提对个人创造力的培养也提出了十分独特的见解：与集体生活相补充的"单独性"、与紧张的学习工作状态相对比的"闲散状态"、与理性思维相反的"幻想"，以及摆脱禁锢的"自由思维"是培养创造力的重要条件。因此，应适度为青年学生提供一个宽松的学习环境，营造学术上自由争鸣的气氛。有了宽松的学习环境，才会有自主学习，才会有创新意识和创新精神。还有更重要的一点是，要保护学生的好奇心和创造激情。作为教师，自身的思维也应当具有创造性，并以创造者的身份为学生创设良好的创造性氛围，为学生提供敢想、善思的良好情境。在教学环境的设置中，我们可以从课堂讨论入手，强化学生的竞争意识和创造意识，培养学生提出问题和解决问题的能力。当代学生都有一定的竞争欲和表现欲，对课堂上不同观念和见解的争论正是引导他们展现健康的竞争欲和表现欲的极好机会。同时，作为老师，要认真对待学生的质疑和提问，不要粗暴地扼制学生的奇思怪想和刨根问底，要知道，我们现在接受的许多观点曾经都是多么的不可思议！

千树万树梨花开
——想象力是放飞理想的翅膀

想象就是深度。没有一种精神机能比想象更能自我深化，更能深入对象，这是伟大的潜水者。科学到了最后阶段，便遇上了想象。

——【法】雨果

引言

1984年，在里根当美国总统的时候，美国有一批小学生，在学校读书读烦了，老师带他们到户外去玩耍。小孩们到了一个树丛中，发现了一枚蛋。十几个人全都高兴地围过来猜是什么蛋，有的说是麻雀蛋。“不，麻雀蛋没有这个蛋大，怎么是麻雀蛋呢?”有人说是恐龙蛋，恐龙死了好多好多万年，怎么会有恐龙蛋呢？鸭蛋？鸡蛋？猜不出来，有的小孩说：“猜它干什么，把这枚蛋抱回家，放在孵化箱里面孵化、加温，孵出来是什么就是什么。”其他同学都拍手赞同。孩子们把蛋抱回家，放在孵化箱里面然后加温，眼睛一直对准这个孵化箱看，看到底出来的是什么。等待是非常难熬的，终于蛋壳里面在躁动，蛋壳破了，里面的东西出来了，孩子们全部惊呆了。哇！什么？里根总统，这个蛋壳里面出了个里根总统。……这样一个异想天开的故事如果出现在中国的小学作文里，极有可能会被老师判为不及格，理由是记叙文不符合形式、不符合现实、语言不够优美等，但是这个故事却是1984年向全美国推荐的一篇优秀小学生作文，小作者丰富的想象力、开放式的思维得到了全社会的赞赏。

想象力是指在知觉材料的基础上，经过新的组合创造出新形象的能力。它是一种能促使人类预想不存在的事物的独特能力，是最具改革性和启示作用的能力，是所有发明和创新的源泉。著名的灵狮广告公司董事长 Martin Puris 说过：“从 A 到 C 的过程中，我们从来没有考虑过 B。”杰出的思维需要跳跃，而给思维以翅膀的就是想象力。半个多世纪以前，著名的物理学家爱因斯坦在《论科学》一文中深有感触地说：“想象力比知识更重要，因为知识是有限的，而想象力概括着世界的一切，推动着进步，并且是知识进化的源泉。”爱因斯坦还提出教育要“少一点功利，多一些探索自然的兴趣”。爱因斯坦并不是教育大师，但他对教育本质的理解却充满了真知灼见，对想象力与知识之间的关系的论述更是精辟、深邃、独到。

想象力如此重要，而《人民日报》曾经的一篇报道却显示，中国儿童的想象力状况令人担忧。教育进展国际评估组织对世界上 21 个国家的调查结果显示，虽然中国孩子的计算能力世界第一，但想象力和创造力在所有参加调查的国家中排名倒数第五。“雪化了，变成了春天”竟然被语文老师判定为病句。课堂上“强词夺理”、思维活跃的孩子往往会被扣上“不守纪律”的帽子。想象力已成了边缘化的教育目标。在接受调查的中小学生中，认为自己有好奇心和想象力的只占 4.7%。“想象力的缺乏已经严重制约了我国青少年的创造力。”中国青少年研究中心副主任、中国科普作家协会副理事长孙云晓举例说，在国际科学组织评选的“2001 年全球重要科学发现一百项”中，中国仅有三项上榜，其中有两项还是与美国科学家合作完成的；中国学子每年在美国拿到博士学位的约 2000 人，为非美裔学生之冠，但美国专家评论说，虽然中国学子的成绩了得，但想象力、创造力却是极其贫乏。

案例

2010 年诺贝尔奖获奖名单揭晓后，其中最让人们津津乐道的是物理学奖获得者——英国曼彻斯特大学的科学家安德烈·海姆和其学生康斯坦丁·诺沃肖洛夫。不仅因为年仅 36 岁的诺沃肖洛夫在平均年龄 50 岁的诺贝尔奖获得者中显得出众，更因为他们用“铅笔”和“胶带”获得超薄材料石墨烯的“突破性”方法，再次向我们展示了想象力在科研中的重要作用。

比最好的钢铁硬 100 倍、比钻石还坚硬的石墨烯是一种从石墨材料中剥离出的单层碳原子面材料，其超强硬度、韧性和出色的导电性使得制造超级防弹衣、超轻型火箭、超级计算机不再是科学狂想。但最大的困难在于：如果想投入实际生产，就必须找到一种方式，能够制造出大片、高质量的石墨烯薄膜。

为此，几十年来，科学家们从未停止过各种方法的萃取或合成试验。直到 2004 年，海姆和诺沃肖洛夫突破性地创造了“撕裂法”。他们将石墨分离成小的碎片，从碎片中剥离出较薄的石墨薄片，然后用胶带粘住薄片的两侧，撕开胶带，薄片也随之一分为二，不断重复这一过程，最终得到了只有单层碳原子的石墨烯。这听起来简单得不可思议。

科学的想象力来自于何处？看看海姆所做的其他研究就知道了。在 2000

年，海姆的另一项发明获得了“搞笑诺贝尔奖”，他用磁性克服重力作用让一只青蛙漂浮在半空中。2003年他设计出一种有着极小绒毛的材料，它模仿壁虎脚上的绒毛，将一平方厘米的这种材料放在垂直平面上，就可以支撑起一公斤的重量，实现“壁虎爬墙”。事实上，撕出厚度为一个原子的东西并不容易，需要在漫长的时间里进行难以计数的重复试验。但是诺贝尔奖评选委员会形容这对师徒“把科学研究当成快乐的游戏”。

由此，我联想到几位外国妈妈“保卫想象力”的案例。1968年，美国内华达州一位叫伊迪丝的3岁小女孩告诉妈妈，她已经认识礼品盒上“OPEN”的第一个字母“O”，这位妈妈很吃惊，问她是怎么认识的。伊迪丝告诉妈妈是她的幼儿园老师薇拉小姐教的。母亲一纸诉状把薇拉小姐所在的劳拉三世幼儿园告上了法庭，理由是该幼儿园剥夺了伊迪丝的想象力。因为她的女儿在认识“O”之前，能把“O”说成太阳、足球、鸟蛋之类的圆形东西，然而自从劳拉三世幼儿园教她识读了26个字母，伊迪丝便失去了这种能力。她要求该幼儿园对这种后果负责，赔偿伊迪丝精神伤残费1000万美元。最后的结果出人意料：伊迪丝的母亲竟然真的胜诉了！

同样，一位叫高桥雅子的日本妈妈在培养孩子想象力方面也当仁不让。一天晚上，高桥雅子和1岁10个月的女儿一起眺望夜空。这时，云彩把月亮挡住了。

“为什么看不见了呢？”女儿问。

“月亮被云遮挡起来了。”妈妈回答。

这时，女儿忽然指着自己的嘴说：“月亮，被吃掉了。”

高桥雅子觉得很有趣，就随声附和道：“真的吗？”

“我把月亮摘下来，揉得圆圆的，吃掉了，很好吃。”女儿舔舔嘴，好像尝到了月亮甜甜的味道。

这就是1岁10个月孩子的想象力。这个年龄的孩子善于用右脑思维，她会把月亮当作一种食物“吃掉”，而且会觉得“很好吃”。经过右脑训练的孩子，会通过右脑优势，“五感之间可互相转化”，将视觉上的月亮转化成“揉得圆圆的”触觉上的月亮，又转化成很好吃的“味觉上的月亮”。这位日本妈妈将女儿说的画在一张纸上，女儿一看很高兴，又提起了妈妈讲故事的兴趣。大作家歌德的母亲教育孩子的经验就很值得我们借鉴，她讲故事的方法很独特，总是讲到一半的时候就停下来，余下的故事则让小歌德发挥。心理学家认为，这种自由发挥就是发散思维，就是想象力。

——本案例选自：卢勤.长大不容易[M].武汉：长江文艺出版社，2011.

案例分析

亚里士多德说："想象力是发明、发现及其他创造活动的源泉。"如果将知识比作一辆汽车，它让工作效率提高很多，那么想象力就是宇宙飞船、登月火箭，可以带给人类开拓性、颠覆性的进步。正因为想象力的存在，我们才得以在自由王国翱翔。西方教育一直将培养和保护孩子的想象力放到神圣不容侵犯的重要位置。比如，美国前总统杜鲁门说："美国是建立在勇气、想象力和对工作尽职尽责的决心之上的。"创造学鼻祖奥斯本指出："想象力建立了强大的美国。"一个国家的科技、教育、政治、经济的发展都离不开想象力，无论是社会文化还是教育观念，都将想象力当作宝贵的教育资源，当作值得尊重的能力和魅力象征。也因此，在伊迪丝妈妈状告幼儿园这件在中国看来荒诞不经的事情中，法院才会做出"想象力至上"的判决。

古人云："尊新必威，守旧必亡。"一部科学发明史可以说是人类想象力的发展史。历史上有些被认为是最荒谬的想象往往成为人类的创举，想象力能够使知识的效益和功能最大化，想象力能够让知识创造出许许多多人间奇迹。当一只苹果从树上掉下来，牛顿悟出了万有引力；当蒸汽把壶盖顶起来，瓦特看到了别人看不到的力量；当莱特兄弟梦想能像鸟一样在空中飞翔，他们的飞机便获得了起飞的动力。十九世纪中叶，法国科幻大师凡尔纳在科幻小说中描绘的潜水艇、登月飞行、高速列车无一不在后来成为现实。可见，没有丰富的知识作为支撑，想象力就是无源之水；没有想象力的作用，再多的知识也不可能成为创举。美国《商业周刊》刊登的一篇文章称，美国公司已经率先步入一个由想象力和创造力主宰的新经济阶段，数字和科技不再是衡量公司竞争力的唯一标准。通用电气前首席执行官韦尔奇说过："创造力和想象力放在企业的环境中就是创新。"

作为全世界最重要的奖项——诺贝尔奖，其中涌现出的有关想象力和执着精神的故事并不少见。在诺沃肖洛夫的故事中，我们发现科学研究的道路上虽然有艰辛和寂寞，但是大师们总是很洒脱地谈起科学研究中的兴趣爱好、灵感迸发，也许这就是想象力给科学研究带来的巨大乐趣，而这也正是诺贝尔奖带给人类的最大财富。如果我们能够在一个个诺贝尔奖得主的成功经历中领略到科学的真谛，能够在我们的教育中鼓励这种想象力、创造力，能够为那些与众不同、特立独行的学生保留一些空间，能够让更多的孩子不再是因为升学而是因为爱好才走进奥数班和兴趣小组，那么我们距离收获和成功也就不远了。

反思与建议

黑格尔说过："想象是艺术创造中最杰出的艺术本领。"我们小时候都画过太阳，老师通常会教："先画好一个圆圈，然后在它的周围添上代表光芒的短线，最后在圆圈里添上红颜色……"这是成人的思维和经验在学生头脑中的再现。在优秀的美术老师那里，他会调动小朋友的想象力，画出各自心中的太阳。有圆的，有扁平的，有红色的，还有绿色的。表面上看，儿童的想象力显得可笑而幼稚，但这对他们思维能力的成长是非常珍贵的。学生最可贵的动力是想象力、好奇心，而学校最重要的任务是努力引导学生形成这种能够具有想象力的心理能力。

一、发散思维，大胆创新，用想象力改造生活

创意是个人化思维演进的过程，是将个人独特的天赋、才能及看法转换成新奇而有效用的想法，是一种能面对日常生活的问题或挑战而衍生出创新主张或办法的能力。创意具有四个特点：思考和行为具有想象力；想象活动有明确的目的；过程具有独创性；结果产生目标性的价值。因此，创意是想象力的活动并能产生独创的价值。有人指出，知识经济已为创意经济所取代，由于资源的洗牌及产业链的重新调整，拥有创新能力的国家对于拓展商机以及企业的全球布局更具优势。当一种有创意的想法被发现后，它就可以转变成创新产品。过去人们习惯于用拖把和清水拖地，但马萨诸塞州一家为宝洁公司设计家居清洁产品的公司经过研究发现，拖把上的水实际上更容易使脏物四处散落，而干抹布却能吸附灰尘（根据静电引力原理）。根据这一发现，该公司帮助宝洁开发了"速易洁"静电除尘拖把，如今这种除尘拖把已经成为宝洁旗下价值超过10亿美元的子品牌之一。一个社会的进步，依赖于人们的创新，而想象力永远都是创新的原动力。想象力绝对不会让现有的知识停滞不前，它是最活跃的、启发性的，是知识最有效的运动，能使知识不断得到更新和进化。在学习知识的过程中，要善于创新思维方式，打破陈规，冲破束缚，拓展思维空间，善于去想别人所未想、求别人所未求、做别人所未做。为此，在教学时，一方面应培养学生树立自信心，鼓励他们多提问题，大胆质疑，特别鼓励学生大胆地对一些现成的科学理论、传统观点进行质疑，对尚未揭示的事物、规律，有一种勇于发现的精神。爱因斯坦曾指出，"提出一个问题往往比解决一个问题更重要，因为解决问题也许仅是一个数学上或实验上的技能而已。而提出新的问题、新的可能性，从新的角度看旧的问题，却需要有创造性的想象力，而且标志着科学的进步"。为此，要对学生的这种精神给以爱护、鼓励，以便引导他们向积极方面、正确目标努力迈进。另一方面，应帮助学生摆脱习惯的认

识模式,开拓思路,引导学生从不同的视角思考问题。

二、广学博览,深入生活,用想象力拓展知识

黑格尔说过:想象是艺术创造中最杰出的本领。而相对于想象力来说,知识是平面的、静态的;相对于知识来说,想象力则是创造,是知识生命的血脉。从古到今,人类的想象力创造了无数的知识产品,将来还会创造更多,正是这种创造推动了人类社会不断向前发展。中国学生的基础知识扎实,但想象力不足。千百年来,中国教育一直延续的是“解惑”的功能,教师不能讲授暂无定论的东西,而必须要给学生传授确切的知识,否则就是“以惑传惑”,这与现代大学的基本观念完全不同。按德国科学家洪堡的观念:“学生来到大学后他不仅仅是一个学习者,而且是一个知识的探索者;教师不仅仅是知识的传授者,而且是与学生一起来探索真理、发现真理的人。”另外,学习知识的实用态度,使中国不少学生理论视野过于狭窄,对其他领域的探索既缺乏了解,更缺乏兴趣和容纳的胸怀。同时,我们应该让学生认识到,发挥想象力并不是凭空臆想,而是必须建立在尊重客观实际的基础上。古人在论及想象力时就曾提出“积学以储宝,酌理以富才,研阅以穷照”的见解,强调一切想象力都是建立在日常积累和生活体验之上。想象力和知识密不可分,知识是想象力的载体,想象力是知识的翅膀。因此,只有具备丰富的知识,才能为想象力的自由驰骋打下基础。

三、走进自然,开阔眼界,用想象力搭建平台

有一个教育专家曾经去一所城市小学和一所农村小学让孩子们做一个游戏,他在黑板上画了5个圆,每次让5个孩子上来随便画,看看最后能变成什么。结果发现,城里的孩子画得很复杂,太阳、小花、小孩、钟表、向日葵等。而农村孩子画得比较简洁,有的孩子在圆上加一竖——鸭梨;圆下加一竖——气球;有的孩子上来就在圆下画一横——太阳从地平线上升起;有的在圆中画一个正方形——奶奶的铜钱;有个男孩在圆上点了很多小点点儿,他告诉专家——芝麻烧饼。教育专家认为,从这个实验的结果来看,农村孩子比城市孩子更富有想象力,轻而易举就能得到东西的孩子会丢失想象力,渴望得到东西的孩子会更具想象力。想象力是科学发明的翅膀,丢掉了它便丢掉了创新的源泉。因此,我们在日常生活和学习中除了应将想象力的培养与其他认知能力的培养结合起来之外,还应经常让孩子们亲近自然,参加户外活动,参与社会生活,通过组织参观、访问、春游、夏令营、演出等活动来丰富学生的生活,使他们积累更多、更丰满的表象,为他们进行想象搭建宽广的平台。

精诚所至金石开
——诚信是一切价值的根基

走正直诚实的生活道路，定会有一个问心无愧的归宿。

——【苏联】高尔基

引言

人无信不立。诚信自古以来就是修身立德的根本，是社会文明的生命线，是人类社会生存与发展的道德基础。庄子曾说："真者，精诚之至也。不精不诚，不能动人。"孔子也说过："言必信，行必果。"中国文化源远流长，诚信作为一项美好品质，历来备受推崇。"诚"即诚实、诚恳，主要指主体真诚的内在道德品质；"信"即信用、信任，主要指主体"内诚"的外化。"诚"更多地指"内诚于心"，"信"则侧重于"外信于人"。"诚"与"信"的组合，就要求为人处世要诚实无欺，讲求信用。

英国哲学家弗朗西斯·培根认为："从来最有能力的人，都是有坦白直爽的行为、信实不欺的名誉的。"人无诚信难自律，事无诚信乱秩序。国无诚信软法制，家无诚信失规矩。可以说，诚信是立身之本、立业之基，是中华民族的传统美德。几千年来，我们为中华民族重诚守信的美好品质而自豪，从古至今也流传下了季布一诺千金、商鞅立木变法、尾生抱柱而亡等诚信故事。然而，在市场经济浪潮的推动下，在社会竞争加剧的背景下，中国的诚信教育却出现了不少问题。在这方面，外国的诚信教育方式对我国的中小学教学有很好的借鉴作用。诚信作为人类的一种具有普遍意义的美德，各国历来都非常重视。美国从幼儿园和小学开始就重视对孩子的诚信教育。在波士顿大学教育学院设计的基础教材中就突出了诚信方面的内容，其中一篇课文讲述了一则古代的故事：一位国王要选择继承人，于是发给国中每个孩子一粒花种，约好谁能种出最美丽的鲜花，就将谁选为未来的国王。转眼之间，评选的时刻就到来了，几乎所有的孩子都端着美丽的鲜花来竞选，国王却对他们视而不见，径直走到了一个端着空花盆的年轻人面前。原来，国王之前发下去的花种都是被蒸过的，根本不可能发芽，这次测试的目的也不是为了发现最好的花匠，而是要选出最诚实的孩子。老师还在班上组织讨论，向学生介绍“最大限度的诚实是最好的处世之道”这句谚语，并要求学生制作关于“诚信”的标语在教室里张贴。美国大学都制定有学生学术诚信条例，条例对考试作弊、论文抄袭等学术不诚实行为，从定义、表现形式到处罚规则和申辩程序，都做了详尽的规定。条例均印制在新生手册中，在报到之际发给每一位新生。许多大学还建立了荣誉守则制度，要求新生入学时做出学术诚实的保证。

案例

1998年11月9日，美国犹他州土尔市有一位小学校长路克，竟从家里爬行到学校上班。这是怎么回事呢？

原来，这学期初，为激励全校师生的读书热情，路克校长竟然在全校师生的集会上公开打赌：如果你们在11月9日前读书15万页，我就在9日那天爬行着上班。此言一出，立刻轰动全校。所有师生猛劲读书，终于在11月9日前读完了15万页。有的学生打电话给校长：“你爬不爬，说话算不算数？”有的老师劝路克校长：“你已经达到了激励师生读书的目的，不用爬了。”路克校长坚定地说：“一诺千金。我一定爬着来上班！”

11月9日，路克7点离开家，开始了爬行。为了不影响交通，就在路边草地上爬。过往的汽车向他鸣笛致敬，有的学生也跟着一起爬。经过3个小时，磨破5副手套，他终于爬到了学校。全校师生夹道欢迎，孩子们蜂拥而上，拥抱他，吻他……

让我们再看看英国老师的“杰出表现”吧。

在英国南部的一所学校里，有一位老师调任一个差班的班主任。班里的孩子很调皮，爱捣乱。这位老师第一堂课就跟他们玩，玩得天昏地暗。下课了，老师对他们说：“孩子们，你们要是把学习搞上去了，我就去吻校外放牧场里的一头猪。”

这些调皮的孩子问：“老师，这是真的吗？”老师接着说：“当然是真的。而且我吻的是你们认为最大的母猪。”孩子们都希望看见老师去吻一头猪。从那天起，他们的课堂纪律变好了，学习积极性很高，看见有贪玩的同学，别的孩子就会提醒：“难道你不希望看到老师去吻那头大母猪吗？”

半年后，孩子们的学习成绩有了很大的提高。在圣诞节前夜，孩子们对老师说：“老师，你可以去吻那头猪了吗？”老师说：“当然可以。”于是，老师带着孩子们来到放牧场。孩子们在猪圈里找到了一头又大又肥的母猪，老师轻轻地吻了它。孩子们在猪圈外笑得前仰后合，手舞足蹈。

美国教师在诚信教育方面严于律己，对学生诚信品质的要求也非常高。一群美国中学生，在完成一项生物课作业时抄录了某网站提供的一些材料，此事竟在全美引发轩然大波。

据2004年2月14日的《纽约时报》报道，美国堪萨斯城郊的一所名叫Piper的高中，118名二年级学生被要求完成一项生物课作业，其中28名学生从互联网上抄袭了一些现成材料。此事被任课女教师Pelton发觉，判定为剽窃，于是这28名学生的生物课得分全部为零，并面临留级的危险。在一些当事人家长的抱怨和反对下，校方要求女教师提高那些学生的得分，这位27岁的女教师愤而提出辞职。

面对社会舆论的压力，学校董事会不得不在体育馆举行公开会议，听取各方意见。结果绝大多数与会者支持女教师。该校近半数教师表示，如果校方降格满足少数家长修改成绩的要求，他们也将辞职。他们认为，教育学生成为一名诚实的公民远比通过一门生物课更加重要。Pelton则说，她在带学生的第一天，就已经和学生订下规矩并已由家长签字认可。规矩称："所有布置的作业都必须完全由学生自己独立完成，欺骗或剽窃将导致课程失败。"

女教师每天都接到十几个支持她或打算聘用她的电话。一些公司已经传真给学校索要当事学生的名单，以确保公司今后永远不会录用这些不诚实的学生。一所大学在入学考试中对一位身着Piper学校T恤衫的女孩子说："不要欺骗啊。"当地一位女士对电视台记者忧心忡忡地表示，她非常担心今后本社区的人出去会被贴上"不诚实"的标签……

这里，我们无法笑话美国人的小题大做或杞人忧天，感觉到的只是"诚信"二字那沉甸甸的分量。这二字之于美国绝大多数民众，虽不能说重于生命，却是立足社会之根本。

——本案例选自：周正华.影响教师的101个经典教育案例[M].长春：北方妇女儿童出版社，2007.

案例分析

近年来，中国关于"打工皇帝"涉嫌学历造假、学术界名人涉嫌论文抄袭的负面新闻被不断曝光，在中国社会如何加强诚信教育、如何培养诚信风气的话题也成为社会舆论关注的焦点。世界各发达国家都比较注重对学生的诚信教育，而他们在诚信教育方面的一些思路和方法对改善中国当下诚信教育的现状有所启示。

莎士比亚说过："如果要别人诚信，首先要自己诚信。"本案例中的两位老师的行为，给我们带来很大的震撼。为了践行自己的诺言，校长竟然愿意放弃身份和地位爬着去上班，德高望重的教师竟然不顾尊严和面子当着同学的面去吻一头猪。但是，两位老师看似可笑和荒谬的行为，却给学生上了深刻的一课：做人要讲诚信，要勇于兑现自己的诺言。所谓"学高为师，身正为范"，教师的形象是一个无声的符号，有时老师的行为远比语言更能打动人心。"诚实守信""勇于认错""对人有信"，这些都是日常生活中经常被拿来要求学生的，老师更应该首先做到。美国心理学家吉诺特曾说过："在经历了若干年的教师工作之后，我得到了一个令人惶恐的结论：教育的成功与失败，我是决定性的因素。我个人采用的方法和每天的情绪，是造成学习气氛和情境的主因。身为教师，我具有极大的力量，能够让孩子们活得愉快或悲惨。我可能是制造痛苦的工具，也可能是启发灵感的媒介。"生命不可能从谎言中开出灿烂的鲜花。在诚信面前，机会只有一次。如果教师得不到学生的信任，不能信守自己的承诺，很可能会在学生心中丧失尊严和威信，更丢失了学生的信任，让学生对"诚信"一词产生负面的看法。陶行知先生有句名言："千教万教教人求真，千学万学学做真人。"所以，在学生面前教师应该以自己的行为准则为学生做出表率。

在学生涉嫌学术抄袭这件事情上，美国教师的态度也是非常鲜明的，那就是宁愿牺牲学生的成绩和自己的工作，也要维护教育的尊严和学生的诚信品质。在经历了如此严重的惩罚之后，这些涉嫌抄袭的学生将得到沉痛的教训，从而加强对诚信的认识。长此以往，在美国的日常生活中，每个公民随处可以享受到被信任的愉悦，建立起永恒的"契约精神"。美国人对自己的信用记录郑重其事，对各类寄上门的账单都小心翼翼，出门远行回家后的第一件事情，就是查看有无即将过期的账单，唯恐留下不良信用记录。与个人信用相比，美国公司之间的商业信用更加重要。一家公司一旦言而无信或欠钱不还，将很难再在商界立足，甚至其商业生命也将因此而终结。因此，一位美国商人说："一个人可以失去财富、失去职业、失去机会，但万万不可失去信誉。"而在几乎所有公共场合，凡有老人或儿童减价优惠，均无须出示证件，全凭你金口一开，人家就信了，哪怕有的老人看起来很年轻，有的儿童看上去颇高大，因为几乎没有人愿意辜负别人的信任，撒谎或冒充。

在国外，除了学校担负着诚信教育的重任，家庭也是诚信教育的重要场所，很多父母就是孩子的道德启蒙者。德国的教育心理学家普遍认为，孩子在四五岁时是培养其价值观和辨别是非能力的最主要的时期，因此德国在教育法中明确规定，家长有义务担当起教育孩子的职责。德国家长也都非常注重为孩子营造一个诚信的氛围。家长们普遍遵守这样一个原则：教育孩子诚实守信，家长必须做出榜样。在德国一个小城的路口有一块牌子，上面写着“为了孩子，请不要闯红灯”。据当地居民讲，自从立了这块牌子后，闯红灯的行人和车辆明显减少。因为家长带头为孩子做出遵守交通规则的好榜样，孩子自然也会这样做。

反思与建议

诚信是中华民族的传统美德，以“诚实守信”为核心的“为人之德”是道德教育的基础。诚信应该是永恒的，因为它本身就是价值的体现。当下我们正处于变革的时代，市场经济的深入发展带来了经济的繁荣和生活的富裕，但是一些扭曲的价值观念也冲击着中国传统的诚信道德体系。青少年时期是人的一生中道德品质形成的关键时期，他们意志较脆弱，行为具有较强的可塑性和模仿性，这就需要学校在诚信教育中讲求策略。

一、榜样示范，以典导诚

外国有一句名言：“命令只能指挥人，榜样却能吸引人。”榜样的力量是无穷的。青少年具有很强的模仿性，凡是他们敬佩的人物他们都愿意去效仿。因此，我们在诚信教育中要善于运用榜样的力量去教育学生诚实守信。那么在教学工作中，这些榜样来自哪里呢？首先来自教师本身。只有当教师以身作则，率先垂范，时时处处讲诚信，做到“言必信，行必果”，才能在潜移默化中感染学生，得到学生的信任。凯洛夫说过：“教师是一切美好的化身和可以仿效的榜样。然而，决定着儿童对教师的进一步关系的建立的，还是教师的工作作风和他的人格品质。教师的一言一行对学生都有极为重要的作用。”一诺千金说来简单，但本质上却是要努力培养学生信守诺言的信用意识。有时候教师轻易许下诺言却无法兑现，这对学生心灵的伤害往往是持久而深远的。有些学生之所以养成撒谎的习惯，可能就源于教师的一次失信。所谓“其身正，不令而行；其身不正，虽令不从”，诚信来自自身的人格修养。作为教师，要真心真意地对待学生，实事求是地处理问题，这就需要教师有真知灼见，肯说真话，敢驳假话，不说谎话。其次，来源于“同伴效应”。在集体中，一个被树立为榜样的同学很容易激发其他同学的赶超意识。如果教师能够抓住机会不断予以赞赏和支持，就可以使诚实守信观念深深扎根于学生心中。美国有一个老师布置了一篇描写春游的作文，题目是“春游，我看到了什么”。一个小学生写道：“春游，我看到了后脑勺。”原来，老师要求春游时在队伍中不要东张西望，要一个跟一个，所以他看到的就是后脑勺。他说了真话，得到了老师的表扬，也获得了同学们的羡慕。如果这件事发生在国内，我们的老师会怎么做呢？

二、健全制度，以规促诚

在诚信教育中，完善的制度是有力保障。如瑞士很早就将诚信入法，1907年瑞士国会通过的《瑞士民法典》是世界上最早制定的民法典之一，其中规定：“任何人行使任何权利，或履行义务，均应以诚实信用为之。”这使得诚信原则成为民法的基本原则之一。许多瑞士服务行业都实行先消费后付账的方式，将账单寄到家中，在规定的日期内支付，其基础就是全体国民良好的信用。学校也可以建立起一套健全的诚信制度和诚信档案，将学生在校期间的综合情况记录在内，其中可以包括学生的基本情况、学习成绩、信用记录、奖惩情况、品行说明等，并对失信行为进行正确的规范和引导。

三、营造环境，以行践诚

美国的中小学擅长运用体验方式进行教学，而这被认为是能够触动学生心灵的最佳方式。要想从根本上解决诚信教育的问题，还要从加强学生的自身修养做起，要充分调动学生的内在因素，突出学生在诚信教育中的主体地位，使学生在课外活动和社会实践中产生真切的情感体验和思想的共鸣，从而增强自身的诚信修养。我们将体验活动作为重要途径，开展个体体验、群体体验、岗位体验、角色换位体验等多种体验活动。具体可以从以下方面入手，如：诚信入门培训、诚信格言比赛、诚信故事演讲赛、诚信故事征文比赛、假期诚信实践活动，还可以以各种考试为契机开展“诚信签名”，评选“诚信标兵”等活动，在校园中营造诚实守信的良好氛围，并鼓励学生积极参加社会实践，在生活中切实体会诚信，践行诚信。

退一步海阔天空

——宽容是最广阔的胸怀

一个伟大的人有两颗心：一颗心流血，一颗心宽容。

——【黎巴嫩】纪伯伦

引言

著名教育家苏霍姆林斯基有句名言："有时宽容引起的道德震动，比惩罚更强烈。"教育是对生命个体的尊重与唤醒，是对人的内在潜质的开发与拓展，它应该让孩子像野草一样自由生长。这种生长，需要一种平和的心境，一种智慧的胸襟，一种独特的魅力，它就是宽容。著名作家房龙在他的名著《宽容》中曾经引用《不列颠百科全书》关于宽容的定义：宽容即允许别人自由行动或判断；耐心而毫无偏见地容忍与自己的观点或公认的观点不一致的意见。《现代汉语词典》中对"宽容"的解释是："宽大有气量，不计较或追究。"宽容是一种善意，就是要人善意地去对待别人和周围所发生的事，它不是用狭隘的眼光去揣度别人的心思，而是从别人的角度去理解事情之所以发生的理由，理解了就不会有极端的偏执态度，就会有一种"有容乃大"的心态，就会用一种善意的方式与人交流和沟通。莎士比亚的《威尼斯商人》中有一句著名的台词："宽容就像天上的细雨滋润着大地。它赐福于宽容的人，也赐福于被宽容的人。"宽容是一种非凡的气度，一种宽广的胸怀，更是一种高贵的品质，一种崇高的境界。在非洲一个土著部落，当部落中有人犯了错误时，这个人就要站到村子中央。族人从四面八方赶过来，按长幼次序站好，把犯错误的人围在中央。惩罚不是辱骂与拷打，而是每个人都来说一说这个人的优点或长处，而且所说内容不准重复。犯错误的人在他人宽容和赞美的语言中，认识到"自己还是一个好人、为社会所接受的人"，从而加深对错误的认识，有利于其悔改。

遇事宽容，可帮助我们和孩子们平等地相处，避免许多可能犯的错误，而简单粗暴地指责孩子则可能会伤害学生的自尊，导致师生关系的疏远。英国皮亚丹博物馆收藏了两幅画：一幅是人体骨骼图，一幅是人体血液循环图。这是当年一名小学生约翰·詹姆士·麦克劳德的作品。麦克劳德十分好奇,想看看狗的内脏是怎样的,于是杀了一只狗,不巧的是,这只狗恰是校长的宠物,校长宽容了麦克劳德的错误,但是却决定以别的方式来对他进行惩罚,那就是罚他画了这两幅图。迈克劳德后来成了一位有名的解剖学家,并和医学家班廷一起发明了治疗当时的不治之症——糖尿病的新疗法,这就是胰岛素治疗法。他们因此而获得 1923 年诺贝尔生理学或医学奖。而这一切的成功,在麦克劳德看来是得益于校长对他小时候错误的宽容和对他好奇心的引导。周恩来有句名言是这样说的:"尽可能少犯错误,这是做人的准则。不犯错误,那是天使的梦想。"泰戈尔有句名言是:"使鹅卵石臻于完美的,不是锤的打击,乃是水的载歌载舞。"这里就要求我们对别人要宽容,既然人人都会犯错,我们又何必太过苛求和计较?要知道,适时的宽容也是一种教育。

案例

1991 年 11 月 1 日,一位名叫卢刚的中国留学生制造了一起震惊世界的惨案:在他刚刚获得爱荷华大学太空物理学博士学位之后,开枪射杀了 3 位教授,一位和他同时获得博士学位的中国留学生山林华,还有这所学校的副校长——安·柯莱瑞。而在他给家人的最后一封信中则充满了"无缘无故的恨""无论如何也咽不下这口气""死也找到几个垫背的"等仇视性的话。

安·柯莱瑞,爱荷华大学最有权威的女性之一。很久以前,她的父亲曾远涉重洋到中国传教,她也因此而出生在中国的上海。对于中国留学生,终身未婚的她有着特殊的感情,总是无微不至地予以关照与呵护。每年的感恩节和圣诞节,她总是邀请中国留学生到她家中做客。然而,她却最终死于中国留学生的枪口所喷射出的仇恨火焰。

1991 年 11 月 4 日,爱荷华大学全体师生停课一天,为安·柯莱瑞举行了葬礼。也就是这一天,她的兄弟们强忍无限悲痛,以极大的宽容与爱心宣读了一封致卢刚家人的书信:

我们经历了突发的剧痛,我们在姐姐一生中最光辉的时候失去了她。我们深以姐姐为荣,她有很大的影响力,受到每一个接触她的人的尊敬和热爱——她的家人、邻居、她遍及各国学术界的同事、她的学生和亲属。

我们一家从很远的地方来到这里,不仅和姐姐的众多朋友一同承担悲痛,也一起分享着姐姐在世时留下的美好回忆。

当我们在悲痛和回忆中相聚在一起的时候，也想到了你们一家人，并为你们祈祷。因为这个周末你们肯定是十分悲痛和震惊的。

安最相信爱和宽恕。我们在你们悲痛时写这封信，为的是要分担你们的悲伤，也盼你们和我们一起祈祷彼此相爱。在这痛苦的时候，安是会希望我们大家的心都充满同情、宽容和爱的。我们知道，在此时，比我们更悲痛的，只有你们一家。请你们理解，我们愿和你们共同承受这悲伤。这样，我们就能从中一起得到安慰和支持。安也会这样希望的。

诚挚的安·柯莱瑞博士的兄弟们

弗兰克/麦克/保罗·柯莱瑞

在2007年4月16日，相似的一幕悲剧在美国弗吉尼亚理工大学的校园重演了。弗吉尼亚理工大学发生恶性校园枪击案，23岁的韩国学生赵承熙开枪造成32人死亡，其本人随后亦开枪自尽。案件发生后，布什称枪击案令美国举国震惊，但是痛苦与血泪并没让美国人被仇恨蒙蔽了双眼。

21日，纪念遇难者的33块半个足球大小的花岗岩悼念碑按照椭圆形被安放在弗吉尼亚理工大学中央广场上。其中还包括凶手赵承熙的悼念碑。这是因为，他虽然犯下残忍的罪行，但学校和社会却没能对精神有问题的他提供适当的心理咨询和治疗，对此感到遗憾，同时也是为了安慰失去他的家人。

在赵承熙的悼念碑上，和其他悼念碑一样，在剪成“VT（弗吉尼亚理工大学的英文缩写）”模样的橘黄色彩纸上写着“2007年4月16日　赵承熙”。旁边放着玫瑰、百合、康乃馨等鲜花和紫色蜡烛。在这些鲜花中放着一张张便笺。上面写着：

“你没能得到必要的帮助，我知道这个事实的时候，感到非常悲哀。希望你的家人能尽快得到安慰并恢复平静。上帝的恩宠……”——巴贝拉

“今后如果看到像你一样的孩子，我会对他伸出双手，给予他勇气和力量，把他的人生变得更好。”——大卫

“希望你知道我并没有太生你的气，不憎恨你。你没有得到任何帮助和安慰，对此我感到非常心痛。所有的爱都包含在这里。”——劳拉

“他也是我们学校的学生，一共有33名学生死亡。应该公平地为所有人的死亡哀悼。”——克里斯·车巴克

……

没有揭露，没有谴责，更没有将这种仇视泛及亚裔，尤其是韩裔，去追究其“民族性”渊源。对于弗吉尼亚理工大学校园里的学子、对于美国乃至关注这一事件的全世界的人们，还有什么形式能超越这种无声的宽容与爱的教育呢？

一些媒体在事件发生的早期，有意或无意地将肇事者涂上“颜色”，但从大学校园里放飞的却是同一种颜色的33只气球。在这里，不仅有着自己独立的思想精神，还有着独立的人文情感。

——本案例选自：[南非]德斯蒙德·图图.没有宽恕就没有未来[M].江红译，阎克文校，上海：上海文艺出版社，2002.

案例分析

近年来，青少年违法犯罪呈上升趋势。中国青少年犯罪研究会的统计资料表明，青少年犯罪总数已经占到了全国刑事犯罪总数的70%以上，其中十五六岁少年的犯罪案件又占到了青少年犯罪案件总数的70%以上。在青少年违法犯罪的案例中，有很多是因小事引起的，如：杭州金华四中的徐力因听不进母亲的唠叨而残忍地将母亲打死。

当今，青少年宽容精神的缺失主要有以下几个方面的原因：一是家庭的宠爱。以前的家庭，兄弟姐妹比较多，孩子在成长过程中能够懂得相互谦让、相互宽容，而现在的学生基本上是独生子女，他们从小就生活在备受关注的环境里，在家中是“小皇帝”“小太阳”。由于家长的娇宠和溺爱，他们很容易养成以自我为中心的自私心理，认为家长的付出是天经地义、理所当然的。如果学生把处理与家人关系的方式、方法迁移到处理同学关系上，就会造成同学关系紧张，以至于受了一点委屈便不能容忍。二是学校教育的偏差。多年来，学校普遍存在着重智轻德的现象，对学生的集体主义教育不够，忽视宽容精神的培养。在学习中，同学之间相互保密，对对方进行“知识封锁”，资料“禁运”；在日常生活中，他们相互排斥，有时甚至以幸灾乐祸的心态看待同学的退步。有的教师对于学生的要求过于苛刻，动辄责骂和体罚，严重伤害了学生的自尊心，也使学生在潜移默化中形成桀骜不驯的性格。三是社会环境的影响。随着经济的高速发展和改革开放的深入，社会上各种思潮相互激荡，拜金主义、享乐主义等不良思想沉渣泛起，侵蚀着学生的心灵。有些学生错误地认为人都是自私的，人与人之间只有永恒的利益，没有永远的朋友，无端地怀疑同学之间真诚的友谊。在这些错误观念的引导下，有些中学生一味从自我的角度出发，不顾及他人的感受，为一己之利不惜损害他人，严重伤害同学之间的感情。据北京未成年人保护委员会、共青团北京市委和中国科学院心理研究所共同策划的“北京未成年人现状调查”：未成年人在注重自我发展的态势下，以自我为中心的问题日趋突出，有45.6％的被调查者对“多数人是可以信赖的”持反对意见，有27.1％的人认为“我一点气都不能受，总要报复一下才舒服”。

案例中两个发生在现实中的校园悲剧令我们唏嘘，而受害者和学校的处理方式则令我们感动和震撼。面对亲人的尸首，受害者家属们没有采取歇斯底里的报复，反而是擦干脸上的泪水，用宽容和爱心宽宥了杀人者的行为。是的，逝者已矣，生者要面对的是生者的责任，谴责卢刚、赵承熙，将他们从学校花名册中删除，无论怎么复仇或惩罚，都已经没有实质性意义，而宽容与同情心却可以使杀人者的家人以及与他们熟识的人们获得精神上的慰藉，并因此认识到，他们生活的社会里还有宽容与关爱，他们甚至会将这种爱心回馈到自己所在的社群之中，成为这种精神与价值的体现者。面对人为的灾难，人类有很多方式去面对，有一种便是爱的方式，它基于宽容与理性，时刻意识到社会与个人未来的责任，通过追思过去、反思现实，来提升自己与社会的精神境界。宽恕的结果或许并没有在现实中获得回报，但是所有的人都会看到它在人类的心灵中激起了巨大的回响。或许就是有鉴于此，诺贝尔和平奖获得者图图大主教才疾呼：“没有宽恕，就没有未来。”

天空收容每一片云彩，不论其美丑，故天空广阔无比；高山收容每一块岩石，不论其大小，故高山雄伟壮观；大海收容每一朵浪花，不论其清浊，故大海浩瀚无比。学校有目的地加强对学生的宽容教育，有意识地培养他们的宽容精神，不仅有利于和谐的师生关系、生生关系的形成，而且有利于学生健全人格的形成，还有利于家庭的团结和社会的长治久安。

反思与建议

宽容是一种良好的心理品质，宽大为怀，以大局为重，甚至对个人的暂时损失也不计较，这就是豁达大度的表现。中华民族素以“礼仪之邦”而骄傲，“严以律己，宽以待人”是我们的传统美德。对他人的宽容是处理人际关系，使人与人之间和谐相处的有效手段，是自然人向社会人过渡的基本品质。孩子的宽容心更是一种非常珍贵的感情，它不仅是一种美德，更是一种人生境界。宽容别人就等于宽容自己。学会了宽容，就找到了与人沟通、交流的金钥匙，也为后续发展打下了扎实的基础。在教育中，我们可以从以下几个角度来认识和践行宽容教育。

一、求同存异，以德育德，以宽容之心理解他人

俗话说，“林子大了，什么鸟都有”。相遇是一种缘，需要彼此以一种宽厚的心态去交往，在相处中既要坚持自己的个性，也要包容他人的性格。即便坚持自己的观点，也要允许别人的看法。面对千差万别的人，只有具备宽厚、包容、理解、和谐的心态，自己才能生存。“人非圣贤，孰能无过?”生活中的你我，谁都不可避免地会犯下这样或那样的错误。有句话说得好：“大其心能容天下之物，虚其心能受天下之善，平其心能论天下之事，廉其心能观天下之理，定其心能应天下之变。”有宽容的呵护，我们生活中的亲情、爱情和友情就会充满真情；反之，则会显得薄情。曾听过这样一个故事：一天，在某度假村的一个大厅里，一位满脸歉意的工作人员正在安慰一个大约 4 岁的小孩，饱受惊吓的小孩已经哭得筋疲力尽了。问明原因之后才知道，原来那天小孩较多，这位工作人员一时疏忽，在网球课结束后少算了一个，将这个小孩落在了网球场上，等她发现人数不对时，赶快跑到网球场，将这个小孩给带回来。小孩因为一个人待在偏远的网球场，饱受惊吓，哭得稀里哗啦。这时，孩子的妈妈出现了，看着哭得惨兮兮的孩子，如果你是这位妈妈，你会怎么做？是痛斥那位工作人员一顿，还是直接向主管抗议，或是很生气地带孩子离开？出人意料的是，那位妈妈蹲下来安慰孩子，并理性地告诉他：“已经没事了。这位姐姐因为找不到你而非常紧张难过。她不是故意的，现在你必须亲亲这位姐姐的脸颊，安慰她一下！”只见这个 4 岁的小孩踮起脚尖亲了亲蹲在他身旁的工作人员的脸颊，并轻声告诉她：“已经没事了，不用害怕。”这件事情很小，但给我们的启迪却很深。正是因为这位宽容的母亲给孩子做好了表率，才让宽容的种子在孩子幼小的心灵里扎根，他将来才可能成为宽容、体贴的人。

二、乐观豁达，化敌为友，以宽容之心锻造自我

苏霍姆林斯基说过：“有时宽容引起的道德震动比惩罚更强烈。”宽容是一种美德，是一种品质，也是一种做人的艺术。宽容的人，首先是心胸开阔的人。对人对己宽容，对生活宽容，对各种误解心存宽容。心胸开阔才有容人容物之量。偏执的人做不到宽容，偏执者多狭隘、多不能容人。自古以来，宽厚的品德、宽容的心态为世人所称颂，心胸狭窄则被认为是一种病态。唐代的狄仁杰很瞧不起娄师德，常常找其麻烦，但娄师德并不计较，还推荐狄仁杰当宰相，被后人传为楷模。

我们再把目光转向英国前首相丘吉尔。在一次酒会上，一个女政敌高举酒杯走向丘吉尔，并指了指丘吉尔的酒杯，说：“我恨你，如果我是您的夫人，我一定会在您的酒里投毒！”显然，这是一句满怀仇恨的挑衅，但丘吉尔笑了笑，挺友

好地说："您放心，如果我是您的先生，我一定把它一饮而尽！"妙！果然是从容不迫。不是吗？既然您的那句话是假定，我也就不妨再来个假定。于是，就这么一个假定，给了对方一个极宽容的印象。宽厚是一种宽广，它包含谦逊、与人为善、化敌为友这么一种胸怀；宽容是一种善意，就是指人善意地去对待别人和生活中发生的事，它不是用狭隘的眼光去揣度别人的心思，而是从别人的角度去理解事情之所以发生的缘由，理解了就不会再有极端的偏执态度，就会有一种"有容乃大"的心态，就会用一种善意的方式与人交流和沟通。它不仅是一种与人和谐相处的素质，一种时代崇尚的风范，更是吸纳他人的长处来充实自我的良好品德。

三、坚持原则，捍卫尊严，不可无谓地宽容

宽容是人性的精华，是品质的结晶，是智慧的标尺，是人与人交往中的至高境界，是对待生活最可赞赏的美德和最积极的人生态度。但是，宽容绝不是一味地忍让，无原则地迁就，更不是得过且过和无度地滥施迁就之心。宽容之心不是退让，因为忍让更需要勇气，更是一种尊严。尊严并非逞强，尊严是要能屈能伸，学会了后退才会守住尊严。因此，西方教育虽然希望孩子们能做一个宽容的人，也以一颗宽容的心来看待孩子，但是当面临原则性问题和严重错误时，他们对待孩子也绝不心软。国外有本《父亲手册》列出了七条惩罚准则：一是犯了错误就要惩罚；二是要把你的要求对孩子讲清楚；三是在惩罚之前先对孩子发出警告；四是惩罚的开始与结束要明确，不要让家中一整天都充满了怨愤气息；五是犯错之后，立即惩罚；六是在惩罚前一定要向孩子解释一遍惩罚的原因，否则孩子不懂为什么会被惩罚；七是要言出必行。老师对学生的宽容绝不是放纵、任其自流，而是要把尊重、信任和理解留给学生，让学生从自卑感、恐惧感中解脱出来，减轻心理压力，恢复师生之间的正常交流，还给学生一份尊重、信任和理解。

滴水之恩涌泉报
——感恩是心灵高尚的体现

你在享受别人创造的幸福。人们给了你幸福的童年，你要以德报德。

——【苏联】苏霍姆林斯基

引言

没有阳光、空气和水，就没有生命的存在；没有父母和他们的养育，就没有我们的现在；没有亲情、友情和爱情，我们就不会感受到幸福和快乐。在宁静的黎明前的时刻，当你还在酣睡的时候，农民伯伯们已经开始在田地里劳作，为的是让我们每天能吃得上可口的饭菜；炊事员已点燃了学校厨房的炉灶，为我们准备美味的早餐；矿工们下到矿井，在坑道中挖掘煤炭，为的是能让我们待在教室里暖和；清洁工已经在拿着扫帚在街上扫除垃圾，为的是给我们一个干净舒适的环境。当我们醒来后，第一眼看到的是窗外和煦的阳光、碧绿的草地，我们感觉到无限的美，这些也都是园丁们牺牲自己的时间用他们的双手创造出来的。父母们去上班工作，为的是我们有衣服鞋袜穿。他们把一切财富都毫不吝啬地供我们享受，也期望从我们这里得到善报。在我们的成长过程中，不管你是怎样想要独处，想要获得超越常人的成功，你始终摆脱不了你所处的自然和社会环境，你的生活和事业都是来自社会的、自然的种种力量，都是在亲情、友情与爱情的鼓舞下取得的。所以，生活在这个世界上，每个人都应该满怀感激之情，为祖国的培育，为父母无言的爱，为爱人和朋友的支持，为自然界所恩赐的一切。

怀着一颗感恩的心对待自己身边的人和物吧，毕竟生命不会永存。感恩是一种对别人所给予恩惠的感激之情，对于世间所有人和事物给予自己的帮助表示感谢，并铭记在心。它是一种精细的情感体验，可以在平淡无味的生活中感觉到生存的意义和内心的安宁与充实。

因为知道感恩，我们才有了前进的动力，促使我们更加积极向上，人生也才更加有意义；因为知道感恩，我们才愿意付出自己的心力，让身边的人幸福，让周围的环境洁净，让世界变得更加美好。而在这同时，我们也体验到巨大的快乐，那是别人因为我们的存在而过得更好，因为我们能尽自己的一份力量。

案例

一天清晨，在一个平凡得不能再平凡的家庭里，早晨的阳光如利箭般穿透了薄薄的窗纱，射到了墙上，小男孩早早地醒了，但他没作声，他不愿惊醒疲倦的父母，因为他以为他们还在酣睡。

其实，他的父母早已醒了，只不过他们不愿面对儿子那失望的眼睛，因为今天是11月的最后一个星期四，是感恩节，但是，他们已经没有能力准备任何的节日礼品与膳食了。丈夫躺在那里想：若是放下脸皮，去和当地慈善团体联系一下，或许就能分到一只火鸡过节了。但他做不到这一点。唉，怎么办呢？

几个小时过去了，他们还是硬着头皮起床了。丈夫没有好心情，妻子当然也是唉声叹气的。这一切小男孩看在眼里，心里十分难过，可他又有什么办法呢？穷人的日子就是这样难挨，妻子终于忍无可忍了，俩人于是吵了起来："你怎么就不能像别人那样去慈善机构走一趟呢？你不去也行，但你少在我面前耍威风。"丈夫没话说了，是啊，虽然生活很困难，但他觉得去行乞更可怜，他不想被人看不起。

这时，突然一阵有节奏的敲门声响起来。"是谁呢？"大家都在猜想，"该不会是乞丐吧？我们实在太穷了，根本没有什么能给他呀！"男孩跑到门边打开门。门外站着一个高大的男子，他满脸笑容，手里提着齐全的节日膳食，火鸡、罐头应有尽有，全都是过节的必需品。一家人看着他，都愣住了。那人说："这些东西，是一位知道你们有需要的人要我送来的，他希望你们知道，在这个世界上，还有人在关心并深爱着你们。"

丈夫极力推辞这份厚礼，来人却说："不要推辞了，我只不过是个跑腿的而已。"他面带微笑，把篮子挎在了小男孩的臂弯里，轻轻地说："祝你们感恩节快乐！"然后就转身离去了，这时，在小男孩的心里，油然升起了一种无可名状的神奇感受。这件发生在童年时的"小事"竟然影响了他的一生，并使他成为一个乐于帮助他人的人。

这件感恩节的小事让他领悟到人性最可贵的一面，使他觉得人生始终都存在着希望，他发誓日后也要以同样的方式尽力去帮助其他有需要的人。

时光飞逝，转眼他18岁了。他的收入仍然很微薄，但他还是坚持在感恩节那一天买很多食物，但不是为自己过节，而是要兑现孩童时的承诺与心愿。

“当、当、当”，同样有节奏的敲门声再次响起，扮成送货员的已经长大的男孩出现在了一户人家的门口。开门的是一位西班牙裔的妇女，她家里有6个孩子，然而无情的丈夫抛弃了她。眼下，她和孩子们正在遭受着断炊之苦。此刻她用充满戒备的眼神望着来者。

男孩说：“不要害怕，我是来送货的，女士。”之后他拿出了丰盛的节日大餐和佐料，女人惊呆了，立在那里，她身后的孩子们则爆发出了欢快的叫喊声。

女人激动得热泪盈眶，她吻着年轻人的手臂，用蹩脚的英语感动地说：“哦，你一定是上帝派来的！”年轻人腼腆地说：“噢，不，我只是个送货的，是一位朋友要我送来这些东西的。”

随后他递给女人一张小纸条，上边这样写道：“我是你的朋友，希望你们一家人都能过个快乐的感恩节。也希望你们知道，有人在默默地爱着你们。今后你们若是有能力，就请同样将这样的礼物转送给其他需要的人。”

当年轻人把食物搬到屋子里时，他的心情格外愉快。当他走在回家的途中时，那种人与人之间的真情和亲密无间的感受，令他也不禁热泪盈眶。

回想起自己年少时的种种悲惨经历，没想到它们竟成了引导自己走向坦途的前奏，指引他用一生的时间去帮助别人。童年时的那个送货人是如此深刻地改变了他的世界观和人生观。他觉得，传播爱的人才是最幸福的人。

若干年后，这个年轻人历经风雨，成为美国总统的特别顾问，他就是全球著名的心理励志专家、成功学权威安东尼·罗宾。

——本案例选自：郭红梅.给孩子一颗感恩的心[M].北京：新世界出版社，2007.

案例分析

安东尼·罗宾因为在家庭十分困难的时候收到别人的慷慨馈赠，一方面他对那位善良的人心存感激，另一方面，他也体会到了接受别人帮助时的心情，“无可名状”的愉快感，“希望就在眼前”的感觉。他发誓以后自己也要像这个好心人一样去帮助其他需要帮助的人。长大之后，他也是这么做的。在帮助那生活困难的一家人时，他看到那些孩子们和他们的妈妈因为他和礼物的出现而欢呼雀跃，他感觉到了自己的价值，也从中体会到了快乐。同时也为人与人之间的真情和亲密无间的感受而感动。因为心存感恩，所以在未来的人生道路上他可以不畏艰难地走下去，并始终去帮助别人，最终走向了成功。

安东尼·罗宾曾说过：成功的开始就是先存有一颗感激之心，时时对现状心存感激，同时也要对别人为你所做的一切满怀敬意和感激之情。假如你接受了别人的恩惠，不管是礼物、忠告还是其他任何形式的帮忙，你若够聪明的话，就应该抽出时间，向对方表达你的谢意。爱默生说，人生最美丽的补偿之一，就是人们在真诚地帮助了别人之后，也帮助了自己。

反思与建议

相比较来说，在今天，有些人的感恩意识严重缺失。一方面享受着大自然赐予的阳光和空气，另一方面却对朝夕相处的环境肆意破坏；而对父母的哺育之恩，很多人认为是理所应当，只知接受，不知回报；在处理人际关系时以自我为中心，人情味淡薄；在祖国的蓝天下生活、成长，却对国家、社会之事漠不关心。

据报载，一位农民父亲写给大学生儿子的信，信中痛斥儿子不知感恩："不知道在大学除了学习文化，还能否学到良心？"这位 63 岁的父亲称儿子在大学"玩潇洒"，每次给家里去电话都是要钱，甚至偷改学校的收费通知，虚报学费。为了攒钱供儿子读书，父亲到村里的砖厂做苦工，母亲找了一份看孩子的差事，妹妹辍学给人家当了保姆。曾经感动中国的十大人物之一——丛飞，因青少年时期接受过别人的帮助，为了报答，他捐款 300 余万元资助了 170 多位山区贫困生，孩子们因他的资助而完成学业，成为社会有用之才，这些被救助的孩子理应感激丛飞。然而，已患胃癌晚期的丛飞，不仅很少收到感恩之言，相反，有少数学生及家长还埋怨丛飞不继续资助他们。有一位大学毕业在深圳工作的被救助者，竟然说他月薪只有三四千元，无法报答这位病魔缠身、债务累累的善良歌手。

所有这些都给我们以警示：我们的物质生活水平在提高，文化生活日益丰富，但是，人们的精神世界却开始变得空虚、匮乏。卢梭说："一个不懂得感动、感恩的人，就是一个最无知、最失败的人，也是一个最不值得别人尊重的人。"

青少年缺乏感恩意识是由多种因素造成的。从家庭方面来说，由于是独生子女，父母对孩子太过娇宠，使他们自幼娇生惯养，认为父母为自己做什么都是理所当然的，丝毫没有内疚感，因此孩子就会觉得别人为自己做的一切都是理所应当的，也根本就没有感恩之类的情感体验。还有些父母因对孩子要求过高从而过于严厉刻薄；或因生活困难视孩子为负担，稍不遂愿便任意打骂孩子。这些都不会使孩子感受到家庭的温馨、生活的快乐，也感受不到父母的爱，从而也无法让孩子对父母怀有感恩的心。从学校方面来说，现在很多中小学在升学、应试教育的压力下，认为学生的好坏只与学习成绩有关，孩子的品德、修养以及其他方面的发展因此被忽略了。这就致使学生只关注学习成绩，对身边的人和事则缺乏兴趣，更不会有感恩意识的存在。从社会方面看，在这个全球化、市场化、信息化的时代，由于受到各种负面信息的影响，人们的思想观念、价值取向、人生观、道德观、生活方式等正在发生扭曲，个人主义、拜金主义盛行。人们普遍关注自我，不在意与别人的关系，也不在意社会的发展，感恩意识已弱化。

“滴水之恩，当涌泉相报。”今天，我们提倡感恩教育，无论是对个体自身的成长，还是对家庭和睦、社会稳定发展都有重要意义。那么，我们该如何进行感恩教育呢？

一、增强情感体验

在我们的成长过程中，父母、老师、同学都曾给予过我们帮助。父母之爱，是天下最真挚、最朴实也是最伟大的爱，老师、同学的关心爱护让我们感到温暖，而我们也应以同样的爱去回报他们。对他们感恩，不应只停留在口号与情感上，而应切切实实地行动起来。作为老师可以利用母亲节、父亲节、教师节等进行感恩教育的好机会，让学生了解老师、父母为自己成长所付出的艰辛，理解老师、父母亲对自己的期望，并给他们布置一些爱心作业，如：发自内心地说一句感谢老师、父母的话；送一件自己亲手制作的礼物；写一篇赞美老师、父母的文章；为父母做一件力所能及的家务；等等。学生的情感来源于平时的学习和生活，通过这些生活点滴中的感恩活动，让学生在参与的过程中体验到付出情感的快乐，并不断加深、强化这种情感体验，天长日久，报答恩情这颗美丽的种子就会在学生心中生根、发芽、开花、结果。学生通过自己付出，并感觉到付出的快乐时，才会真正将感恩融于内心之中，并转化为行动。

二、与家长形成教育合力

学校的感恩教育效果不明显，通常源于教育者与家长在教育观念上的分歧。对家长来说，孩子考上大学比其他都重要，生活中的事都代替包办，以至于孩子缺乏生活体验，心理承受能力较低。在亲情教育方面，没有给予应有的重视与引导，导致学生只知索取，不知贡献和回报。因此，我们在开展感恩教育时，尤其要注意解决孩子在家庭生活中暴露的心理问题，并及时向家长反馈孩子的发展状况，取得家长的支持，形成教育者和家长的教育合力。

三、环境熏陶坚定感恩信念

环境是无声的教育，能对学生起到潜移默化的作用。为此，可以创设以感恩为主题的校园氛围、班级氛围，让学生在充满感恩的环境中得到熏陶，坚定感恩的信念。具体可以这样做：(1)在适当的位置，如餐厅、教室、校园宣传栏等布置学生自拟的感恩标语。(2)创办有关感恩的小报。用新颖的排版、立意鲜明的内容，定期刊载有关感恩的所见所闻，使学生看见生活中感恩的典型事迹，从而受到感染。(3)征集、展示有关感恩的漫画。用既真实生动又幽默风趣的画面去感染学生。(4)编排以“感恩”为主题的节目。将感恩思想融入文艺活动中，让学生在自身模拟的情境中受到感染。通过营造浓厚的感恩氛围，让学生在不同的场景、以各自的形式展示出来，使感恩教育有声有色地开展，进一步激发学生的热情，使学生以主人翁的姿态参与到“感恩”的活动中去，坚定感恩的思想。

四、感恩源于行动

要注重教育学生以实际行动践行感恩。让学生在感恩实践中接受感恩教育，在同学之间、师生之间的相互感恩中体验感恩的真谛。当一个孩子在家帮忙洗碗扫地，就是以行动表达了他对家庭的感恩。当一个学生帮助老师提录音机、抱作业本，就是以行动表达了他对老师的感恩。青岛一中学每天给学生布置“感恩作业”。“今天有没有给别人添麻烦？今天是否有进步表现？今天你最感激谁？”给学生布置“感恩作业”的目的，就是让学生学会反思，善于发现别人的优点，加强自律，学会对帮助过自己的人心存感激，培养学生的健康心态，进而塑造学生的健全人格。

总之，感恩不仅是一种情感，更是一种人生境界的体现；感恩不仅是美德，还是一个人的道德修养。懂得感恩是一个人最起码的道德品质，也是懂得真善美、分辨是非的最起码的觉悟要求。感恩是一切良好的非智力因素的精神底色，是学会做人的支点。感恩让世界变得丰富多彩，让我们如此快乐而美丽。

满招损而谦受益
——谦虚是伟大的近邻

为人第一谦虚好，学问茫茫无尽期。

——【明】冯梦龙

引言

谦虚是中华民族传统美德的重要组成部分，也是社会主义精神文明建设的基础内容之一，是指人的言行举止合乎一定的礼仪规范，待人接物和蔼可亲，为人平等、公正、礼让。主要包含以下内容：第一是正确认识自己，能看到自己的不足，永不自满；第二是发现别人的长处，宽容别人的缺点，尊重别人；第三是正确对待个人的利益，懂得谦让，不居功，不争名夺利。古人把谦虚与成功的关系凝缩成“满招损，谦受益”这句话，用来告诫人们：自满会招来损害，谦虚能得到益处。即使是像周恩来总理这样内心自信的人也保持着谦虚、朴实的品德。他身为总理虽日理万机、公务繁忙，但每到一处都要深入群众，了解情况。20 世纪 60 年代，有一次他到上海考察，与电影演员们会面，在亲切交谈中，有同志热情地向他建议：“总理，您给我们写一本书吧！”可他回答说：“如果我写书，就写我一生中的错误，让活着的人们从我过去的错误中吸取教训。”

曾经，国外的赏识教育、自信教育总具有一种强烈的新鲜感，极大地冲击了中国人的思维，促进了中国教育理念的改变，更是在众多家长的追捧下成为教育界独树一帜的时尚理论，这也让一些教育工作者和父母简单、偏颇地认为，赏识教育、自信教育就是对孩子的行为尽可能地予以肯定，而中国传统的谦虚教育已经过时了，谦虚教育会导致孩子虚伪、自卑等问题。但是，美国《心理科学》杂志刊登的一项最新研究却证明了这一看法的荒谬性：现实生活中，很多人外表看起来非常低调，为人谦虚，但他们的内心却很自信。华盛顿大学心理学专家安东尼·格林沃德表示，一个内心自信程度很高的人，其外在表现是两种极端的情况，一种是极度自我，另一种就是十分谦虚。为了测试人们内心自信的情况，格林沃德及其领导的研究小组对 500 多名美国、日本和中国的大学生进行了内心联想测验。研究者提供了各式各样的词汇，让学生进行结对组合。测试结果显示，日本学生的分数最高，其他两个国家的学生也都表现出了非常明显的内心自信。其中，美国学生不仅内心自信，而且外表也表现得很自信。据研究者分析，社会意识形态不同，对于谦虚的衡量标准也不同，这是导致美国人与亚洲人存在差别的根源。据了解，目前亚洲人已经意识到他们具有十分积极的内心自信，但社会对谦虚的标准不允许他们公开表露心迹。因此，任何一种教育方式，都不是"放之四海而皆准"的。每个孩子的性格和成长环境不同，拥有不同人生观的家长们又在或多或少地感染着孩子，所以，大家都套用一种教育方式未必全都适用。谦虚教育有谦虚教育的欠缺，它让孩子胆小、懦弱、不自信；赏识教育有赏识教育的弊病，它让孩子妄自尊大，看不到自己的缺点和毛病。教师和家长不能把现在最流行的理论奉为神明，一切要因材施教，先认真了解一下自家的孩子，然后再量体裁衣，因为流行的不一定就是最好的，也不一定就是最适合的。正如国外现在已经认识到谦虚教育的重要性，我们为何还要一味地提倡赏识教育、自信教育，而对谦虚教育的重要性视而不见呢？

案例

有人说，外国人不提倡谦虚教育，而是赞同赏识教育，因此不必教育学生谦虚，因为谦虚等于虚伪，会磨灭孩子的自信心。但如果我们翻一翻外国科学史方面的著作，读一读那些熠熠生辉的名字背后的故事，就会明白这种说法有失公正，每一个伟大的科学家身上都少不了谦虚的美德。

牛顿是科学史上的巨人之一，然而他自己却非常谦逊，从不居功自傲。当他临终的时候，来探望他的亲朋好友在病榻边对他说："你是我们这个时代的伟人……"他听了"伟人"二字便摇摇头说："不要这么说，我不知道世人是怎样看我的，我自己只觉得似乎是一个在海滨玩耍的孩子，偶然拾到了几只光亮的贝壳。但真理的汪洋大海在我眼前还远未被熟悉。"停顿片刻后，他又说："假如说我比笛卡儿看得远些，那是因为我站在巨人们的肩膀上的缘故。"说完这段话，他平静地闭上了眼睛。

另一位大科学家诺贝尔是19世纪末瑞典杰出的化学家，诺贝尔奖的发起人。他一生贡献极大，但十分谦虚。一位瑞典出版商要出一部瑞典名人集，来找诺贝尔，诺贝尔有礼貌地回绝了。他说："我可能会订阅这本有价值、有趣味的书，但请您不要将我收入。我不知道我是否应当得到这种名望，不过我厌恶过分的辞藻。"诺贝尔的哥哥想编一部家族史，请他寄一份自传。诺贝尔写道：

“阿尔弗雷德·伯纳德·诺贝尔——他那可怜的生命，在呱呱坠地时，差点断送在一位仁慈的医生手里。主要的美德：保持指甲的干净，从不累及别人。主要的过错：终身不娶，脾气不佳，消化力差。仅有的一个希望：不要被人活埋。最大的罪恶：不敬财神。生平重要事：无。”哥哥反复劝说，并提出代为整理。诺贝尔执意不从。他说：“我不只是没有时间，最根本的原因是我不能写什么自传。在宇宙漩涡中，有恒河的沙粒那么多的星球，而无足轻重的我们，有什么值得去写的？”诺贝尔一生不愿意宣扬自己。他惊人的业绩与他的谦虚分不开。

爱因斯坦是20世纪最伟大的科学家之一。有位年轻人问爱因斯坦：“您所取得的成就在物理学界可谓是空前的，何必还要孜孜不倦地学习呢？何不舒舒服服地休息呢？”爱因斯坦并没有立即回答他的这个问题，而是找来一支笔、一张纸，在纸上画上一个大圆和一个小圆，对那位年轻人说：“在目前情况下，在物理学这个领域里可能是我比你懂得略多一些。正如你所知的是这个小圆，我所知的是这个大圆，然而整个物理学知识是无边无际的。对于小圆，它的周长小，即与未知领域的接触面小，它感到自己未知的东西少；而大圆与外界接触的这一周要长些，所以更感到自己未知的东西多，会更加努力地去探索。”他一直认为，自己所走的道路是前人走过的道路的延伸，科学的新时代是在前人基础上开辟的，因此，他总是抱着敬仰和感激的心态赞赏前人的贡献。他知道，在科学的道路上有许许多多人在共同奋斗，各人有各人的工作，各人有各人的贡献，因此，他对同行的工作非常尊重。就是对自己的下属和学生，爱因斯坦也没有任何傲慢的表现。凡是和他接触过的人，无不为他的和蔼可亲与平等待人而感动。他认为自己不是什么天才，只是一个真理的忠实而勤勉的追求者。因此，他对别人把他当成偶像感到无法理解，对报刊上的宣传和赞扬十分厌烦，有些时候那些记者、画师、雕塑师来为他拍照、画像、塑像，更使他难以忍受，他说他简直成了这些行业的模特儿了。

——本案例选自：孟凡丽.中国学生综合素质教育必读书：诚信·谦虚(彩图版)[M].武汉：武汉大学出版社，2012.

案例分析

自古以来，中国人就有谦虚的美德，在这方面人们有许多的格言警句启迪后人，如“满招损，谦受益”“谦虚使人进步，骄傲使人落后”“虚心竹有低头叶，傲骨梅无仰面花”“百尺竿头，更进一步”。事实也是如此，没有一个人能够有骄傲的资本，因为任何一个人，即使他在某一方面的造诣很深，也不能够说他已经彻底精通，研究完了。生命有限，而知识无穷，任何一门学问都是无穷无尽的海洋，都是无边无际的天空，所以，谁也不应该认为自己已经达到了最高境界而停步不前、趾高气扬。如果那样的话，则必将被其他人赶上，被后人超过。一切真正伟大的东西，都是淳朴而谦逊的。世上凡是有真才实学者，凡是真正的伟人俊杰，无一不是虚怀若谷、谦虚谨慎的人。谦虚会让我们看到自己的短处，会促使我们在学习和生活中不断地进步。

谦虚是成功的基石。即使再有才华的人，也不能忽视这一点。在牛顿、诺贝尔和爱因斯坦的故事中，我们可以知道，即使是名扬天下、智力超群的科学家们也能在被众人包围的赞扬声中认识到自己的不足和人生的本质。伟大的人是决不会滥用他们的优点的，他们看出自己超过别人的地方，并且意识到这一点，然而决不会因此就不谦虚。他们的过人之处越多，就越认识到自己的不足。才识、学问越高的人，在态度上反而越谦卑，希望自己能精益求精，更上一层楼。也正因为如此，他们往往具有容人的风度和接受批评的雅量。而这也印证了谢觉哉先生的一句话："一知半解的人，多不谦虚；见多识广有本领的人，一定谦虚。"任何人都不喜欢骄傲自大的人，这种人在与他人的合作中也不会被认可。你可能会觉得自己在某个方面比其他人强，但你更应该将自己的注意力放在他人的强项上。只有这样，你才能看到自己的缺点。古希腊的著名哲学家苏格拉底，便善于运用著名的启发谈话法启迪青年。每当人们赞叹他学识渊博、智慧超群的时候，他总谦逊地说："我唯一知道的就是我自己的无知。"大文学家歌德虽然写出了《浮士德》这样的经典名著，他也谦虚地说："我要做的事，不过是伸手去收割旁人替我播种的庄稼而已。"诗人泰戈尔也毫不吝惜对谦虚的赞美："当我们大为谦卑的时候，便是我们最接近伟大的时候。"

从这些大人物的身上，我们学到了太多知识之外的人生智慧。谦虚是一种美德，是孩子进取和成功的必要前提。骄傲自大会对孩子的发展产生消极影响，无论在东方还是西方这都是颠扑不破的真理。

反思与建议

"谦虚使人进步，骄傲使人落后。"骄傲自大的孩子常会与外界形成隔膜，这使他们的心胸变得很狭窄。在现代家庭中，由于受到特殊的家庭环境的影响，独生子女更容易形成骄傲自大的性格。如果仔细分析一些孩子骄傲自大、目中无人的原因，则主要有以下几个方面：一是父母对孩子的影响。有些父母由于自身条件比较优越，总是表现出一副扬扬得意、目中无人的姿态，经常会流露出对他人的不屑。如他们经常议论同事的缺点，某某不如自己。孩子听到这些话，也会受到影响，只看到自己的长处，而嘲笑别人的短处。二是家庭生活条件优越。优越的家庭条件容易滋长孩子虚荣自傲的心理，使孩子变得爱炫耀、喜欢嘲笑别人，如孩子经常穿新衣服，就会看不起那些穿旧衣服的孩子。三是大人们过多地夸奖他们。当孩子经常得到大人们的夸奖，就会认为别人不如自己，从而看不起别人。如果父母经常在朋友面前炫耀自己的孩子，孩子就会认为别人都不如自己，从而产生自负心理。那么，该如何培养孩子谦虚的品质呢？

一、静水流深，自知不足

谦虚的人总是既看到自己的优点和长处，又看到自己的缺点和短处；既看到已取得的成绩，又懂得不论成绩有多大，对于更大的事业来说，自己只不过起到了一砖一瓦的作用。谦虚是一种美德，谦虚也是一种求实的态度。它能使人比较清醒地认识自己所取得的成绩和存在的问题，搞清楚主观与客观、个人与集体的关系。实际上，使一个人产生骄傲的真正原因并非饱学，而是因为他的无知。同样，一个人谦虚并不代表他与别人差距很大，反而有可能会超过那些自以为是的人。所以，老人们经常会用下面这样两句谚语教育年轻人："山外青山楼外楼，还有好手在后头。""山鹰高飞无响，麻雀低飞叽喳喳。"这两句话虽然通俗，却蕴含着深刻的道理，真正伟大的人都是能够正确认识自己，谦虚低调的人。我国古代有"孔子不耻下问，周公不耻下贱，故行成名著，后世以为圣"。外国名人们也莫不如此，扬名于世的音乐大师贝多芬谦虚地说自己"只学会了几个音符"，科学巨匠爱因斯坦说自己"真像小孩一样的幼稚"。谦虚的学者珍视真理，不关心对自己个人的颂扬；不谦虚的学者首先想到的是炫耀个人得到的赞誉，对真理漠不关心。

二、他山之石，足以攻玉

徐特立先生曾经这样说过："一分钟一秒钟自满，在这一分一秒间就停止了自己吸收的生命和排泄的生命。只有接受批评，才能排泄精神的一切渣滓。只有吸收他人的意见，才能添加精神上新的滋养品。"谦虚的人善于发现别人的优点和长处，随时向别人请教，并懂得尊重别人，有事和大家商量。所以，谦虚的人能够主动地"取人之长，补己之短"，不断地从集体和群众中汲取营养，充实自己，为自己的进步和成功创造良好的条件。因此，我们在教育过程中要让孩子明白，任何人都应该有自尊心、自信心、独立性，但自尊不是轻人，自信不是自满，独立不是孤立，要努力尝试向他人学习，与他人合作。19 世纪的法国名画家贝罗尼去瑞士度假，他在日内瓦湖边正用心写生时，三位英国女游客对他的写生作品指手画脚，贝罗尼不但没有生气，反而一一修改过来并向她们致谢。京剧大师梅兰芳先生不仅在京剧艺术上有很深的造诣，而且还是丹青妙手。他拜名画家齐白石为师，虚心求教，总是执弟子之礼，经常为白石老人磨墨铺纸，全不因为自己是著名演员而自傲。深受感动的齐白石老先生特向梅兰芳馈赠

《雪中送炭图》并题诗道："记得前朝享太平，布衣尊贵动公卿。如今沦落长安市，幸有梅郎识姓名。"这些例子难道不足以证明虚心向他人学习的重要性吗？

三、不卑不亢，不骄不躁

"九牛一毫莫自夸，骄傲自满必翻车。"骄傲是谦虚的对立面，是前进的大敌。因此，教师要注意决不让学生陷于骄傲。一旦骄傲，他们就会在应该听取他人意见的场合固执起来；一旦骄傲，他们就会拒绝别人的忠告和友善的帮助；一旦骄傲，他们就会丧失客观标准。同时，也要让学生了解，谦虚绝不是自卑。自卑是不切实际地低估自己，觉得自己处处不如别人，对事业灰心丧气，这往往导致无所作为。骄傲和自卑从两个极端背离了实事求是的精神，都是前进道路上的绊脚石。没有原则的谦虚是一种懦弱的表现，在竞争面前的谦虚是一种逃避，在危险面前的谦虚是一种退缩，在荣誉面前的谦虚是对胜利的不尊重，一味地强调谦虚而不辨别谦虚的原因是一种不明智的表现。谦虚的人既不自高自大，也不妄自菲薄，总是满怀信心地努力进取。谦虚的人生是伟大的人生，是不平凡的人生。

事能知足心常惬
——知足是人生快乐的源泉

知足是天然的财富，奢侈是人为的贫困。

——【古希腊】谚语

引言

有一家媒体曾进行了一次问卷调查，当前国人有十大欲望，其中赚更多的钱、买别墅和名车、做老板、中彩票名列前茅。似乎很多人都把追求无止境的物质满足作为自己的人生目标，这些欲望的本质就是需要：需要吃、需要穿、需要爱、需要名利和地位等。无论是想要获得财富、名誉、地位，还是情爱，都是为了满足心中的快感，以至于到现在，再高明的科学技术也满足不了人们的全部欲望。虽然有些时候人们会有短暂的满足，但转瞬间就像泡沫一样消逝在无边无际的欲海中，人们又开始新的欲望、渴求和期盼。快乐和幸福稍纵即逝，长时间留给人们的只有痛苦的感受，因而，人们的快乐就越来越少，痛苦却越来越多。

人类对欲望的无限追逐正如古谣《不知足诗》所说："终日奔波只为饥，方才一饱便思衣。衣食两般皆具足，又想娇容美貌妻。娶得美妻生下子，恨无田地少根基。买到田园多广阔，出入无船少马骑。槽头扣了骡和马，叹无官职被人欺。县丞主簿还嫌小，又要朝中挂紫衣。若要世人心里足，除是南柯一梦西。"人生在世，所追逐的欲望越多，反而离快乐的本质越远。只有知足的人才能更加珍惜生活的幸福。所以，我们不得不反思，是从什么时候开始我们变成欲望的奴隶，为了追求永无止境的欲望而让自己束缚在名缰利锁之中的？这种对欲望的追逐又对当下的学校教育和青少年的健康成长带来了多大的影响？有学生会为了买一个苹果手机去卖肾，有些女孩会为了赚钱买衣服而出卖自己的身体，有些男生为了打游戏去勒索低年级的学生……这样的新闻屡见不鲜，我们深深地为孩子们的处境担忧。

节制是对个人欲望的理性控制。欲望像海水，喝得越多，越是口渴。所以，所谓为人处世要有节制，其实指的就是要约束自己的欲望。

我们总说现在的孩子纯真丧失得太快，很大一部分原因就在于他们的欲求心越来越强。知足是年轻人为人处世的一种境界，能知足常乐，世间便没有无法解决的问题。“事能知足心常乐，人到无求品自高”这句座右铭正是要我们用知足的心态去对待宠辱得失。人的内心是否安定其实是一种心态，是我们可以调控的，也是我们在接触社会时应该把握和学习的，对我们将来的发展至关重要。因此，在学校和家庭教育中关注孩子的心理健康，教育孩子知足常乐，珍惜所拥有的，抵制诱惑，克制自己过度的欲望，不要攀比、炫富。知足教育刻不容缓，因为这不仅事关孩子的健康成长和学习的进步，也是在为国家和民族的未来奠基。美国著名作家詹姆士·克拉维尔所著的小说《幕府将军》里，以德川家康为原型塑造的寅永将军，就是节制、克制自己欲望的典范：他每一次的开销，都在心里拟定一个额度，但是交代下人执行的时候，却总是减掉一半。因为只有这样节制，才能最后赢得幕府争斗的胜利，最终的事实也是如此。但是，凡事知足不是说没有理想、没有追求，也不是让我们年纪轻轻就甘于平庸，而是一种难能可贵的品行，是在与欲望激烈抗争的过程中不断修炼出的淡泊的品行。

案例

17 世纪丹麦有位国王虽然管理着整个国家，但是却并不满足。他自己也纳闷为什么对自己的生活还不满意，尽管他也参加一些有意思的晚宴和聚会，但都无济于事，总觉得缺点什么。

一天，国王起了个大早，决定在王宫中四处转转。当国王走到厨房时，他听到有人在快乐地哼着小曲。循着声音，国王看到是一个厨子在唱歌，脸上洋溢着幸福和快乐。国王甚是奇怪，他问厨子：“为什么你如此快乐？”厨子答道：“陛下，我虽然只是个厨子，但我一直尽我所能让我的妻小快乐，我们所需不多，头顶有间草屋，肚里不缺暖食，便够了。我的妻子和孩子是我的精神支柱，而我带回家哪怕一件小东西都能让他们满足。我之所以天天如此快乐，是因为我的家人天天都快乐。”

听到这里，国王让厨子先退下，然后向宰相咨询此事，宰相答道：“陛下，我相信这个厨子还没有成为‘99 一族’。”国王诧异地问道：“什么是‘99 一族’？”

宰相答道：“陛下，想确切地知道什么是‘99 一族’，请您先做这样一件事情，在一个包里放进去 99 枚金币，然后把这个包放在那个厨子的家门口，您很快就会明白什么是‘99 一族了’。”

国王按照宰相所言，令人将装了 99 枚金币的布包放在了那个快乐的厨子家门前。

厨子回家的时候发现了门前的布包，好奇心让他将包拿到房间里，当他打开包，先是惊诧，然后是狂喜。厨子立马将包里的金币全部倒在桌上，开始查点金币，99 枚，厨子认为不应该是这个数，于是他数了一遍又一遍，的确是 99 枚。他开始纳闷儿："没理由只有 99 枚啊？没有人会只装 99 枚啊？那么，那一枚金币哪里去了？"厨子开始寻找，他找遍了整个房间，又找遍了整个院子，直到筋疲力尽，他才彻底绝望了，心中沮丧到了极点。

他决定从明天起，加倍努力工作，早日挣回一枚金币，以使他的财富达到 100 枚金币。

由于晚上找金币太辛苦，第二天早上他起来得有点晚，情绪也极坏，对妻子和孩子大吼大叫，责怪他们没有及时叫醒他，影响了他早日挣到一枚金币这一宏伟目标的实现。

他匆匆来到厨房，不再像往日那样兴高采烈，既不哼小曲也不吹口哨了，只是埋头拼命地干活，一点也没有注意到国王正悄悄地观察着他。

看到厨子心绪变化如此巨大，国王大为不解，得到那么多的金币应该欣喜若狂才对啊。他再次询问宰相。

宰相答道："陛下，这个厨子现在已经正式加入'99 一族'了。'99 一族'是这样一类人：他们拥有很多，但从来不会满足，他们拼命工作，为了额外的那个'1'，他们苦苦努力，渴望尽早实现'100'。原本生活中那么多值得高兴和满足的事情，因为忽然出现了凑足 100 的可能性，一切都被打破了，他竭力去追求那个并无实质意义的'1'，不惜付出失去快乐的代价，这就是'99 一族'。"

——本案例选自：尹玉生.99 一族[J].视野，2007，(13).

案例分析

人作为高级动物，都有七情六欲。荀子说："人生而有欲。"从一定意义上讲，欲望是生命的动力，欲望贯穿于人的一生。但是，欲望还是应有所节制。过度的欲望，不仅会使本来可以满足的欲望化为泡影，还有可能把人引向毁灭。正如俄国作家克雷洛夫所说："贪心的人想把什么都弄到手，结果什么都失掉了。"中国有句俗语叫"人心不足蛇吞象"，说的也是这个道理。

在这个案例中，本来厨子对自己的生活非常知足，在劳动中体味快乐，在家庭的和谐中感受幸福，但是装着 99 枚金币的袋子却将他的生活彻底地打乱了，为了寻找那"丢失"的一枚金币，他掉进了欲望和诱惑的漩涡，失去了内心的快乐和平静，而变得焦虑、暴躁。诱惑无处不在、无时不有，它们总带着笑容，向我们展示婀娜的身姿，抛出暧昧的眼神，让人心甘情愿地投入其中。这不禁使我们想起《荷马史诗·奥德赛》的故事，某海域中有一女妖，歌声悦耳，美若天仙，极具诱惑力。但凡经此处者闻之无不趋之若鹜，而凡经不住诱惑奔她而去的人，都成了这女妖的口中食。

孔子认为："饭疏食饮水，曲肱而枕之，乐亦在其中矣。不义而富且贵，于我如浮云。"可见，富贵并不等于快乐。快乐从哪里来呢？从调节自己的心理、行为而来。人一般是被欲望支配的，很少有人能支配欲望，或者能预见欲望、轻视欲望。有的人的欲望是正当美好的，有的人的欲望却是丑陋不堪的。奋发向上、乐善好施的理想是令人敬佩的，而无比贪婪、无止境地追求声色犬马是应当加以谴责的。我听过一个阿拉伯故事，故事的大意是说，有一位国王在狩猎时射中了一只麋鹿，麋鹿负伤逃至正在山里修道的阿訇面前。阿訇用袍襟将它遮住，并对寻来的军队将领的多次盘问置之不理。一位将军恼怒了，扬言要杀了他。阿訇毫无恐惧地说："你的国王尚且是我的奴隶的奴隶。"国王赶到后，对阿訇说："你若能说出你的奴隶是谁，便可无罪。"阿訇把自己曾受欲望指挥，然后经修道将欲望降服的事情说了，并对国王说："您贵为国王，却受欲望的指挥，连一只麋鹿都不放过，可见，您是欲望的奴隶，也便是我的奴隶的奴隶。"国王听后，幡然醒悟，遂拜阿訇为师，专心修道。我们是不是也应该时时自我反省，淡泊名利，节制欲望，不做欲望的奴隶呢？

有位作家说得好："人的一生就是为欲望而生的，也是与私欲抗争的一生。私欲就像一匹桀骜不驯的野马，你不牵着它往正确的方向走，它就会拖着你在错误的道路上跑。要做到不向私欲妥协，就要甘于放弃那些非分之想。如此，就能超然于私欲之上，就能拥有一个自由清白的、健康向上的人生。"人生在世，不能去攀比。如果我们能知足于我们所拥有的一切，把心态调至最佳，人自然也就变得大气。那时，如意、幸福、安定的生活便不再是童话，而是我们每天都能享受到的真真切切的现实。如果我们在各种诱惑面前能够有所节制，不是多欲、纵欲，而是知足常乐，把欲望约束在法律和道德允许的范围内，那就会免除许多烦恼，生活就会充满快乐，人生境界就能得到升华。

反思与建议

欲望能左右一个人对人、对事的认知和将要做出的行为，而认知和行为的结果往往会偏离美好的初衷，欲望越大，则与初衷偏离得越远。只有懂得知足与珍惜，懂得抵制欲望和诱惑的人，才能更加接近生活的真谛，获得心灵的平静与快乐。那么，我们应当如何让孩子懂得知足的道理呢？

一、珍惜拥有，知足常乐

“一饱之需，何必八珍九鼎？七尺之躯，安用千门万户？”一个贪得无厌的人，给他金银，还抱怨得不到珠宝；官至公爵，还怨没有封为诸侯。这种人虽身居富贵，而实自甘沦为乞丐。一个自知满足的人，即使吃的是粗茶淡饭，也觉得比山珍海味还要香甜；即使穿着布棉袍，也觉得比狐袄貂裘还温暖。所以，一个知足的平民的人格比贪得无厌的权贵更为高尚。一位作家曾经讲过自己经历的一件事，他曾经在新加坡遇见过一位60岁左右的老者，其貌不扬，为人谦卑，但却很有学问和见识。随着了解的加深，作家才惊讶地发现，这是位拥有几十亿身家的富豪。他平时的衣服全是裁缝做的普通款式，吃饭去的也只是新加坡中等偏上的餐馆，对此作家不太理解，一个身家几十亿的富翁，钱还不是想怎么花就怎么花？而老人却说：“花钱的时候，不要随意地寻求高档，学会知足，适当地控制自己的消费水平很重要。”他给自己定下的水平就是中等偏上，留下30%的空间。他说，无论什么高档的东西，如果成了习惯，什么都发挥到了极致，时间长了就没有什么意思了。老者的故事对我们的知足教育颇有启发。十几岁的孩子刚刚接触社会，难免对一些新奇、昂贵的东西产生兴趣，而且，因为班级生活的聚集性，同学之间的接触、交流较多，对他人的关注会影响到孩子对自己生活的看法。比如，在一个班级里，有一个孩子拿来一套昂贵的游戏机，其他孩子就会产生羡慕的心理，并希望自己也能拥有一套，这很可能会给自己的家庭带来一些经济压力。如果这一次愿望得以满足，孩子在日后的生活中会越来越希望自己的各种欲望都能得到满足；如果愿望难以实现，孩子则可能产生失望、自卑的情绪，或者走上偷盗、抢劫的歪路。因此，对孩子的攀比心理进行矫正，教育孩子学会知足常乐，珍惜和父母亲密的相处，珍惜和同学真挚的友情，珍惜每一次劳动的成果、每一次勤奋的喜悦，珍惜拥有的一切，十分重要。只有在珍惜中，生命的乐趣才会得到淋漓尽致的诠释；只有在珍惜中，生活才会充实；只有在珍惜中，心灵才能体会到身边的美好。

二、抵制诱惑，知足常乐

欲望是天生的，是人类乃至所有动物的天性。因此，不能一概而论，笼统地鼓吹根绝一切欲望。对于正当的、积极的、健康的欲望，人们还是需要有的，否则这个世界上就没有追求创造，人类文明就不会进步、发展。然而，对于不正当的、非分的欲望，人们还是应当自觉抵制的。古今中外，懂得节制欲望、抵制诱惑的名人不胜枚举，比如，公孙仪是战国时鲁国的国相，他特别喜欢吃鱼，于是就有很多人争相买鱼来献给他，可是公孙仪一概不接受。他的弟子感到奇怪，就说：“您喜欢吃鱼却不接受别人送来的鱼，这是为什么？”公孙仪回答说：“我正因为爱吃鱼，才不接受。一旦收了别人献来的鱼，就会迁就他们的行为。而一旦迁就他们的行为，就会歪曲和破坏国法。一旦歪曲和破坏国法，就可能被罢免相位。一旦被罢免相位，这些人就不再送给我鱼了，而我那时又没有俸禄可以自己买鱼，那就会吃不上鱼。我现在不收别人送给我的鱼，就不会被罢免宰相。这样，我就能长期自己买鱼给自己吃。”这个故事中的“鱼”其实就是“欲望”的代名词。公孙仪之所以能成为清正廉洁、为官公正的贤相，很大的原因就在于他能很好地控制自己的欲望。因此，教师在平时的教育中要做到循循善诱，以一些经典的小故事或者名言警句指引和告诫学生学会抵制诱惑。在具体的实施过程中，可以从两方面出发：一是引导学生不去追求过多的欲望，凡不符合自己家庭条件和身份的东西不要过分争取，不要以不符合道德和法律的方式去占有别人的东西。二是教育学生要有平常心，时时刻刻要摆正自己的位置，心理上不能失衡，做到知足常乐，要学会不攀比、不嫉妒，将对物质的追逐转化为对精神生活的追求，切不可有“及时行乐”的念头。

三、心怀他人，知足常乐

孟子说：“养心莫善于寡欲。其为人也寡欲，虽有不存焉者，寡矣；其为人也多欲，虽有存焉者，寡矣。”意思是说，修身养性最好的方法就是学会知足、节制欲望。那些欲望很少的人，即使偶尔失去善心，也是为数极少的；而那些欲望膨胀的人，即使偶尔有善心，那也是为数极少的。因此，一个懂得知足常乐的人，必然懂得关怀他人，帮助他人，将生活的快乐传递给他人。比如春秋时期的季文子曾先后给鲁宣公、鲁成公做国相，但是他却“无衣帛之妾，无食粟之马”，有人劝他身居高位就该享受荣华富贵，他回答说：“我也希望享受荣华富贵，但是我考察国家后发现，吃糙米、穿粗布衣服的老百姓还占大多数，所以我才不敢享受富贵。别人的父母兄弟吃糙米、穿粗布衣服，而我却让家中妻妾和马享受富贵，这是一国之相应有的作为吗？并且，我只听说过一个人高尚的品行可以为国家增光添彩，还没有听说过要靠提高妇人和马的待遇来为国家增光添彩的。”现在的社会，人心浮躁，很多人都奔走在争名逐利的路上，有的人为了争夺权力和金钱不择手段，更毫不顾及他人的感受和利益。因此，在知足教育上，我们不仅要教育孩子从自己出发，认清欲望的本质，珍惜已拥有的，抵制诱惑，还应该让孩子们变得更加心胸开阔、关怀他人，传递知足与快乐。在实践活动中，组织学生参加义务劳动、做社会活动志愿者，去敬老院、福利院关心他人的生活等等，不但能够让他们感恩自己的生活，而且能够提高他们对生活的认知水平。一个关怀他人的人，怎么可能不是一个懂得知足的人呢？

成由勤俭败由奢

——节俭是人生食之不完的美筵

谁在平日里节衣缩食，在穷困时就容易渡过难关；谁在富足时豪华奢侈，在穷困时就会死于饥寒。

——【古波斯】萨迪

引言

在倡导节约型社会的今天，校园内的节俭状况如何呢？有一位记者曾在一篇报道中描绘了这样一幅中国式校园生活场景：炎炎夏日，空调成为校园的明星电器。在一些校园里，教室里空无一人却空调大开；天气不热，一些学生也在空调房里穿着长袖衫；晚上只有三两个人，空调尽开，尽享冷风。针对如此令人痛心的浪费，学生回应记者采访时的表现更令人心寒：部分学生对空调节能知识一知半解；相当大一部分学生认为反正不用自己掏钱，空调节能与自己无关。节俭作为中华民族的传统美德被赋予了双重含义：一是相对浪费而言的节俭，正如李商隐在古诗中所说的“历览前贤国与家，成由勤俭败由奢”；二是要求在生活中对资源、金钱等的需求进行减量化，用尽可能少的资源创造相同甚至更多的财富。但是，随着改革开放进程的加快，也由于政策鼓励性消费以及大众传媒的强大攻势等原因，节俭逐渐遭到越来越多人的摒弃。这一社会发展趋势蔓延至菁菁校园，许多中小学生成为非理性消费的主体，在学习资源和生活资源上浪费现象严重，攀比性消费和模仿性消费等一些不合理的消费现象屡见不鲜。节俭品质的日益缺失，既妨碍了一些学生自身的进步，也给其周围的同学带来了消极的影响。

反观西方发达国家，它们虽然经济实力雄厚，但是却从未放松过对学生的勤俭教育，其中的不少做法和经验值得我们认真学习和借鉴。相较于中国家长“再苦也不能苦了孩子”的心理，对孩子的要求总是不遗余力地去满足，高额的零花钱助长了孩子的攀比心理，日本孩子从小就被告知家长工作很辛苦，钱很不容易赚，所以在他们念高中之前口袋里几乎都没有钱，他们都很节俭，没有乱花钱的习惯。一位日本人讲述过他的孩子成长中的一个细节，孩子有一天从幼稚园回来时哭了，原因是老师给的饭太多，自己勉强吃下，很痛苦。因为在日本，学生从小就接受日本资源匮乏，要爱惜粮食、蔬菜，绝不能浪费的教育。但从何时开始，我们中国人将《朱子家训》中“一粥一饭，当思来之不易；半丝半缕，恒念物力维艰”的谆谆教导抛诸脑后了呢？建设节约型社会，首先要在全社会培养人们的节约意识、增强人们的节约观念。培养节约意识、增强节约观念必须从青少年抓起。因此，学校不可忽视节俭教育的时代价值，它可以在一定程度上抑制非理性消费的蔓延，减轻资源、环境的沉重压力，缩小贫富差距以及帮助人们寻找生命本真的幸福和意义。而探索合理有效的方式进行节俭教育也成为当今学校责无旁贷的使命。

案例

现代消费市场上，琳琅满目的商品不断更新换代，它们不光吸引着成年人的目光，对喜欢追求时尚的青少年来说，也是一种极大的诱惑。然而，生活在富裕国家比利时的孩子们，却从八九岁起就懂得了如何精打细算地支配自己有限的零花钱。在比利时，经常会听到孩子们说“我还没有攒够钱，不能买自己喜欢的东西”“我的钱要等到商品降价时才能用”之类的话，因为他们知道，父母在给零花钱方面是绝不会迁就他们的。在比利时家长的眼中，零花钱是孩子们初学理财的工具，而不是单纯地提供物质享受条件。

零花钱要算计着用

翻开比利时孩子们的德育课本，你很难在里面找到专门教育孩子要节俭的话语或经典故事，因为学校和家长们更注重在生活中对孩子言传身教。

在比利时，通常从8岁开始，孩子们每周就能从家长那里得到零花钱了，但金额不多，最多是几枚硬币。孩子们要想买到自己喜欢的东西，必须一点一滴地慢慢积攒。虽然每个家庭给孩子零花钱的标准不一，但家长们培养孩子节俭意识的原则是一致的，即不会给孩子额外的“补贴”，他们必须有计划地支配自己的零花钱。当然，如果孩子攒的钱还不够，而他又确实想尽快买到自己想要的东西时，可以先向家长借，然后再用以后的零花钱慢慢偿还。这种办法不仅能让孩子体验到满足消费欲所需要付出的代价，还能帮助他们从小避免任性消费，从而节制消费欲。布里吉是五个孩子的母亲，其中三个孩子用慢慢攒钱的方法买了手机，有一个孩子正在攒钱，准备三到五年后买一台电脑，还有一个孩子用向父母借钱的方法买下了自己喜欢的一张游戏碟，但后来三个月的零花钱也被陆续扣掉了。“这张碟对孩子来说得之不易,他付出的是三个月没有零花钱的'代价',学到的却是在消费面前应有的谨慎和思考",布里吉女士如是说。

花钱时要制订消费计划

对孩子来说,从小养成节俭意识既是一种美德,又是一种生活能力,这需要家长和学校的相互配合。在比利时,学校从小学起就开设了专门课程,教孩子了解成年人的各种职业、什么是劳动报酬、如何区别各种商品以及各种商品价格的确定等,同时引导儿童理解媒体、广告和消费者之间的关系,让他们了解广告对消费者行为的影响。此外,学校还会经常告诉孩子:并非所有人的生活都是一样的,有的家庭生活富裕,有吃有喝;有的家庭非常贫穷,甚至吃不饱穿不暖,以此来告诫孩子一定要节俭。如果说学校的教育只是理论上的,那么家长的消费方式和行为则对孩子起着潜移默化的作用。在这方面,家长的做法非常谨慎。通常情况下,他们花钱之前都会先制订一个消费计划,告诉孩子哪些钱该花以及怎么花。同样,家长在给孩子零花钱时也会建议他们存一部分,并帮他们制订一个消费计划。

为了让孩子们认识商品与价格、劳动与报酬的关系,比利时的中小学校每年还会办一些集市,鼓励学生将自己制作的手工艺品拿去出售,从而让他们理解"劳动创造价值"的理论。同样,学生们也可以在集市上买自己喜欢的东西,但每个人的消费额不能超过两欧元。这样,孩子们在买东西前就会再三权衡自己最需要什么,由此学会选择并意识到自己不可能拥有所有喜欢的东西。

另外,在比利时,凡年满 14 岁的孩子就可以出外打工挣钱了,如洗车、修剪草坪、扫雪、照看年幼的孩子等。至于像洗碗、整理自己的房间等家务活则是分内事,不属于拿报酬范围内的打工。

根据家庭情况给零花钱

比利时约 85%的未成年人都可以从父母那里得到固定的零花钱,大部分孩子拿到钱后会先存入银行,或者放进存钱罐里留待以后买自己想要的东西,只有约 6%的孩子会把零花钱直接花掉。从 12 岁起,孩子们就可以拥有自己的银行卡,父母则开始教他们如何理财,指导他们怎样储蓄、管理和使用零钱。正是因为有了家长和学校的双重教育,比利时的大部分孩子才从小养成了节俭的好习惯。他们很少随便买东西,更不会在学校里互相攀比。

心理学家认为,家长要根据家庭的实际情况制定零花钱标准,尤其应该符合孩子的实际需要,不能一味地张口就给,更不该给孩子买大量礼物、品牌服装和时尚用品。因为钱来得太容易对孩子们来说并不是件好事,它不仅会造成孩子自命不凡和不合群的性格,还会使他们缺乏自立能力和吃苦耐劳的精神,给他们将来的生活带来不利影响。

——本案例选自：闫霞.留学见闻：比利时孩子从小学节俭[J].小读者，2005，(08).

案例分析

古语有云："俭则足用，俭则寡求，俭则可以成家，俭则可以立身。"节俭是致富的秘诀，也是成家立身的基础。随着中国经济的发展和社会结构的变化，资源的进一步开发和利用，家庭生活也更加现代化，中国的独生子女家庭越来越多，一些人就产生了可以不必再做体力劳动，不必再讲节约的认识和行为。面对"小公主""小皇帝"的要求，家长们几乎是有求必应，毫不吝惜地给孩子大量的压岁钱、零用钱。因此，如今不少城市独生子女的头脑中几乎没有"节俭"的概念，他们不知道量入为出、物尽其用，花钱时大手大脚、毫无节制。我们经常可以见到，当自己孩子要参加同学聚会、结伴出游、升学考试等时，家长们都在"再苦也不能苦了孩子"观念的怂恿下出手阔绰。金钱是一把双刃剑，"不差钱"既可能让孩子在富裕的生活中健康成长，也可能会扭曲孩子正常的价值观，养成拜金和啃老的坏习惯。学生缺乏节俭的行为，折射出的是社会节俭意识的弱化、节约教育环节的缺失和节约教育模式的僵化。

从小培养学生勤俭节约、精打细算的行为习惯，不仅有助于中小学生的身心健康，也为他们将来走向社会、学会理财"种"下了"第一桶金"。面对飞速发展的社会经济，国外更加重视对年轻一代的节俭教育。众所周知，比利时在欧洲国家中虽然国土面积不大，但是经济发展迅速，国民素质也很高，孩子们可以接受良好的教育，而且也不会缺少零花钱，但是通过本案例，我们却可以看出比利时的学校和家庭在青少年节俭教育和理财能力培养上的良苦用心：不会因为孩子喜欢某样东西就大方地自掏腰包满足孩子的需求，而是要孩子一点一点地积攒自己的零花钱去买自己喜欢的东西；学校和家长们要孩子自己制订消费计划、自己制作工艺品在学校举办的集市上交换；孩子们要获得零花钱，不能简单地向父母伸手要，而是要通过力所能及的劳动来换取报酬……比利时人的教育关注这一点一滴的小事，不是因为他们贫穷，也不是因为他们吝啬，而是因为他们要通过这种从小开始的潜移默化，让孩子们体会到通过劳动获得金钱的快乐，学会谨慎而合理地支配自己的金钱。中国孩子的金钱观念不仅和比利时的孩子不同，和美国孩子也有很大的不同：中国孩子以花钱为主，在四五岁时就能准确无误地告诉家长买自己想要的东西，而美国孩子在十二三岁学会的东西——熟悉银行的业务以及金融投资等技能，中国大部分孩子要到20岁左右才开始触及。在一些发达国家和地区，人们十分重视儿童的理财教育。美国"股神"巴菲特还亲自在"美国在线"主持了一个卡通节目《神秘百万富翁俱乐部》，专门教孩子们理财，小朋友可从中学习理财课程，在商业领域中探险。在韩国的学校中，很重视对学生进行热爱农民、珍惜粮食的教育，有的学校里面挂着汉字条幅"农者，天下之大本。"德国的家长们在带孩子外出旅游时，喜欢同孩子一道到工厂去，了解生产的过程、资源的开发与节约，特别是了解生活用品是怎样生产出来的，这样既能让孩子开阔视野，又能培养他们劳动光荣、勤俭节约的意识。在泰国、马来西亚等国家和地区，华人们继承了祖先勤劳致富、节俭持家的好传统，并坚持实行"子女不沾父母光"的教育。犹太人的理财教育最为重要的还是教给孩子们关于钱的最核心的理念，那就是"责任"。当孩子知道钱是怎么来的，也就更进一步地知道了节俭。不光要节俭，还要懂得付出，懂得慈善。不只是为个人，还要为社会。

与国外从学校、家庭、社会全方位入手，从道德熏陶、自我规划、社会实践等多角度对学生进行节俭教育相比，中国的节俭教育模式显得有些单一。一位资深中学教师表示：在课堂教学中几乎没有专门的节约教育内容，班会等活动也很少以"节约"为主题，多是在"发扬传统美德""爱护地球"等大的主题中将节俭作为一个小点提出。对于孩子们来讲，"粒粒皆辛苦"是背出来的，不是做出来的，远离劳动使孩子对"辛苦"没有亲身的体验。让孩子更多地接触实际劳动，体会父母挣钱的不易，让他们感受到其中的辛劳，才能发自内心地理解"节约"的含义。

反思与建议

中国人常说："兴家犹如针挑土，败家好似浪淘沙。"奢侈会破坏人们的心灵纯真，因为当一个人轻而易举就能获得的东西愈多，就愈容易贪婪，愈感觉不到满足。部分青少年之所以会养成铺张浪费的行为习惯，既是由于社会大环境的影响，也是由于学校、家庭教育的缺失，同时也出于青春期所特有的崇尚新奇与攀比的不良心态。我们对这种行为不能够漠视，更不能够粗暴地打压，而是应当采取行之有效的教育措施。

一、与时俱进，强化节俭教育细节

一位中学老师分析中国学校现行的节约教育模式，其中有两种。一是控诉旧社会衣不蔽体、食不果腹的悲惨生活，呼唤珍惜现在的美好生活，还停留在寻根之旅、忆苦思甜等20世纪节约教育的水平上。这一模式的缺点就是脱离实际，流于形式，无法让孩子感同身受。二是讲述国家资源有限，现在浪费了以后就没有了，关注面过于宏观，对孩子的触动也不大。教育模式的僵化由此可见一斑。靠这样僵化的模式显然难以达到预期效果，因此我们应当向国外学习，与时俱进，把生动真实的细节、故事融入中学节俭教育的培养目标和教材中去。如新加坡《中小学公民课程及训练纲要》对小学德育目标的八条规定中，就有“明确认识勤劳节俭，努力生产，可以促进生活的改善和国家的繁荣”的条文。新加坡各学校都定有严格的校规，许多校规中都有“食物和饮料必须在餐厅内用完”“严禁浪费水电”等规定。印度尼西亚的小学教材在强调培养学生必须确立的价值观和优秀品质方面，其中一项就是强调培养学生“具有节俭及热爱劳动的精神”。马来西亚一年级教材上就有这样一篇课文：“晚上，弟弟上床睡觉。房外的灯还亮着。他想，灯是我开的，我应该把它关掉。爸爸知道了这件事，说弟弟是个好孩子。”短短50多个字组成的形象化的故事，就把“注意节约用电”和“要有责任心”等好的品德习惯贯穿其中了。

二、分级量化，有针对性地开展节俭教育

国外开展节约教育非常强调针对性，避免千篇一律。他们针对儿童、少年和青年等不同的群体，选择各具特色的教育内容和方法。比如英国制定的《公立学校德育大纲》，就对不同年级学生的节约教育内容做了明确规定。对小学五年级要求开展三方面的节约教育：一是科学使用金钱，不得浪费；二是任何小东西都必须经济性地使用；三是必须懂得节约性消费，避免各种奢侈浪费。对小学六年级要求开展两种节约教育：一是养成储蓄习惯，学会正确储蓄的方法；二是懂得饮酒的危害和造成的浪费。到了中学一年级则要求开展三种节约教育：一是生活要简朴；二是不轻易借贷；三是懂得赌博这种不劳而获的坏习惯的危害。其他年级也都有类似的规定和要求。由此可以看出，英国政府非常重视节约教育的针对性和有效性。

三、以身作则，正确引导节俭行为

我们开展节约教育的目的就是为了使学生养成勤俭节约的行为习惯。而要想做到这一点，除了通过教材中的理论道理、典型事例等让学生懂得勤俭节约的重要性和必要性之外，更重要的是要通过老师和家长的以身作则，通过学校平时开展的一些活动，从身边小事做起，节约每一度电、每一滴水、每一张纸、每一粒粮食，让学生在亲身体验、耳闻目睹中接受教育，自觉培养节约习惯。西方的一些学校非常注重从行为习惯上培养学生的节约意识和节约习惯，每年暑假都要举行校服交换会，家长们拿来自己孩子穿不得的校服进行交换，以换得那些较适合自己孩子穿的校服。这种“以衣换衣”的活动既节省了开支，又避免了物资的浪费，同时也潜移默化地培养了学生的节约意识。不少国家还非常重视课本的循环使用，特别是中小学教科书的循环使用，在美国、英国、奥地利、澳大利亚等很多国家都早已成为一种常规做法。以美国为例，那里的中小学教材实行的是无偿借用制度，一本教材至少要被 8 个学生使用，有的数学课本甚至被 10 个以上的学生使用。每本教材的平均使用寿命为 5 年。课本的循环使用，不但能节省社会资源，减轻家长和社会的经济负担，而且更重要的在于，它能培养学生良好的使用习惯，改掉在课本上乱涂乱画的坏习惯，自觉培养起节俭、诚信和责任意识。试想，一个不爱护物品，随手倒掉饭菜的母亲，怎么可能让孩子懂得“粒粒皆辛苦”？一个在生活细节上不注意节约，不注意“一水多用，人走灯灭”的老师，怎么能让学生真正明白处处要节俭的道理？中国孩子缺乏节俭意识和社会的大环境密不可分。北京大学教师张辉认为：“不该苛求孩子，家长们尚且铺张浪费，怎能要求心智还没成熟的孩子呢？应该反思的是我们成人的行为怎么了，我们的教育到底怎么了。”

下篇

见贤思齐：社会素养篇

春蚕到死丝方尽
——师爱是德育成功的第一秘诀

凡是教师缺乏爱的地方，无论是品格还是智慧，都不能充分地或自由地发展。

——【英】罗素

引言

俄国伟大作家托尔斯泰说过："如果教师只爱事业，那他会成为一个好教师。如果教师只像父母那样爱学生，那他会比那种通晓书本，但既不爱事业又不爱学生的教师好。如果教师既爱事业又爱学生，那他就是一个完美的教师。"爱心是世界上最无私的情感，它能清除学生心中的悲伤，给他们带来希望和光明，更能使一颗已冷却的心变得温暖。每个人都需要爱，尤其是那些弱小的学生。有时候老师的关爱可以帮助学生培养友好待人、合群等良好的社会情感和开朗乐观的个性，从而对学生的性格和人际关系也会产生很大影响。

师爱的内容十分深刻、广泛。首先，师爱是教师对学生发自内心的亲近感。主要是指教师在生活上对学生关怀体贴，在学习上帮助学生克服困难，在情感上真诚地趋向学生，它们是老师真挚的爱的表达。这是最基本的内容，是教育的起点和基础。其次，师爱在较高的层次上是对学生的理解和尊重。学生随着年龄的增长，自主和独立意识的增强，他们希望自己被尊重和理解，这种感觉比成人更加强烈。教师只有尊重和理解学生，才能在师生之间产生心灵的共鸣，教师才能得到学生的认同，并甘愿听从教师的教导。再次，师爱在更高的层次上是一种由衷的期待感。它是教师期望学生获得较快进步和成长的情感。这种深沉的情感可以触动学生的心灵，不但可以诱发和鼓舞学生克服困难、积极向上，而且能对学生的智力、品德和个性的发展产生直接影响。最后，师爱在最高层次上是一种智慧的奉献。最真挚的感情足以打动学生的心，但在教育中用自己的智慧为学生铺就一条光明之路更显伟大，也是教育的题中应有之义。

教育是一项伟大而又艰巨的事业，能够承担这一责任的教师是世上最具责任感、最具人文关怀的一类人。人世间拥有最多关爱孩子机会的职业，就是教师。爱为师德之本，无爱则无教育。有人说："教育之没有情感，没有爱，如同池塘没有水一样。没有水，就不成其为池塘。没有爱，就没有教育。"热爱教育、关爱学生是教师职业道德修养的重要组成部分。高尔基就曾经说过："谁不爱孩子，孩子就不爱他。只有爱孩子的人，才能教育孩子。"

师爱是人类最高尚的情感之一，它凝结着教师无私奉献的精神。疼爱自己的孩子是本能，而关爱别人的孩子是神圣。由此可以说，师爱是伟大的，这种爱不是出于血缘和亲情，没有私心。然而，这种爱却有一种巨大的力量。对于教师自身，唯有爱，才能让自己在面对各种压力时从容应对。有了爱，就可以创造生命，创造奇迹，创造教育的辉煌。若不是源于对学生深沉的爱，那一切教学活动都将变得毫无意义。

案例

在马克希姆老师的班里有个小男孩叫艾伦，他非常自卑，因为他的背上有着两道非常明显的疤痕。从颈部一直延伸到腰部，上面布满了扭曲的鲜红肌肉。艾伦讨厌自己，更害怕当着同学的面换衣服，他怕同学们的嘲笑。尤其是体育课，当其他孩子都兴高采烈地脱下又黏又不舒服的校服，换上轻松的体育服装时，艾伦却会一个人偷偷地躲到角落里，用背部紧紧贴住墙壁，以最快的速度换完，生怕别人发现他的背部有两条那么可怕的缺陷。

可是，时间久了，他还是被其他小朋友发现了。

"好可怕""怪物"……

童言无忌的话语深深地伤害了艾伦的心，他哭着跑回教室，从此再也不敢在教室换衣服，再也不愿意上体育课了。这件事情发生以后，艾伦的妈妈特地牵着她的手，去找他的老师马克希姆夫人。

马克希姆夫人是一个很慈祥的老师。她仔细地听着艾伦妈妈说艾伦的故事。

"这孩子刚出生的时候就得了重病，当时就想放弃的，可是又不忍心，一个这么可爱的生命好不容易诞生了，怎么可以这么轻易地结束？"妈妈说着说着眼睛就红了。

"所以我跟先生决定把他救活，幸好当时有位医术高明的医生愿意尝试用手术的方式挽救他，经过了几次手术，他的命虽然留下来了，可是他的背部，也留下了两条永久的疤痕。"

妈妈转头吩咐艾伦，"来，把背部掀开给老师看看。"

艾伦迟疑了一下，还是脱下了上衣。

马克希姆夫人惊讶地看着这两道疤痕，心疼地问："还会痛吗？"

艾伦摇摇头，"不会了。"

妈妈双眼泛红，"这个小孩真的很乖，拜托您多照顾一下他，好吗，老师？"

马克希姆夫人点点头，轻轻抚摸艾伦的头，"我知道，我一定会想办法的。"

此时，马克希姆夫人心里不停地思考：要硬性限制孩子们不准取笑艾伦，或许也只管得了一时，艾伦一定还会继续自卑的，一定要想个好办法。

突然，她脑海灵光一闪，摸着艾伦的头，对他说，"明天的体育课，你一定要跟大家一起换衣服。"

"可是他们又会取笑我，说我是怪物的。"艾伦眼眶里晶莹的泪水滚来滚去。

"放心，老师有法子，没有人会笑你的。"

"真的？"

"真的！你相不相信老师？"

"相信。"

第二天的体育课上，艾伦怯生生地躲在角落里，脱下了他的上衣，果然不出所料，所有的孩子又发出了惊讶和厌恶的声音。

"好恶心……""他的背上长了两只大虫子……""好可怕，恶心……"

艾伦双眼睁得大大的，眼泪已经不听话地流了下来，"我——我才不恶心。"

这时候，教室的门突然打开了，马克希姆夫人出现了。

马克希姆夫人没有说话，只是慢慢地走向艾伦，然后露出了惊异的表情。

"这不是虫哦，"马克希姆夫人眯着眼睛很专注地看着艾伦的背部。"老师以前曾经听过一个故事，大家想不想听？"

孩子们最爱听故事了，连忙围了过来。"要听，老师，我们要听！"

马克希姆夫人比着艾伦背上两条鲜艳的深红疤痕，说道："这是一个传说，每个小朋友都是天上的天使变成的，有的天使变成小孩的时候很快就会把他们美丽的翅膀脱下来了，有的小天使动作比较慢，来不及脱下他们的翅膀。这时候，就会在背上留下这样的两道疤痕。"

"哇……那这是天使的翅膀？"小朋友们发出惊叹的声音。

"对啊"，马克希姆夫人露出神秘的微笑，"大家要不要检查一下，还有没有人的翅膀像他的一样，没有完全掉下来的？"

所有孩子听到马克希姆夫人这样说，马上七手八脚地检查对方的背，可是，没有人像艾伦一样有这么清楚的痕迹。

"老师，我这里有一点点伤痕，是不是？"一个戴眼镜的小孩兴奋地举手。

"老师，他才不是，我这里也有红红的，我才是天使！"

孩子们争相承认自己身上有疤，完全忘记了取笑艾伦的事情。

艾伦也是，他原本哭红的双眼，此刻早已停止了流泪。

突然，一个名叫露西的小女孩轻轻地说："老师，我们可不可以摸摸小天使的翅膀？"

"这要问小天使肯不肯了。"马克希姆微笑着向艾伦眨眨眼。

艾伦鼓起勇气，羞怯地说："好吧。"

露西轻轻地摸了摸他背上的疤痕，高兴地叫了起来："哇，好软，我摸到天使的翅膀了！"

露西这么一喊，所有的小朋友就跟着喊："我也要摸！""我也要摸天使的翅膀！"

一节体育课，一幅奇特的景象，教室里几十个孩子排成长长的队伍，等着摸艾伦的背。

艾伦背对着大家，听着每个人的赞叹声，羡慕的啧啧声，还有抚摸时那种奇异的麻痒感觉，他的心里已不再难过，脸上也露出了久违的笑容。

一旁的马克希姆夫人，偷偷地对艾伦做出胜利的手势。因为在她看来，没有无私的、理智的爱就不可能造就身心健康、人格健全的孩子，尤其是那些自卑的心灵，更希望得到温暖和呵护。

从那以后，大家都称艾伦为"小天使"，那一声声"小天使"的称呼，美妙地回旋在他的耳畔，引他走出了自卑，对未来充满了无比的自信。

后来，艾伦渐渐长大了，他深深地感谢这位让他重振信心的老师。高中时他还参加了全市的游泳比赛，获得了亚军。因为他相信他背上的那两道疤痕，是被老师的爱心所祝福的"天使的翅膀"。

——本案例选自：周正华.影响教师的101个经典教育案例[M].长春：北方妇女儿童出版社，2007.

案例分析

本案例中的马克希姆老师是美国一名优秀的小学教师。她对学生发自内心的关心和爱以一种特别智慧的方式表现出来，她没有直接指责和批评那些嘲笑艾伦的孩子，而是从另一个方向引导，使他们自然地去关心和爱护艾伦，使小艾伦对未来充满了信心，可以勇敢地迎接生活中的困难和挑战，最终取得成功。不得不说，这种智者的爱就像一把钥匙，能够开启学生心灵的那扇门。走出来，学生就会看到一个广阔的天空并自由翱翔其中。马克希姆曾经说过："没有无私的、理智的爱就不可能造就身心健康、人格健全的孩子，尤其是那些自卑的心灵，更希望得到温暖和呵护。”只有真正地关心体贴学生，才能保护学生幼小的心灵，才会带领他朝着正确的方向迈进。

反思与建议

爱，是教育的前提。教师只有全心全意地爱着学生，才能取得学生的信任。爱得越深，教育的效果就越好。很多老师都想爱自己的学生，却总是缺少方法。苏联杰出教育家克鲁普斯卡娅说过：“光爱还不够，必须善于爱。”陶行知先生曾说：“真正的教育家，要有孔子之热忱、基督之博爱、释迦牟尼之忘我精神。”那么，作为一个“完美”的教师，应该怎样爱学生呢？

一、关爱换来真情

喜欢学生应该是每一位教师的天职。老师只有关心学生才会产生一定的教育效应，学生因受到老师的关爱而更有信心。关爱学生的内容非常丰富，但似乎又有些抽象，那么在具体的工作中究竟该怎样关爱学生？关爱学生不是喋喋不休的批评与指责，不是令人畏惧的呵斥，也不是身影不离的监督，这些都是学生所反感的。关爱学生也不一定是什么惊天动地的行动，而是教师对学生的一种宽容、一种关心、一种理解，或者是对学生的一种赏识、一种启发、一种鼓励。教师的一抹微笑、一声问候、一个祝福、一次倾听、一次帮助，或者是叫一声学生的名字、问一问家庭情况、进行一次简单的家访等，都可以在一瞬间拉近与学生的距离。植根于学生中的爱是师德的核心，是教育的基础，也是处理好师生关系的关键所在。教师必须真心诚意地去关爱每一个学生，在学习上严格要求学生，在生活上更要关心学生，做学生的良师益友。只有这样，才能成为一个受学生爱戴的好老师。

二、心灵的触动

苏联著名教育家苏霍姆林斯基说：“学校里的学习不是毫无热情地把知识从一个头脑里装进另一个头脑里，而是师生之间每时每刻都在进行的心灵的接触。”在教育活动中，首先应该是师生之间的情感交流活动。情感来自于心灵。只有心灵相通，学生因为老师而有较高的学习兴趣，从而才能使他的才智和个性得到充分和健康的发展。心灵的沟通是双向的，老师在其中起着主导作用。教师面对的都是极其脆弱的心灵，尤其对当今的独生子女来说，更是这样。教师通过自己的关心和爱，让学生感受到温暖，当内心的情感被激发出来后，学生也会愿意做自己该做并能够做的事情。

三、尊重与信任

教师要热爱学生，首先要尊重学生，尊重、理解和信任学生是消除教育盲点的首要条件。教师应学会倾听学生的心声，学生身上有许多真善美的东西，许多灵性的东西。不管学生有怎样的表现，都要相信，他可以做得更好。欲尊重学生，首先要尊重学生的人格和自尊心。教师与学生虽然在教育教学过程中处于不同地位，但在人格上应该是平等的。作为教师，应该从学生的心理发展特点出发，理解他们的要求和想法，理解他们的天真；信任学生要信任他们的潜在能力，放手让学生在实践中锻炼，在磨炼中成长。只有这样，学生才能与老师拉近心理距离。陶行知先生曾说："你的教鞭下有瓦特，你的冷眼里有牛顿，你的讥笑中有爱迪生。"我们不应该轻易伤害学生的自尊心。经常发掘他们身上积极的美好的东西，就能使他们更好地体会到教师的关怀，并且能够积极地克服自身的缺点。

四、爱的同时还要严格要求

虽然学生的心灵是柔软的，需要用心呵护，但这并不意味着不严格要求他们。常言说："严师出高徒。"一个好的教师应该是一个严师，对学生应严格要求。严格要求是爱的基础，是对学生充满责任感和理智的深沉的爱。苏联教育家赞科夫说："对儿童的爱，应当与合理的严格要求相结合。"学生的良好习惯需要在老师的严格监督引导下形成，只有这样才能让学生在激烈的社会竞争中更快地适应环境，提升自己。

处理好师生关系的核心，是一个"爱"字，热爱学生是教师开展教育教学活动的基本出发点，也是连接师生之间的桥梁。爱是一种无形的力量，它是一笔宝贵的精神财富，使老师和学生的生活、学习变得更有意义，也更加充满人性与温暖。

看江山如此多娇

——自然是陶冶心灵的良方

大自然的每一个领域都是美妙绝伦的。

——【古希腊】亚里士多德

引言

苏霍姆林斯基是苏联著名的教育理论家和实践家，也是20世纪世界最著名的教育家之一。他提出的促进少年儿童个性全面和谐发展的教育思想，对中国的教育产生过深远的影响。而在苏霍姆林斯基的教育思想中，大自然美感教育思想占有重要地位。

在苏霍姆林斯基看来，美是道德纯洁、精神丰富和体魄健全的源泉，所以应教会孩子能从周围世界发现、感知和领会美。儿童周围的世界，首先是那包含了无限美丽与壮观景象的大自然，这个大自然能使儿童获取足够的知识和教育。在真正进入社会之前，儿童的身心世界与大自然保持着最为亲密的联系，因此应利用这种联系，如春风化雨般净化他们的心灵，向他们引介文化财富。苏霍姆林斯基在教学过程中开辟了一个"蓝天下的学校"，在他看来，大自然是思想的活的源泉，是世界上最美妙的书。他说："我竭力要做的是让孩子们在没打开书本去按音节读第一个词之前，先读几页世界上最美妙的书——大自然这本书。"在蓝天下学习的孩子，轻松而自在，在快乐和诗化的自然中学会了如何做人，如何生活。

教育家陶行知的教育实践也同样证明了：大自然是人们获得聪明才智的源泉，也可以培养人们获得一定的生存能力。在大自然里可以学到书本上所没有的东西，同时与大自然的接触不仅会加深孩子对事物的认识，还会激发孩子的好奇心、想象力和对学习的兴趣，还能增强孩子基本的生存能力和求生技能，陶冶他们的心灵，使之趋于高尚。在美丽的大自然的熏陶下，人性的美、心灵的美也会慢慢展现出来。

古往今来，大多数教育家都尊崇大自然教育，原因就在于大自然的美与纯净和孩子们的天性浑然天成。爱美是人的一种天性，对孩子来说更是如此，自然美又是一种美的简单形式，更容易让人把握。同时对大自然的美感体验，可以陶冶他们的性情，激发他们对美的感受和追求。对自然美的体验，不应仅仅只是对美的景致的一种感受。教师还可以利用对其美感能力的培养来启迪孩子们的心灵和德行，通过启发孩子对某种自然美的发自内心的赞叹，唤起孩子对人的某种品德的追求。比如，引导孩子观赏严寒中的梅花，理解“梅花香自苦寒来”的深意；看傲立风中的青松，感悟青松坚强不屈的品格；带领孩子感受大海的辽阔，森林的勃勃生机；……用这些鲜明生动的形象唤起孩子纯真的对美的感受并在心灵中有所触动。这种感受是自然情感的流露，而美好的情感又是对孩子进行教育的重要动力。在这一过程中，孩子们扩大了眼界，丰富了情感，增长了知识，同时他们的创造力、想象力和观察力也会得到充分的发挥，他们的思维也会更加开阔。孩子们在有了自己的美感体验之后，会变得富有激情、敏感而充满朝气。

案例

印度诗人、作家、艺术家和社会活动家泰戈尔说，其童年印象中最深的是他父亲对他的教育——潜移默化和身体力行。他父亲为研究印度宗教和西方哲学著作付出了毕生的精力。除了潜心研究之外，旅游是他父亲的业余爱好，他尤其喜欢前往喜马拉雅山旅游。当面对潺潺奔流的山泉，溪水发源于高山而滋润大地，最终奔流入海的追求给了他父亲深刻的启示。他父亲不再向往隐遁，而开始致力于宗教改革活动，把自己认识的真理带到社会中去。

泰戈尔出身于一个富有的大家庭中，他的童年和少年时期都是在家仆看管下度过的，他被关闭在高墙大院之内，不敢越雷池一步。正因为这样，他对围墙外广阔而又神秘的世界越加好奇和憧憬。

在他 12 岁那年，父亲第一次带他去喜马拉雅山旅游，他高兴得无法形容。他们到达的第一站宿营地是桑地尼克坦，那里空旷无涯，广阔的原野，袒露的荒地，还有那错落有致的沟沟壑壑，在蓝天白云之下，像是一幅浓墨重彩的油画。壮丽的景色深深地感染了泰戈尔，他第一次获得了在空旷的大自然里自由遨游的乐趣。他们继续向喜马拉雅山进发，沿途游览了许多地方，还特地参观了阿默尔特萨尔的金庙，和那些虔诚的信徒在一起吟唱锡克人的颂神曲。抵达喜马拉雅山山麓时已是阳春三月，但山区的春天却是姗姗来迟。他们稍作休息之后，便向海拔两千多米的德尔豪杰峰攀登。途中要经过几个宿营地，他们或步行，或骑马，或坐轿。山路两旁，古松参天，春花初绽，云飞雾绕，鸟语声声，皑皑白雪在峰岭熠熠闪烁，山路自下盘旋而上，沟壑万丈，层林叠翠。

这一切，对泰戈尔来说都宛如天堂，闻所未闻，见所未见，一颗好奇和探索的童心完全陶醉在这山区的美景之中了。他们到达德尔豪杰峰后，住在自己早已购置好的小屋里。每当太阳从东方的峰岭喷射出万道金光时，泰戈尔和父亲已在户外散步了，然后回到屋里读一小时英文，读毕就到冰凉的水里沐浴。下午仍是读书，讨论宗教问题，晚上则是坐在星空下，听父亲讲天文知识，欣赏高原美丽迷人的夜色。父子俩在那里整整度过了四个月这样的旅游生活。

这次旅游，使泰戈尔和喜马拉雅山结下了不解之缘，留给他许多终生难忘的美好记忆，他后来称喜马拉雅山是"蛰居在心灵上的情人"。成年以后，他怀着深深的眷恋，曾多次攀登喜马拉雅山。1916年出版的诗集《飞鹤》就真实地记录了他这些游览活动的感受，被评论家称为出类拔萃的诗，达到了抒情诗的最高水平。

——本案例选自：晓阳.泰戈尔孩童时的喜马拉雅山之旅[N].家庭教育导报，2001—03—09.

案例分析

古人曾说："读万卷书，行万里路。"可见，学习不仅要学习纸上知识、前人智慧，也应当深入自然和社会的怀抱，用双眸去欣赏自然万物的美景，用双腿去丈量大地的辽阔，在行走中去体验风土人情，感受天地大美，在自然的磨砺中去丰富人生经历。唯有如此，才能更加深入地体会到生命之泉的甘美，写出绚烂动人的篇章。纵观古今中外，像李白、杜甫等名垂千古的大诗人，哪个不是少年时期就辞别故乡，游历祖国的名山大川，将自己的所知所感融入文字之中，才写出了千古动人的诗篇？在崇尚自然和人性的欧洲社会，如果梭罗没有隐居瓦尔登湖畔，在朴素而宁静的生活中与大自然融为一体，在田园生活中感知自然，重塑自我，又怎么会写出闪现着哲理灵光的《瓦尔登湖》，将我们引领到那个澄明、恬美、素雅的世界？而本案例中的印度大诗人泰戈尔的人生和诗歌也让我们感受到自然教育对一个人丰富生活、澄净心灵，拥有完美而幸福的人生所起的重要作用。泰戈尔的父亲曾经把自己封闭起来，尽管博学多才，也无法施展。当面对潺潺奔流的山泉，溪水发源于高山而滋润大地，最终奔流入海的追求给了他父亲深深的启示。也正是由于这大自然的启示，才让泰戈尔的父亲把自己的聪明才智带回社会，做出了自己应有的贡献，实现了自己的价值。而对于泰戈尔自身来说，他从小就在父亲的影响下亲近自然，感受大自然的奥妙，培养出了常人所没有的细腻情感，同时有着不一般的观察与感受力，最终成为著名的诗人。而且，泰戈尔不仅用细腻的心思感受着大自然的无限曼妙，他还在那里创立了植树节，使当地植树造林蔚然成风。他通过在那里的许多实践活动，扩大和增进了对自己所酷爱的大自然的亲近感，饱览了美丽的自然风光，熟悉了普通人民的生活，这对他的诗歌创作产生了极为深远的影响。

反思我们如今的青少年教育，经济在发展，科技在进步，但我们的孩子却被囿于钢筋水泥的城市森林之中，有太久没有闻到泥土的芬芳，鸟鸣的欢畅。有的学者称，我们的孩子很可能因为现代生活而引发“自然缺失症”：没有经过大自然熏陶的孩子，感觉和知觉都会受到影响，容易变得孤独、焦躁、易怒，在道德、审美、情感、智力成长中有所缺失，社交能力慢慢地退化，注意力很容易被各种电子设备“牵着走”。而有的妈妈也充满担忧地表示，孩子们被电子游戏机、电视机、手机等电子产品所吸引和包围，与大自然已经越来越疏离了，“孩子说不愿意到没有插座的地方，没有插座的地方觉得不安全 ”。这难道还不能使我们对孩子的自然教育引起高度关注吗？

在亚洲，日本是经济和科技最先取得高速发展的国家，也是最早意识到现代生活会引发青少年“自然缺失症”的国家。20 世纪 70 年代以来，日本为满足广大少年儿童探索自然、熟悉自然和对自然科学知识学习的兴趣、爱好以及开展科学文化活动的需要，建立了许多“少年自然之家”，它们成为教育的补充和扩展，是开展校外教育活动不可缺少的教育设施。具体而言，日本文部省（2001 年因合并改称“文部科学省”）从 1970 年起拨专款给都、道、府、县和市、町、村，以求推进各地方建立“少年自然之家”。在这些“少年自然之家”中，孩子们深入到绿草茵茵的大自然中，探索自然的奥秘，体会生活的快乐，也提升着自己的学习能力和研究水平。而在欧美各国，目前“自然教育”也正在流行起来。“自然教育”，也称为“大自然教育”，是鼓励少年儿童走进大自然，通过与自然环境的接触，让他们直接到自然界去观察和探索，直接感受自然界的美丽与奥妙，从而激发少年儿童对自然界的好奇心和探究欲望，培养少年儿童喜欢动植物、亲近大自然、关心周围生活环境的积极情感，并帮助他们解决一系列心理和人际交往方面的问题。欧美各国和日本的“自然教育”实践，都值得经济和科技都在快速发展的中国学习。

反思与建议

有位教育家曾说：“大自然是世界上最有趣的教师，它的教育无穷无尽，然而世界上有很多孩子却没有机会与这位大教师亲近，实在遗憾。”我国著名教育家陈鹤琴也曾说:“大自然就是活教材。”一方水土养一方人,其中不乏社会因素,但自然对人的影响也不容忽视。还有不少历史名人也都能在自然中发现灵感,最终功成名就。牛顿从小没有父亲,母亲又改嫁,他无人管教,小时候整天在野外玩。在大自然中无拘无束的生活使他能与各种各样的自然事物接触,渐渐养成了热爱自然的习惯,后来苹果落地现象引起了他的注意,让他发现了万有引力定律。莱特兄弟经常陪父亲去草地放羊,看到大雁在天空飞行,最终根据大雁在空中飞行的原理发明出世界上第一架飞机;达尔文在少年时代就整天在大自然中玩耍,认识了各种各样的昆虫,并产生了浓厚的兴趣,这种兴趣最终促使他成了一个伟大的生物学家。这些例子都充分说明,人是从大自然中走出来的,大自然是人类获取知识和智慧的源泉。人与自然之间的关系十分微妙,在与大自然的亲近中孩子们会变得更加聪明、健康。只有效法自然,亲近自然,回归自然才是真正的教育智慧。教育就是要让学生接触、体验、亲近、喜欢大自然,让大自然引起他们的好奇心,增强他们的想象力,激发他们的创造性,最终开启他们的心智,带领他们走向健康的人生。大自然的美不仅能培养孩子对美的感受能力,更能激发孩子对美好生活的向往,唤起他们崇尚大自然的美好心境与情操。虽然时代的脚步早已迈入 21 世纪,人与自然和谐发展的呼声越来越高涨,但是我们不得不承认的现实是,教育正在远离自然,孩子们的生活正在远离自然,我们又该如何进行自然教育呢?

一、增加课外活动时间

苏霍姆林斯基常常带孩子们到郊外给他们上思维课,既开启了心智,又锻炼了他们的观察力和想象力。很多老师在教学过程中存在误区,认为学生要想学习好就必须花更多的时间看书,以至于学生的目光越来越呆滞,思想越来越狭隘。现在的孩子,在学校被众多的课本包围,离自然越来越远,大自然的奥妙极少有学生去关注。不是他们不想,而是没有机会。殊不知在大自然中接受熏陶的人才会有着更敏捷的思维,对孩子自身来说在心情愉悦时学习也是一种享受。

二、于细微之处发现自然之美

在现代化的时代,人们极少关注身边的美,极少关注自然。土地已被混凝土覆盖,城里的孩子们每天背着书包在水泥地和尘嚣中穿行,空气里只有汽车尾气、工厂烟尘以及都市的喧嚣嘈杂,而唯独缺少了青草的气味和泥土的芳香。即使是在这样的环境中,也还是有很多机会去发现自然之美的。一片绿叶、一只蝴蝶和一朵鲜花都可以激发人们对美的喜爱与向往。法国著名雕塑家罗丹说:“美是到处都有的,对于我们的眼睛,不是缺少美,而是缺少发现。”大自然的环境如此生动形象,将万事万物的神奇变化、鲜艳色彩、丰富声音展现在孩子的眼前。只要我们的教师和家长能带领孩子走进大自然，再加以积极的引导，孩子们就会拥有一双会发现美、欣赏美的眼睛。有了这双眼睛，孩子就有了美的情感、美的行动。

三、感受山水自然之美

山水自然之美，是一种自由和谐的大境界，也是最容易获得的资源。现代社会，由于信息化、工业化的发展，我国城市里的孩子从出生到长大，从来没有在真正意义上触摸过生他养他的土地，因此，他们就没有了对土地的感情。没有观察就没有了解，没有了解就没有热爱，所以他们对于自然的情感才会严重缺失。人类的文明越发达，人生情趣的意味却越淡薄。大自然与人愈来愈分离，我们赖以生存的家园就会变得越来越缺乏诗意。这就要求我们首先培养孩子树立人与自然和谐共存的理念。只有热爱自然，与大自然和谐共处，才能发现自然之美，才能感知山水的诗情画意，才能使自己的内心境界受到自然的滋养、关爱和慰藉。

四、潜移默化

大自然的美感可以陶冶人们的心灵，但不是立竿见影的，而是需要经过一个循序渐进、潜移默化的过程。孩子的思想感情天真纯朴，有时一首歌、一幅画就能激励他们，并在情感、行动上有所反映。譬如，有的孩子在学唱《一分钱》这首歌以后，歌曲情节中表现出的小朋友捡了一分钱交给警察叔叔的愉快情绪和行动，不仅激励了孩子的情感，而且还能使孩子把它付诸行动，他们把捡到的小纽扣、图钉、铅笔头等交给老师，这是很可贵的。但这样的思想感情和行动往往不稳定，还需要反复进行美的熏陶和感染，不断地付诸实践，不断强化，才能逐渐提高他们的自觉性，形成一种品质，这种思想感情上的美的陶冶，需要有一个逐步深入的过程。

大自然就像一位老师：他既能增强孩子对美的感受力，又会启发孩子的心智；他既教给孩子生存的技能，又会培养他们善良的情感；他既会向孩子揭示各种事物的规律，又能让孩子的身心得到安宁；他可以把课堂设在白天、黑夜，也可以设在阳光下或者风雨中，而他却从不抱怨，从不厌烦。他公正而宽容地对待所有的孩子。他时而理性、威严，时而豪放、热情，时而感性、慈爱，时而温柔、细腻；他是每一个孩子品质和性格方面的典范，能让每个孩子的心灵得到升华。如果有这样一位老师，我们又有什么理由不把自己的孩子放心地交给他呢？

人无礼则无以立
——知书达理是成功的保证

美德是精神上的一种宝藏，但是使它们生出光彩的则是良好的礼仪。

——【英】洛克

引言

约翰·洛克是十七世纪英国著名的哲学家和教育家，著有《教育漫话》一书。这本书主要反映了洛克的绅士教育思想，其对文明礼仪有着自己独到的见解。

在洛克看来，良好的礼仪主要表现为尊重别人、懂礼节、讲礼貌、有风度。容貌、声音、言词、动作、姿势以及整个外表的举止都优雅有礼，这样才能显出一个人的修养，使他在朋友中获得好评，使那些与他交谈的人感到舒服和高兴。他认为有礼貌的人较之有用处的人更能受到别人的青睐，礼仪有助于形成良好的人际关系，这对绅士事业的成功有着非常重要的作用。

在培养方法上，洛克认为不应让儿童受到不良风气的影响，应使他们恰如其分地表现礼节和尊重，不应太繁琐，让人觉得伪善或谄媚。良好的礼仪培养有两件事必须要做：第一，不冒犯他人；第二，采用最受欢迎与最令人愉悦的方式。人具备了前者就叫作有礼貌，具备了后者就叫作得体。应主要教导儿童观察和学习那些教养得体的人们的举止。需要注意的是，当儿童幼小的时候，只要他们的心有礼貌，举止上的礼貌有不周到的地方，父母亲不要有太苛刻的要求。因为如果在孩子稚嫩的心灵中充满了对父母、师长的敬爱，不敢违背他们，同时对其他人也怀抱着尊重和善意，那么这种尊重他人的心理本身就会使他去模仿别人的最受欢迎的举止。所以，首先在他们的心中建立善良仁爱的情感，尽可能赞扬美好的事物，使这种善良仁爱的情感变成一种习惯。通过不断地实践，等善良仁爱在他的心中生了根、发了芽之后，一切文雅的谈吐和外表的礼仪到时候都会在孩子身上自然而然地形成。

礼仪是人类为达到更好的生活状态而要求人们共同遵守的基本道德规范，它是人们在长期的共同生活和相互交往中逐渐形成的，并且通过风俗、习惯和传统等方式确定下来。自古以来，中国就被称为“礼仪之邦”。俗话说：“没有规矩，不成方圆。”必备的文明礼仪知识是人们养成良好的行为习惯的基础。对一个人来说，礼仪是一个人的思想道德水平、文化修养、交际能力的外在表现。对一个社会来说，礼仪是一个国家的社会文明程度、道德风尚和生活习惯的反映。随着社会的发展和进步，人们的精神需求层次和自我认知价值越来越高，越来越希望得到理解、受到尊重。人的知书达礼并不是天生的，而是通过后天的教育和实践获得的。重视、开展礼仪教育已成为道德实践的一个重要内容。

案例

有一天，朴胜友和许多应聘者一样，一大早就来到华盛顿的某科研机构门口等着应聘。来自各国的应聘者个个毫无表情，其中一个问：“有咖啡吗？”秘书抱歉地告诉他刚刚用完。当秘书给朴胜友倒水时，朴胜友轻声地说：“谢谢，大热的天，辛苦您了。”这是秘书这天听到的唯一感谢的话。

秘书开始收集每个人的履历表，并把那些才高气傲、跷起二郎腿的，浑身悠然自得、目中无人的，叼着烟卷、衣衫不整、留着胡子的，身着高档名牌、过分打扮的，都在表上一一做了记录，然后进了主考官奥里斯的办公室。

进入主考官办公室的只有十人。大家坐下后，主考官开始介绍这次招聘的目的和任务，介绍这个工作的重要性和必须注意的事项，说完后没有一个人有反应。等朴胜友记录完后发现没有动静，左右看了看带头鼓了几下掌。这时，应聘者才稀里哗啦地跟着拍手，显得很凌乱。接下来是奥里斯的问话，问完后每人送一本笔记本做纪念。谁知，大家都坐在那里，很随意地用一只手接过奥里斯双手递过来的笔记本。奥里斯的脸色越来越难看，走到朴胜友面前时，已经快没有耐心了。就在这时，朴胜友礼貌地站起来，身体微倾，双手握住笔记本恭敬地说了一声：“谢谢您！”奥里斯听到此话，不觉眼前一亮，拍了拍朴胜友的肩膀问：“你是哪国的学生，你叫什么名字？”朴胜友如实地做了回答。奥里斯微笑着点头回到自己的座位上。

一个星期后，朴胜友收到了这家科研单位的录用聘书。许多同学想不通，找到导师问为什么朴胜友能被这家单位录用？导师说：“朴胜友虽然成绩是中等偏上，但人家是那个单位点名第一个录取的。其实机会是均等的，你们的成绩比朴胜友好，但除了学习之外，你们要学的东西太多了，礼仪修养是成功的第一课。”

——本案例选自：严长寿.教育应该不一样[M].上海：华东师范大学出版社，2014.

案例分析

文明礼貌是现代人必备的基本素质之一。一个讲礼貌、懂文明、有教养的人必定会是一个深受他人欢迎的人。不懂文明礼貌者必定不受人待见。

本案例中，与朴胜友一起参加面试的人也许学习成绩很好、能力很强，但仅凭这两点就在别人面前目中无人，表现出极不尊重人的样子，那别人也不会尊重你。而尊重别人的基本表现就是礼貌。朴胜友因为礼貌周到让考官感觉到愉悦而被录取。一个人的能力可以经过自己的努力来提高，但修养却只有靠长时间的文化和教育的积淀。所以，招聘者选择了成绩并不是最好的朴胜友。

现在我们倡导的和谐社会也是高度协作化的社会，任何人都必须与其他人交往、合作。任何不礼貌和不文明的行为不仅使人生厌，也不利于建立良好的人际关系，从而破坏和谐，最终也不利于自身的发展。培根曾说："相貌的美高于色泽的美，而秀雅合适的动作美又高于相貌的美，这是美的精华。"我国著名翻译家傅雷先生在给他儿子傅聪的一封信中写道："你所来往的圈子特别是有教育的圈子，一举一动务须特别留意。对客气的人，或是师长，或是老年人，说话时手要垂直，人要立直。你这种规矩成了习惯，一辈子都有好处。"

反思与建议

中华民族素以崇尚礼仪而著称于世，被誉为"礼仪之邦"。古人认为："人无礼不生，事无礼不成，国无礼不宁。国尚礼则国昌，家尚礼则家大，身有礼则身修。"如孔子也认为："导之以德，齐之以礼。"新加坡是一个通用英语的国家，这个国家的公共场所的各种标语大多是用英语书写，但其中的一些文明礼貌的标语，如"不准随地吐痰""禁止吸烟""不准进入草坪"等却是用简体中文书写的。为什么呢？人家回答："因为有这些不文明行为的大多数是从中国内地来的游客。"为此，到新加坡考察的一位中学校长语重心长地说："不文明行为也是国耻。"

以上事例表明，文明其实是由细节构成的，而在我们身边，在一部分学生身上，还存在着一些不文明的行为。例如，在校园内总能见到纸屑、食品袋，风起时，各种垃圾随风飘扬，与美丽的环境显得格格不入。有的学生认为：反正有值日的同学和清洁工打扫，扔了也没关系；还有的同学在教学楼走廊上追逐打闹，走路推推搡搡习以为常；还有部分同学相互之间讲脏话、粗话。很多学校把文化知识的学习放在了第一位，而常常忽略了社会公德的培养和文明习惯的养成。事实上，良好的行为习惯既是保证学生顺利学习的前提，也是培养其健康人格的基础。在学校没有良好的行为习惯，学生就可能目无纪律，不讲卫生，扰乱班级的学习环境。而只有当学生具有良好的文明行为习惯时，一所学校才能构建出优良的学习环境，创设出优良的学习氛围。

如果一个人只有丰富的知识却没有良好的教养，他对国家、对社会、对他人都不会做出太大的贡献，最终会被人们所遗弃。所以，我们首先应该做一个堂堂正正的人，一个懂文明、有礼貌的谦谦君子，然后才是成才。那么，怎样教导学生成为一个懂文明、讲礼仪的人呢？

一、通过课堂教学使青少年全面了解文明礼仪

在学校开设文明礼仪课程，向学生系统地提出礼仪要求（包括个人礼仪、家庭礼仪、社会礼仪），并通过实践予以内化。礼仪应以学会尊重他人为起点，一声"你好""对不起"是我们美好的行为和美丽心灵的表现。每个人都要在理解礼仪要求的基础上，敢于在日常的言行中、待人接物中展现自己文明有礼的形象，并且充分利用各种场合、机会去表现这一点。"言为心声，行为心表"，所以我们应该陶冶自己的情操，用一颗真诚、善良的心去对待周围的一切，这样我们才能用自己良好的礼仪收获更多的笑容，拥有更多的朋友。

二、以管理强化礼仪意识

文明礼仪体现在学校日常生活的各个方面，学生的表现反映着自身对礼仪教育的接受程度。学校与老师应联合起来，对于错误的做法及时纠正，对于做得好的要给予鼓励。各地各校要根据《中小学生守则》和《中小学生日常行为规范（修订）》的要求，结合学校日常管理，引导学生从身边小事做起，注重文明礼仪，养成良好的行为习惯。

三、通过丰富多彩的校园文化活动营造文明礼仪氛围

不断开辟和拓展文明礼仪教育活动的空间，开展形式多样的以"文明礼仪"为主题的教育活动。采取讲故事、做游戏、知识竞赛、文艺演出、辩论会等形式，抓住重要节日、重大活动、校园典礼等契机，利用挂图、黑板报、宣传橱窗、校园网站、图书阅览室等阵地开展丰富多彩的文明礼仪教育活动，充分调动学生参与的积极性、主动性和创造性。充分发挥学校团委、少先队、学生会、社团组织、业余党校等团体组织的作用，让学生通过社会实践活动践行文明礼仪。有效整合社会资源，结合公益劳动、社区服务、志愿服务等社会实践活动，充分利用文化馆、纪念馆、博物馆、福利院、旅游景点、部队营地等场所开展文明礼仪教育，使学生在实践中感受文明礼仪，践行文明礼仪。

四、通过教师模范行为引领文明礼仪

加强师德师风建设，规范教师文明礼仪，通过教师的身体力行、率先垂范，充分发挥榜样示范作用，促进学生文明礼仪习惯的养成。

落红不是无情物
——关心是教育成功的基石

关心，是一切成功教育的基础。

——【美】内尔·诺丁斯

引言

内尔·诺丁斯是美国当代著名的教育家。20世纪80年代末他曾提出具有国际意义的“关心教育理论”，从关心人的基本需要出发，主张教育应该培养“有能力、关心人、爱人也值得别人爱的人”。从这样的教育目的出发，学校课程必须围绕“关心”来重新组织，必须教会学生关心自我、关心他人、关心动植物和自然环境，关心人类创造的物质以及精神世界。

关心，就是把别人的事情放在心上，对人和事物显示出重视和爱护，并愿意帮助他(它)们。对他人的留意和挂念是一种关心，对别人的期许和希望也是一种关心。在这种关心的情境下，会产生一种和谐共生的效果。诺丁斯认为，关心和被关心是人类的基本需要，学会关心是教育的首要目的。学校的首要任务是关心孩子，教育所有学生不仅要学会竞争，更要学会关心。教育的目的应该是鼓励有能力、关心他人、懂得爱人也值得别人爱的人的健康成长。

她认为，道德教育主要包括榜样、对话、实践和证实四个部分。榜样在德育中的地位和作用至关重要。教师向学生展示自己在与被关心者的关系中怎样关心他人，与学生建立一种关心关系，表明关心是如何进行的。因为关心能力的培养依赖于有足够的被关心的体验，体验过被关心的学生才知道“关心”的含义。对话是关心的重要途径。对话是双方共同追求理解、同情和欣赏的过程。对话中，关心者和被关心者可以不受时间、内容的限制，也不必考虑身份地位、学识水平等，完全处于一种自然的状态下来自由表达。对话使双方得以相互了解，这是关心的基础。关心他人既需要知识和技巧，也需要一定的个性、态度等非智力因素。诺丁斯认为，如果希望人们过一种符合道德的生活，就应该为其提供机会，使其练习关心的技巧，发展必需的个性、态度。因此，所有的学生都需要实践关心,发展关心的能力。关心的能力不会自然发生,需要在实践中发展。证实,就是把最好的、可能的、与实际相符的动机归因于关心者,向被关心者展示一个更好的自我形象。对动机的确认不是一个抽象的过程,而是根据对其了解、认真听其讲话等来判断其动机。证实过程是建立在深刻关心之上的一种爱的行为。

诺丁斯认为,教育应从孩子们的实际生活开始,并与他们真正关心的东西紧密相连。在学校里,孩子受到别人关心,同时被鼓励去关心别人。其主要目的是培养孩子对事情的责任感和对他人的责任感。对于自己付出过情感的对象,人往往会更加珍惜和爱护。为此,要从关心的角度来组织教育,学校课程应围绕"关心"这一主题来进行。

案例

诺丁斯认为,教育应该围绕"关心"主题来重新组织。关心应该成为教育的中心。普通教育应该面向所有学生,指导他们关心自我,关心身边的人,关心世界上所有的人,关心动植物,关心人类创造的物质世界,关心知识和学问。以关心为核心的道德人生应该成为教育的主要追求。具体该从哪里开始呢?

一、理直气壮、正大光明地宣传我们的目标

教育的主要目的应该是培养有能力、关心人、爱人也值得别人爱的人。

二、满足学生们的从属需要

(1)学生的任课老师应该在几年时间内保持不变。

(2)尽可能创造使学生共处的机会。

(3)学生应该在同一幢学校建筑内学习相当长一段时间。

(4)鼓励学生以校为家,培养学生对学校的自豪感。

(5)将建立关心和信任关系的时间合法化。

三、消除控制

(1)下放权力给教师和学生,增强师生责任感。

(2)取消竞争性质的评分系统。

(3)减少考试次数。使用少数合理设计的考试来评估学生自己决定要掌握的某些课程的学习情况。

(4)鼓励师生一起探索问题。好教师不一定是万事通,不一定要对所教内容了如指掌。

(5)从更加宽泛,也更加工具性的意义上定义教师的特殊专业才能。譬如,一个生物教师应该能够教好生物课内涉及的数学知识。

(6)鼓励自我评估。

(7)教会学生自己管理教室和学校。

(8)迎接挑战，教好学生们自己选择的学习内容。

四、取消课程等级，开始行动，为所有孩子开设一流的课程

给那些不准备上大学的孩子开设的课应该像为准备升学的孩子开设的课程一样丰富、有深度，令人感兴趣。

(1)取消高校招生录取的统一标准。由一个学生关于未来的理想和打算决定他在学校学什么样的课程。

(2)为所有学生提供机会探索人生中最重要的问题。

五、每一天留出一定时间进行关心教育

(1)自由讨论存在主义问题，包括那些有关精神及宗教的问题。

(2)帮助学生以道德的方式处理人际关系，让他们亲身实践关心。

(3)帮助学生理解社会团体和个人如何制造对手和敌人，帮助他们学会站在对方的立场上处理问题。

(4)与关心人类相协调，教育孩子们关心动物、植物以及自然环境。

(5)鼓励孩子们关心人类创造的物质世界，使孩子们熟悉技术世界、自然世界和文化世界的异同，培养孩子对物质世界的好奇心和感激态度。

(6)帮助学生深切关心他们感兴趣的各种学科知识。

六、教导学生为关心做准备

无论是关心一个人还是一件物品，我们都需要一定的能力。学会关心也必须要接受责任。必须持之以恒地提高自己的能力，才能使接受我们关心的人或物得以提高和进步。关心不是什么软性的、可有可无的东西，关心是人生强有力而又具伸缩性的支柱。

——本案例选自：[美]内尔·诺丁斯．学会关心——教育的另一种模式[M]．于天龙译．北京：教育科学出版社，2001.

案例分析

诺丁斯的关心教育主要是针对学校教育中所有学生被迫灌输一个统一的标准课程，并且接受统一的标准化考试，教育内容以学科为中心，教育主体以教师为中心，教育方式以灌输为主的状况。这种传统的教育模式使得学校忽视了学生除学习书本知识以外的天赋和才华，不利于学生以后的全面发展。我们目

前的教育目标并不是培养会关心的人，而是进行知识的灌输。在学校里，我们想尽各种办法，不断强迫学生弄清、记牢每个学科的每一个知识点，以便让学生在考试中取得好的成绩。这种教育占据了大部分时间和精力，而成效却并不显著。人们也忽略了一个重要的问题：孩子们到底为什么要学习我们认为他们“能够”学好的东西？这些东西是人类为了获得智慧、道德和幸福而必需的吗？教育的真谛在于实现人的社会化和人的个性化的和谐发展，而并不仅仅是智力的提高。

反思与建议

关心是人对人的尊重，是教育本质的回归。关心实际上意味着以人为本、和谐生存的理念。作为教育者必须要从我做起，学会关心，成为关心自己、关心他人、关心自然、关心社会的人，用关心来培养关心，达到润物细无声的效果。试想，一颗冷漠、仇恨的心灵怎么可能培养出具有关心意识的人？

“关心是一种关系。”我们不能只是等着别人来关心，而是应当主动去关心他人。关心是“生命最真实的存在”。“关心既是人对其他生命所表现的同情态度，也是人在做任何事情时严肃的考虑。关心是最深刻的渴望，关心是一瞬间的怜悯，关心是人世间所有的担心、忧患和苦痛。”关心不仅仅是人对人的关心，还有人对社会、对自然的关心，是人与人、人与社会、人与自然的和谐相处。查尔斯·赛尔博曼说：“未来所需要的并非是成堆的知识分子，而是大量受过教育的人——会感觉、会行动，也会思考的人。”所以，当前学校的教育内容不应只是知识的传授，而应该还有关心的内容、技巧和方法。那么，具体该怎么进行关心教育呢？

一、做关心他人的榜样

在小学阶段，学生很容易把身边的人当作自己的榜样，老师的影响尤为重要。教师要教会学生学会关心，首先要以自身为榜样，关心学生，让学生能够感受到，并有所反应，这时学生会愿意在老师面前展示一个良好的形象。为此，教师要不断学习有关知识，提高关爱能力，使小学生养成良好的品质和习惯，使他们拥有一颗关爱的心灵、一种热爱生活的态度。如果一位教师仅会毫无保留地付出爱心，而不能使学生学会关心，养成爱他人的态度或能力，那么这位教师并不能算是成功的，尤其对小学教师来说是这样，因为小学生的可塑性极强，无论从接受知识的能力还是品德修养的培育来说都是如此。如果关爱的种子没有在小学生的心灵中生根、发芽，那么其未来的发展是不健全的、不和谐的。这不仅需要教师的爱心，更需要教师高超的关爱技巧和策略。

二、培养关心能力

教师首先要察觉和辨认出学生的需要，并给予学生一定的关心。学生在认可和接纳教师的行为之后，会有所感受，进而给出相应的反应。这种反应可能会回馈给教师，也可能映射到其他人身上。现在的很多小学生只关心自己的内心感受与自己的未来发展，感受不到父母的唠叨和教师的批评背后的关心，缺少关心周围人和事的态度与能力，缺少感受他人关心的能力，缺乏对他人的信任与尊重。尽管原因是多方面的，但至少说明一个问题，教师和家长给予学生的无微不至的关心没有使学生养成关心的态度和能力，在他们的潜意识中，教师和父母所做的一切都是理所应当的。这时，教师应该做的就是把学生放在一个关心的关系中，要求学生对他人表达关心。这样，学生才会学会关爱生命，关爱自然，关心他人，并在关心的过程中形成关心的态度和能力，从而养成关心的良好品德。

三、营造关心型的校园文化氛围

环境的营造对小学生品德的形成起着无声胜有声的作用。“如果一个孩子生活在批评之中，他就学会了谴责；生活在敌意之中，他就学会了争斗；生活在鼓励之中，他就学会了自信；生活在表扬之中，他就学会了感激；生活在分享之中，他就学会了慷慨；生活在诚实之中，他就学会了什么是公正；生活在真诚之中，他就学会了头脑平静地生活。”小学生还没有完全形成对问题的分析判断能力，但是他们具有很强的观察和模仿能力，如果有关心的环境，就会自然而然地去关心他人。当他们把它作为一种行为习惯保持下来，随着年龄的增长，知识和经验的丰富，会领悟到其中的道理，因此我们不能仅从口头上要求小学生如何关心，而应该用实际行动告诉儿童应该怎样关心。

四、情感渗透

诺丁斯说：“道德情感高于道德认知，认知是为情感服务的，两者是手段与目的的关系。”苏霍姆林斯基说：“没有情感，道德只会培养伪君子。”只有在情感活动中，学生的道德知识才能深深地根植在他的精神世界里，成为自己的观点，并在其言行举止、待人接物等方面表现出来，从而形成坚定的道德信念和高尚的道德情操。因此，教师应在生活中或者课堂上经常给孩子们讲那些需要同情、关注和帮助的人们的遭遇，在他们的想象中勾画出鲜明的情景，以影响他们的情感。对需要帮助的人的关怀照顾，会对孩子们的精神生活产生很大的影响，使他们感受到自己给一个重新回到生活里来的人献出了个人的力量。在关心别人的时候不仅给别人带去了欢乐，同时也使自己的生活感到快慰和充满欢乐。

尊人者人恒尊之
——尊重和信任是收获真挚感情的摇篮

尊重别人,才能让人尊敬。

——【法】笛卡儿

引言

人,如果要活得有尊严,首先要学会尊重——尊重自己,尊重他人。尊重,是一种修养,一种品格。作为教师,更要学会尊重,因为尊重是教育的前提,是教师教育学生的基础,尊重学生是教师的基本师德。我们知道,只有尊重别人,别人才会尊重你。老师只有尊重学生,学生才会从心里尊重你,才会接受你的教育,你的教育才会有效。

尊重学生的前提是信任。教师只有充分相信学生,才能与学生建立起良好的师生关系,才能和谐相处,进而有效地开展教学活动。学生的内心是一个广阔的世界,你不知道他的心在朝哪个方向走,走得对还是错。对学生表示信任,学生才会对你有所依赖,把你当成他们的良师益友,将自己的心里话向你倾诉。这样,你才能走进学生的心灵深处,真正地了解他,帮助他,教育他。

教师相信学生,就应该一视同仁。无论是学习成绩好的学生还是"问题生"都有他们自己的优点和缺点,不能单凭成绩而以偏概全。学习优秀的学生不一定在所有方面都能做好。学习成绩不好的学生也不是做什么都不行,在他们身上总会有闪光点。从某种意义上说,教师不相信自己所教的学生就等于不自信,对自己的教育效果没有信心。如果一个教师连自己都不相信,那他便很难将教育工作做好。因此,教师一定要充分信任学生,信任是理解和交流的基础,是通向学生心灵的一条重要渠道。

教师对学生的尊重和信任是学生成长的阳光和雨露。缺乏尊重和信任的教育,会使学生幼小而美好的心灵受伤。作为一名教师,在与学生相处时,真诚的理解与信任是沟通师生心灵的"催化剂",是学生获得积极的人生观与价值观的"灵丹妙药"。如果教师不能尊重和信任学生,容易使其产生困惑和反感,很多学生“变坏”其实只是想得到老师的关注。如果老师没有正确的态度，甚至会使学生走上歧路。作为教师应该懂得，尽管学生在身体、心智等方面还不够成熟，但他们首先是和教师一样的人，然后才是教育的对象，他们具有较强的自尊心和上进心，他们也渴望得到尊重与信任，希望得到教师和家长的鼓励和肯定。

因此，教师应充分尊重学生的人格，充分信任他们，维护他们的自尊，让学生在宽松、和谐、融洽的环境中轻松自然地获取知识的营养，健康快乐地成长，这对于学生在思想道德素质、科学文化素质和健康素质方面获得全面发展，具有十分重要的意义。

案例

谢苗曾经是一个经常参与抢劫的违法者，从童犯劳动教养院出来以后，还和一个叫米嘉庚的人在公路上抢劫过一个卖肉的商贩。

有一次，马卡连柯和他谈话，谈了一会儿，谢苗小心翼翼地说：“请您直爽地告诉我，您相信我吗？”

“相信。”马卡连柯很严肃地说。

“不，您要说老实话，您相信我吗？”

“你这该死的东西！”马卡连柯笑着说，“我心里是在想，他总不至于再像以前那样了吧？”

“您看，可见您并没有完全相信……”

“你这是在瞎想，谢苗。每个人我都相信，不过对这个多相信些，对那个少相信些。对一个人的信任值五个戈比，对另外一个人的信任值十个戈比。”

“那么，对我的信任值多少呢？”

“对你的值一百卢布。”

“好，没有关系，我会再来证明给您看……”

过了两个星期，马卡连柯把谢苗唤来，让他骑马到财务处领取五百卢布。谢苗惊讶地张大了嘴巴，瞪大眼睛，脸上青一阵白一阵。过了一会儿，谢苗走进办公室，默默地把一沓钞票放在桌子上。马卡连柯拿起钞票，尽量用最平淡的口气问他：“你数了吗？”“数了。”马卡连柯随便把那叠钞票往抽屉里一丢，说：“谢谢你跑了一趟，去吃饭吧。”

又过了两个星期，马卡连柯又命令谢苗去领取两千卢布。

谢苗一字一顿地说：“两千？要是我取了钱不回来了呢？”

马卡连柯离开座位，大声斥责说：“请你少说这种傻话！既然让你去取，你就去取，不必发神经！”

谢苗耸耸肩，含糊地低声说：“好，去就去……”

他取钱回来后，把钱交给马卡连柯的时候，盯着他说，“请您数一数。”

“为什么？”

“我请您数一数！”

“你不是数过了吗？”马卡连柯提高了声音说：“不要啰唆！”

最后，马卡连柯对他说：“现在你知道了怎样取钱，以后就由你去取。我一点也不担心。我知道你这个人跟我一样诚实。这一点我以前就知道的，难道你看不出来吗？”

“不，我还以为您不知道呢！”谢苗说。他走出马卡连柯的办公室，高声唱起来：“高山背后，飞出一群雄鹰，它们边飞边叫，寻找着美好的生活。”

事后，谢苗是这样描述自己的心情的：“当我带着钱在路上时，一路上我在想，要是有人来袭击我，哪怕有十个人，或者更多，我都会像狗一样扑上去，用牙咬他们，撕他们，除非他们把我杀死！”

后来，当高尔基来学校参观时，马卡连柯身边就站着这个当年在暴风雪中去取钱的学生谢苗，他已经成为马卡连柯的得力助手了。

——本案例选自：张万祥.德育智慧源自何处——心灵感悟德育经典案例[M].北京：中国轻工业出版社，2010.

案例分析

每个人都希望得到尊重，中小学生也是如此。因为在他们的心目中，教师是神圣的。教师的表扬和尊重是对他们在集体中的位置的肯定，能满足他们的好胜心和自尊心。

本案例中的谢苗曾经是个问题少年，但他会问马卡连柯是否相信他，这说明在内心深处，谢苗也希望得到别人的信任。马卡连柯并没有因为他犯过错就将他全盘否定，而是选择对谢苗表示信任。在学生心中，人格的尊重会带着他朝你希望他走的方向迈进。终于，谢苗成为一个诚实可靠的人。

同样的事情也发生在另一位教师身上。她的处理方式却与马卡连柯完全相反。办公室里某位教师的钱不见了，她就怀疑是某个学生拿走了，就好像是她亲眼所见一样，盛气凌人，但最后根据调查，才知道根本不是那个学生拿走的，这样无形中就把自己置于尴尬的境地，反而搞得自己下不了台，同时也造成工作上的尴尬局面。这个被教师冤枉的学生心里很难过，很长时间不能释怀。

这应该引起我们的反思，在平常我们也有类似的问题出现，也曾因为不信任学生而误解过学生，甚至是冤枉过学生。教师遇到问题，首先要进行必要的调查，没有调查就没有发言权，切不可凭借主观臆断随便怀疑学生，给自己的教学工作带来被动局面和意想不到的麻烦。

反思与建议

魏书生是当代有名的教育改革家。在做中学校长时，他都会带着学校的教师在上午上课前半个小时站在学校门口迎接学生来上学，从而表现出对学生的重视和尊重。他认为，"尊人者，人尊之"，不能单是口号，要千方百计变为学生的行动。仅有一两次行动还不够，要尽可能在学生生活的广阔空间与时间环境中身体力行。一个班集体，一旦用"尊人者，人尊之"的思想统帅起来，一旦成员们都在言行中尽可能多地用尊重别人的方式获得别人对自己的尊重，这个集体就会产生极大的凝聚力。每个生活在集体中的人都会感到幸福、自豪，从而发挥出巨大的潜力，取得意想不到的好成绩。

教师要想在教育上取得成功，必须学会尊重学生，放下架子，平等地对待学生，经常和学生谈心、沟通，和学生交朋友，了解学生的思想问题、学习困难，并耐心地帮助他们解决，使学生从心底里信任教师、尊重教师。只有这样，教师的教育才能取得成功。

其实，在教学中，在每一个班集体中，都经常会有这样一些学生，他们由于在学习或生活中经常出现这样那样的问题，招致自尊心受损，产生无能感，从而形成孤僻、冷漠等不良性格。但是在班集体中，他们又渴望自己有实力、有成就、有价值，得到老师与同学的信任。因此，教师不仅要尊重、信任他们，而且还要使他们学会如何获得别人的尊重与信任，使他们逐渐懂得自尊与尊人的关系。

爱默生说："教育成功的秘密在于尊重学生。"这句话在今天看来还不够完整，应该加上"信任学生"。人与人之间是建立在相互尊重、相互信任的基础上的。虽然我们面对的是一群学生，但他们首先是有着独立人格和鲜明个性的人。教师应该把学生真正作为一个成长中的个体来看待，尊重他们的人格，维护他们的自尊，给予他们保留个人意见的权利。同时，教师还必须充分信任学生，坚信每个学生都具有发展的潜能，每个学生都有进步的愿望，都有追求知识、追求真理的本质。

学生的心灵是相当敏感的，他们能够通过教师对自己的态度来判断教师是否真心爱自己。同时，他们也渴望教师能够时时刻刻关心爱护自己。"罗森塔尔效应”告诉我们，只要教师真心爱学生并让他们感受到这种爱，他们就会以极大的努力向着教师所期望的方向发展。教师对学生不仅是生活上扶贫、学习上扶智，更应该是精神上扶志、品行上扶德、心理上扶健。有人说，对学生可以没有爱但要尊重，但尊重本身就是一种爱，真正的爱不能没有尊重。很难想象一个无视学生人格、漠视学生尊严的教师会是一个热爱学生的教师。一个善于爱的教师一定懂得尊重学生的自尊心，像保护自己的眼睛一样保护学生的尊严。因为只有当教师关心学生作为人的尊严感，才能使学生通过学习而受到教育。苏霍姆林斯基告诉我们，教育的核心就其本质来说就在于，让儿童始终体验到自己的尊严感。反之，伤害了学生的自尊心，就会阻碍学生的进步和发展，甚至毁掉他们的前途。一个善于爱的教师，他一定懂得尊重学生。

那么，如何才能做到真正尊重和信任学生呢？

一、以身作则，榜样示范

榜样的力量是无穷的。孔子说：“其身正，不令而行；其身不正，虽令不从。”对于孩子来说，教师的一言一行都有很强的示范作用，一个懂得尊重和信任别人的教师，本身就是活的教材。教师应在平时的言行当中努力加强自身修养，做到自重、自省、自警、自励。

二、讲究方法，以理服人

心理学研究认为，人的思想品德由道德认识、道德情感、道德意志和道德行为四要素构成。道德认识是思想品德发展的基础和前提，但道德认识要内化为学生的道德信念，就必须通过道德情感和道德意志这一核心环节，然后才有可能外化为学生的道德行为。让学生产生道德情感的最佳方式就在于关心学生的内心世界，走进学生的心灵，以平等的身份和学生沟通交流。通过说服教育的方法，循循善诱，对学生充满感情。力争做到所说的道理有针对性、思想性、趣味性和感染性，以此感化学生。

三、平等相待，以信励人

自尊之心，人皆有之。一般来说，中小学生都有较强的自尊心和上进心，都希望得到家长、教师的尊重、信任和鼓励。教师尊重学生的人格，爱护学生的自尊心，就能够激发他们的求知欲，增强他们的上进心，使他们更好地体会到教师的爱，并较自觉地去克服自身的缺点。如果教师不尊重学生，蔑视学生的人格，就会在师生间筑起一道高墙，造成师生对立，其后果不堪设想。

四、个性发挥，潜力无限

首先，教师要承认学生的个性，发现每个学生的优点。其次，教师要根据社会的需要，创造良好的条件完善和发展学生的个性，不应以个人的好恶来压抑和限制学生的个性。为此，教师在教育过程中应积极为学生创造表现自己的特长、发展自己的兴趣和爱好的机会，鼓励学生自立、自强、自爱。相信个人的发展潜力，展现个性的内在力量。

五、重在行动，持之以恒

心理学告诉我们，习惯的养成是一个长期的工程，是条件反射长期积累的结果。因此，良好的行为习惯需要经过长期反复训练才能形成。我们要坚持不懈，明确要求，严格训练。长此以往，在点点滴滴、日积月累之中，学生的美德就会逐步形成。

众人拾柴火焰高
——团结协作是提高效率的捷径

单个的人是软弱无力的，就像漂流的鲁滨孙一样。只有同别人在一起，他才能完成许多事业。

——【德】叔本华

引言

团结协作是人们联合起来，相互支持，紧密合作，为了集中力量实现共同的理想或任务。个人与集体的关系犹如一个人的细胞与机体的关系，每个细胞只有在机体中才能得以生存与发展。只有在集体中，个人的智慧和才华才能得以增强和发展。正如著名科学家钱学森说的："现代科学技术研究不能靠一个人的劳动……95%的科学技术都靠集体。……单干是没有生命力的。"只有在集体中，大家相互协作，才能产生巨大的力量，这样个人的才智才能得以发挥。团结协作是一切事业成功的基础。个人和集体只有依靠团结的力量，将众多智慧集中起来才能超越个体的局限，发挥出最大效力，产生 1+1>2 的效果。

一位心理学家说："如果你能够使别人乐意与你合作，不论做任何事情，你都可以无往而不胜。"要想达到更好的效果就要善于与人合作。古人说："独学而无友，则孤陋而寡闻。"学习中，通过与人合作，在相互交流、相互启发、相互帮助中，可以弥补个人知识的不足，从而获得更多的知识和智慧，提高自己分析问题、解决问题的能力。同时，通过合作可以很快地融入集体，形成一种互帮互助的良好氛围，在团结合作中感受群体的力量，体会成功的喜悦，同时也有助于个人形成开朗、活泼、勇敢、积极的良好性格。

随着社会的发展，人与人之间的合作内容更为丰富，形式更加多样，范围也逐渐扩大。特别是在全球化、现代化、信息化迅速发展的今天，知识信息量大大增加，社会分工更趋细化，一项任务需要人们的通力合作才能完成。可以说，21 世纪的成功者将是全面发展的人，富有创新精神的人，善于团结合作的人。

当代中国青少年的面貌将决定 21 世纪中国的面貌。新世纪要培养什么样的人？如何培养？这关系着中国未来的发展。面对日新月异的经济和社会发展，如何培养出国家所需要的、善于团结协作的人才，成为当前摆在我们面前的一个重要课题。然而，据有关专家统计，目前，约70%的“90后”“00后”，已无法与家长进行良好的沟通，他们自私、愤怒、孤僻、追求个性和自我，不顾他人，在生活、学习中出现各种不和谐现象。毋庸讳言，当前对广大孩子进行团结协作意识的教育已成为学校、社会、家庭教育的重要内容。

案例

在美国基础教育的道德要求中，没有空泛地要求孩子们去维护什么“团结”，而是要求孩子们学会相处的艺术，学会宽容，学会倾听别人的意见，学会用和平方式处理愤怒与争执，学会合作。

在美国，孩子们从进入小学开始，老师就会不断布置一些让同学们合作完成的作业，学生会组成各种课题小组、合作小组，要么是去制作一个沙盘模型，要么是去完成一个实际观测项目。在这种作业过程中，孩子会听到同伴的不同意见，会看到同学的不同做法，他们会争执，会冲突，会不愉快，可能也会以他们的方式达成和解，或者可能达不成和解，但是他们最终会为了自己的利益（可能是一次作业的分数）而达成妥协，最后向老师提交他们的合作成果。

杰克上中学的时候，物理老师让他们制作一个复杂的小型风洞模型，杰克和其他三个同学组成了一个合作小组，四个孩子夜以继日地工作，最后终于完成了。交出作业时，杰克满怀兴奋地期待老师的赞扬。

然而，他的物理老师并没有赞扬他们的“杰作”，而是这样对孩子们说：“你们的聪明和才能确实给我留下了深刻印象，但是你们给我的最大的震惊不是你们做出的这个模型，而是你们在制作这个模型的过程中表现出的合作精神与合作技巧。你们现在制作的是一个太小的模型，但是，就是这样一个小小的模型仅靠你们中的任何一个人可能也做不出来。请你们记住，现代科学研究事业对人的一个基本要求就是与人合作。只有合作，一个人才能汲取更多的营养让自己变得强大，一个事业也才能聚集起更大的力量以获得成功。而不会合作的人将一事无成！”

——本案例选自：汪明帅.来自美国最优秀教师的建议[M].北京：中国青年出版社，2012.

案例分析

该案例中美国人培养孩子的合作精神并不是靠单纯的说教，而是为他们布置有关合作的作业，让他们在完成作业的过程中体验到合作的意义。在出色地完成作业之后，老师表扬的不是他们的聪明和才能，而是合作精神。通过这种正面引导，学生们以后会在生活和事业上主动与他人合作，从而创造出仅凭个人无法创造出的奇迹。我们对孩子的道德教育应该更多一些务实的内容，根据孩子成长的生理和心理特点，从塑造孩子基本的人格品质开始，一步一个脚印地让孩子走向善良、正直、宽容、负责。

在我国，因为受到家庭、社会等各种环境的影响，部分孩子的性格有着消极发展的趋势，例如：孤僻、冷漠、自卑等，加上孩子成长过程中追求个性独立的自我意识增强，独生子女在家庭中处于优先的地位，父母们又溺爱他们，处处以他们为中心，更是助长了这种趋势。由于社会和家庭环境对孩子具有很强的可塑性和诱导性，稍有不慎，就有可能误导孩子的发展。另外，由于市场经济的影响，人们的物质生活日益丰富，部分孩子对基本生活的要求标准不断提高。很多家长注重孩子物质上的满足，却忽视了对子女的品德教育。在家庭越来越富裕的今天，孩子的物质需求与日俱增，精神需求却日渐匮乏。同时，部分父母对孩子缺乏严格的要求和良好的教养，任孩子养成专横任性的性格。这样一来，孩子的身心很难得到健康的成长。

反思与建议

一滴水只有放进大海里才永远不会干涸，一个人只有当他把自己和集体的事业融合在一起的时候才最有力量。相信大家都听说过“三个和尚没水吃”的故事。很久很久以前，山上有座古庙，庙里有个和尚，他一个人管理庙宇，很勤快。每天他挑着两个水桶，走六里多路到山下担水，回来后打扫庙宇，然后按时念经。念完后到庙后的菜地里干活。和尚把庙堂收拾得干干净净，生活也有条有理。可不久又来了个瘦和尚，他们干起活来开始互相推脱，最后只好两人抬水，勉强过活。过了不久，又来了个胖和尚，他们三个人谁也不想吃亏，谁也不愿意去挑水，只好大眼瞪小眼，望着水桶发呆。有一天老鼠打翻了蜡烛，寺庙着火了。三个和尚马上跳起来救火，也没有商量，三个人齐心协力，大火终于被扑灭了。之后，三个和尚醒悟过来，他们再也不互相推脱，而是互相照顾，互相关心。这个故事告诉我们这样一个道理：要互相团结。

那么，怎样才能教育孩子做到团结协作呢？

一、尊重儿童的天性和习惯

喜爱丰富多彩的活动是儿童的天性，在群体中活动必然要与他人接触，也就有了很多与人交往合作的机会，寓教育于活动中，使孩子心情愉快地在“玩”中学，如此最有成效。所以，应注重培养他们与他人团结协作的习惯，通过开展丰富多彩、生动活泼的实践活动，使学生在愉快中“玩”“做”，在相互的影响与感染中共同进步。此外，也可以用心理健康教育的方式开展习惯养成活动，如以“我有责任心”“三人行，必有我师”“学会合作”等为主题，使学生感受到合作的乐趣，让学生学会关心他人、欣赏他人，与人愉快相处，协调人际关系，培养合作精神。同时，可以让学生收集合作格言、总结合作秘诀，激发他们思考如何有效合作，实现自我价值。

二、建立和谐关系，创设良好的人际氛围

心理学认为，如果我们能与他人之间形成和谐的、信赖的关系，那么我们相处的气氛就会更融洽，更有助于形成相互尊重、理解的学习氛围和友好宽松的学习环境，可以最大限度地发挥我们的聪明才智和学习热情。作为教师，应创设多种机会，使学生合作交流，受同辈群体影响，体验伙伴间的友谊和真情，使学生喜欢并学会合作。如以“培养团结合作”为内容，分工布置班级环境，各组学生都发挥潜能，让学生处处有合作机会，又友好竞争，时时受到优美环境的感染，又在布置过程中学会主动沟通，友善合作。

三、晓之以理，动之以情

教育学生要“严于律己，宽以待人”。不仅在学校里要做表率，而且在社会上、学习中、生活中要严格要求自己。当与同学发生小矛盾时，首先使他们反思自己的所作所为，对他人存在的问题要以宽广的心去包容、理解，毕竟人无完人。遇到问题，要换位思考，以心换心，多为别人着想。此外，要充分信任同学和周围的人。信任别人是一种良好的品德。在与同学相处时，一定要给予充分的信任，同时自己要谦虚一点、宽容一点。只有这样才能得到别人的尊重和信任。

四、积极开展集体活动，增强团结协作精神

参加集体活动可以增强我们的团结协作意识，进而产生“协同效应”。在遇到困难的时候就能集体想办法、出主意，做到“三个臭皮匠，顶过诸葛亮”，积聚集体的智慧和力量。试想一下，当我们在工作中遇到困难，内心感到忧惧和无助，犹豫不决的时候，我们最需要的是什么呢？是团队内部成员之间发自内心的鼓励，它可以使我们战胜自我，跨出重要的一步，这时我们会强烈地感受到来自团队的巨大力量。

人是社会中的人，个人的成长离不开集体和社会，学会与人合作，学会与人沟通，才能学会生活。“同心山成玉，协力土变金。”成功，需要克难攻坚的精神，更需要团结协作的合力。在一个缺乏凝聚力的环境里，一个人再有雄心壮志，再有聪明才智，也不可能得到充分施展。一个家庭只有团结和睦，才能兴旺；一个校园，只有处处盛开团结互助之花，这个学校才能成为教师教书育人的家园，孩子健康成长的乐园；一个国家，一个民族，只有团结起来才能昌盛发达。

无规矩不成方圆
——纪律是确保稳定的前提

没有纪律，就既不会有平心静气的信念，也不会有服从，更不会有保护健康和预防危险的方法了。

——【俄】赫尔岑

引言

涂尔干生活于19世纪中后期到20世纪初的法国，当时的法国人轻视社会集体生活，向着严重的个人主义发展，儿童从小就沾染自私自利的思想。为了保证社会生活的方方面面各有常规，提高人们的道德认识，涂尔干强调纪律的约束限制功能，它可以按照社会道德的规定来约束、限制人们不合规范的行为，并有助于培育人们完美的人格。

涂尔干说："一个没有纪律的班级就像一伙暴民。因为一定数量的儿童集中在一个班里，所以就有了一种来自共同生活、并分派给一切个人活动的普遍的刺激。如果每一个个体都运转正常，又得到了很好的引导，那么这种刺激就会表现为把事情做得更好的热情和注意力；如果每个同学都各行其是，那么效果则相反。"

涂尔干是这样来界定纪律的："实际上，纪律就是使行为符合规范。纪律意味着在确定的条件下重复的行为。不过，倘若没有权威，没有一种能够起到规定作用的权威，纪律就不会出现。""只有当我们限制某些倾向，压制某些欲望，减弱某种趋势的时候，行为才能成为合乎道德的行动。"也就是说，纪律要具有权威性，通过纪律的规范和约束，可以使学生做出符合道德的行为。而如果人们的行为违背了纪律的指令时，他们就会感受到纪律的约束力量。

纪律是有用的，对社会利益而言它是一种不可或缺的工具，能够维护社会的秩序和稳定；对个人自身的幸福来说也是有用的，通过纪律的约束人们可以学会控制自己的欲望。如果没有这种自控力，人类很难获得幸福。试想，如果每个人都放纵自己，不顾道德和法律，那整个社会将会陷入怎样的混乱？所以，纪律在很大程度上有助于人格的发展，有利于人的德行的形成。纪律限制人们的行为，是因为世界上不存在绝对的自由。如果一个人无法将自身的欲望控制在明确的限度之内，一味地去追寻永远无法企及的目标，就会陷入一种因为欲望得不到满足而带来的痛苦中而无法自拔。无拘无束、完全的自由是病态的、不健康的，也是不可能实现的。纪律就是对这种欲望的限制，而不是对人性的压制。

我们之所以能够培养儿童的纪律精神，是因为在儿童身上存在某种可资利用的心理特征。儿童的性情多表现为不稳定性、随意性、多变性、不受约束性等特征，如情绪反复无常、兴趣爱好瞬间多变、生活毫无规律、行为随意自在、不受约束限制等。纪律精神包含对常规性的偏好和对各种欲望的节制，由此，在儿童身上培养纪律精神，使其按照教育要求的方式行事是非常必要的，而这又是可以实现的，因为儿童的本性就是易受习惯的支配，易受暗示的影响，这些为纪律精神的培养提供了可能。

案例

案例 1

罗恩·克拉克，是“全美最佳教师奖”得主，也是唯一被美国总统接见过三次的小学老师，更是2001年度“迪士尼美国优秀教师奖”的获得者。他所曾接手的一个班，有37个孩子，所有人都来自贫困社区，没有一个人的阅读、写作或是数学成绩达到年级平均水平——这样的一个班，无论交给谁都会感到无从下手。用校长诺玛·霍尔维茨的话说，她给罗恩指派的这个班是30多年来她记忆中最令人头疼的一个班。

于是，克拉克从建章立制开始。他给这些孩子制定了一套硬性的行为标准，要求他们严格遵照执行，否则便会受到惩罚，比如，为了让孩子养成做作业的习惯，克拉克从最简单的要求开始训练。他给每个孩子发一张绿色小卡片，要求他们第二天带到学校来。如果忘记带来，就会受到留校的处罚。偏巧第二天其他所有的人都带了，只有班里平时表现最好的南希没有带。克拉克坚持要对南希进行惩罚，不顾南希的家长到校长那里抱怨，因为克拉克知道，全班的孩子都在看他是否能兑现惩罚。最终他说服了校长，做通了家长的工作，兑现了惩罚，这让孩子们知道，克拉克是说一不二的。最终，所有的学生在学习成绩上都有了显著的提高。如果没有克拉克先生克服一切阻力，孜孜不倦地坚持，那就不可能有这样的成功。

克拉克每接手一个班，他都先给孩子们定下5条相同的班规，随后逐渐实施其余的50条。这些班规明确告诉了他们哪些行为是可以接受的，哪些行为是不可接受的。

“开学后的前两周我知道孩子们不喜欢我。”操着北卡罗来纳方言，既能哄骗，又能表扬，又能训诫的克拉克说：“但只要他们尊重我，尊重全班同学的学习权利，我不在乎。”

克拉克要求所有孩子必须讲礼貌，上课时必须集中注意力。克拉克在他的55条班规中不仅包括了“眼神沟通很重要”“全神贯注来读书”“回答问题要完整”“完成作业不拖延”“自觉学习守纪律”等学习上的细小之事，还包括“乘坐公车不吵闹”“搭乘扶梯靠右站”“记人名，需用心”“善意对待每个人”等看似和学习无关的、很小的，却反映一个人的思想品德的事情。

案例2

德国顺道府文理高级中学出现了一个令人头疼的问题，有个班级的学生在数学、写作、阅读等多个方面都和年级的整体水平有着极大的差距。这让校长头疼不已，考虑再三之后，校长决定亲自来管理这个班级。

这当然不是一个简单的任务。经过观察思考之后，校长先生很快发现，这个班级的孩子们学风十分散漫，经常到了上课的时间，教室里还空着一半的座位；那些坐在教室里的学生们，更是自由游走于教室，完全不理会老师。盛怒之下，校长决定给这些孩子们一些惩罚，但这样做完全无济于事，反而使得很多孩子为了逃避校长的呵斥而干脆逃课。

仔细琢磨之后，校长决定制定一套专门适用于这个班级的方案。比如，那些在上课时间仍没有出现在教室的学生和那些上课时间在教室内胡乱走动的学生将被记下名字，作为惩罚，他们将被拒绝参加学校组织的某项活动。当校长向学生们提出问题的时候，学生们必须认真地回答之后再提出自己的问题，否则校长将对他们的问题不予回答。这些规定巨细靡遗，从生活细节到学习细节，几乎涵盖了学生们校园生活的全部。校长希望通过这些硬性的规定来改变孩子们的思维方式和学习方法，从而在内心里接受教育。

由于这些规定十分严格，刚开始学生们不免有些抱怨，也陆续有一些学生因为触犯纪律而被排除在了学校的某项活动之外。他们原本没有将校长的这些规定放在眼里，但很快他们发现自己错了。当他们错过一项学校的活动，只能听着自己的伙伴们眉飞色舞地描述活动的精彩之处时，在心中往往会感到懊悔。渐渐地，学生们都开始接受校长的规定，并努力执行了。

即便是这样，校长仍然不放心。为了不让学生们产生抵触的情绪，他同时还宣布：自己也将参与到这个“魔鬼计划”中来，如果他犯了其中任何一个错误，学生们同样可以惩罚他。这种互动式的方法很快得到了学生们的认可，在校长的严格督促之下，学生们的学习和生活变得更加有条理，对这些曾经看来很严苛的规定也逐渐适应了。经过校长的教导，奇迹很快出现了，不但这个班的学习风气和纪律得到了很大的改善，学生们的成绩也有了明显的提高，一跃成为整个年级当中整体素质最出色的班。

——本案例选自：[德]班哈德·毕博.有纪律的孩子更优秀[M].杨梦茹译.西安：陕西师范大学出版社，2010.

案例分析

人无法则不立，事无法则不成。案例1中，克拉克在开始时便立下班规，要求学生们遵守，使他们养成良好的习惯。如果不遵守，就要受到惩罚。先树立威信，在以后的管理中便会容易得多。案例2中，校长面对班级学生自由散漫的情况制定了一系列班规，让他们遵守。学生一般都对规定有抵制心理，并常常忽略。如果在学生最初违反规定时就及时给他们以惩罚，并给予正确引导，最终会达到意想中的效果。

美国斯坦福大学心理学家詹巴斗曾做过这样一项实验：他找来两辆一模一样的汽车，一辆停在比较杂乱的街区，一辆停在中产阶级社区。他把停在杂乱街区的那一辆车的车牌摘掉，顶棚打开，结果一天之内车就被人偷走了。而摆在中产阶级社区的那一辆过了一星期也安然无恙。后来，詹巴斗用锤子把这辆车的玻璃敲了个大洞，结果，仅仅几个小时后，它就不见了。后来，政治学家威尔逊和犯罪学家凯琳依托这项实验，提出了“破窗效应”。这一理论认为，如果有人打坏了一栋建筑物的窗户，而这扇窗户又未得到及时修理，别人就可能受到暗示性的纵容去打烂更多的窗户。久而久之，这些破窗户就给人造成一种无序的感觉。那么，在这种公众麻木不仁的氛围中，犯罪就会滋生、蔓延。“破窗效应”给我们的启示是：必须及时修好“第一扇被打破的窗户”，以防微杜渐。

反思与建议

纪律似乎并不被人，尤其是被学生喜欢，因为它具有不可抗的力量，但却是教育中很有效的一种手段。黑格尔说：“秩序是自由的第一条件。”纪律所体现的几乎都是大家不太喜欢甚至厌恶的事情——强迫、服从、制止、压抑欲望和意志。但是，正是因为这种种限制，才使人有一个正确的方向而不至于犯错，才能首先通过外在的约束逐渐变成自我约束，进而提升自己的道德修养。但对教育而言，纪律必须出于对儿童和青少年的爱。在现在的班集体中，总会遇到些不守纪律的学生，扰乱课堂秩序，影响其他同学，也影响老师授课的进程。惩罚是维持纪律的一种方式，但不是唯一方式。那么，怎样才能维持纪律，使大家都能朝着好的方向发展呢？

一、建立健全各种规章制度

每个国家都有各种各样的法律，正是这些法律法规的建立才使社会越来越稳定。随着各种法规的建立和完善，我们国家也在由人治转向法治。教师在班级管理中也完全可以借鉴这种形式，建立班级的规章制度。每个学校都有《学生守则》《学生日常行为规范》，在班级中可以再将其细化，如制订《学生在校一日常规》《值日生工作细则》《活动课规则》等，让每一个学生知道他该做什么，不该做什么。中小学生的自我约束力差，制定规章制度时要细一些，方方面面都要有章可循。随着学生年龄的增长，一些不必要的细节可删去，以免束缚学生的能力发展。同时，还应由全班学生自己讨论各项细则，通过自主决定的方式，这样他们更愿意遵守。这样就可以逐渐将学生的不良习惯矫正。对于违反规则的学生应给予一定的惩罚，但需注意方法。

二、于法得当，管理有序

德育的方法有很多，如榜样法、说服法、情感陶冶法、实际锻炼法等。如果把这些与班级管理结合起来，加上教师的有效教育教学，效果会更加出色。在班级管理中教师应注意不要简单粗暴，因为孩子的心灵是脆弱而敏感的，对待他们既不能像国家那样强制执行法律的规定，也不能像工厂、企业那样以强硬的管理手段作为后盾。中小学生是一个特殊的群体，他们喜欢自由不受束缚，听话而又叛逆。作为老师应靠个人人格的力量，对于违纪学生应采用适当的方法，有优点要及时表扬，出现错误要赶紧纠正。我们今天所面对的学生是21世纪的主人，这就要求我们教育者以严格科学的管理，培养学生的情操，开发学生的智力，提高学生的能力。对学生既不能太强硬，也不能太软弱，而是应该闯出一条自己的路，在实践中摸索和总结。要提高自身的管理艺术和管理水平，以赶上时代的潮流，培养更多更好的人才。

三、引导自身修养建设

纪律介于法律和道德之间。纪律与道德的不同之处在于，纪律具有强制性的要求，但这种强制性相对较弱，遵守纪律还须建立在自觉的基础上。纪律与道德紧密联系，教师理应让学生明白，一个人如果不遵守纪律或无视纪律，那就是没有道德。一个人的纪律性如何，能够直接反映出他的思想道德水平。事实表明，具有高度文化素养和高尚道德情操的人，都有着高度自觉的纪律性；而道德品质低下、没有文化素养的人，往往是一个不能自觉遵守纪律的人。遵守纪律，就需要加强自身的道德修养和文化修养，从思想上认识到遵守纪律的重要性，增强自己对社会的义务感。同时，要自觉遵守纪律，不论大事小事，凡是纪律要求做到的，就坚决去做；凡是纪律所禁止的，就坚决不做。在没有人监督和别人不知道的情况下，同样遵守纪律，养成遵守纪律的习惯，使遵守纪律成为我们的自觉行动。

海阔方能凭鱼跃
——自由是对个性的爱护

靠法律永远不会产生伟大人物，只有自由才能造就巨人和英雄。

——【德】席勒

引言

蒙台梭利是意大利的优秀教师、著名教育家。她主张自由教育，并强调环境的重要性。她认为如果儿童被放在一个有利于他们自然发展的环境中，从而能够按他们自己发展的需要行动，他们就会显现出惊人的特性和智慧。她说："在我们学校中，环境教育儿童。"1907 年 1 月蒙台梭利成立了一所名为"儿童之家"的学校，接纳了一批智力低下、发育不良、行为怪异、不讲卫生的孩子，这些孩子在人们眼中似乎无可救药，不会有大的改变和作为。但是在经过一年的教育之后，人们发现，在"儿童之家"的孩子们坐在教室里既没有相互打闹，也没有高声喊叫，而是专心致志地做着自己的事，非常安静。平时儿童都是自己照顾自己，原来的不良习性得到了很大改善，他们干净卫生，举止文雅，讲究礼貌，遵守纪律，整个学校显得秩序井然。究其原因，就在于蒙台梭利创建的学校给学生提供了一个自由宽松的环境，无论是外在的还是内在的，都力图给学生充分的自主选择机会，使他们能够按照自己的兴趣和实际情况做自己喜欢做的事，从而能全神贯注地投入其中，达到良好的秩序效果。

蒙台梭利教学思想的精髓在于，她尊重孩子的情感和人格，把他们当成孩子，并认定在他们身上有着巨大的潜力。如果儿童不用心学习，对学习感到厌倦，那往往是由于教育方法不当，对儿童干扰和压抑过多造成的。所以，儿童的学习必须以他们的自由为前提。这种自由就在于激发孩子的内在因素，让他们主动去学习，只有当自己决定自己的学习方向和速度，找到自己的学习兴趣时，他们才能学得更好。而教师的作用仅仅是根据孩子发展的特殊性和敏感期，为他们创造一个适宜的环境，提供必要的学习材料并告诉孩子如何使用，使他们的主体作用得到最大限度的发挥。

蒙台梭利强调孩子的自我创造只有在自由的条件下才会产生，自我教育才可能成功。她说："教育的基本任务和教师的职责就是使每个孩子的潜能在一个有准备的环境中都得到自我发展的自由。"这个"有准备的环境"包括三个方面：第一，须拥有自然的、文化的环境，并且是能够防止物理性危险的安全环境；第二，在此环境中配置蒙台梭利教具；第三，有优秀的教师。教师通过建立常规和排除孩子自然发展中的障碍，观察孩子的表现，了解孩子的需要，并在适当的时间给予一定的帮助，从而更好地承认、培育和保护孩子自身的能力。孩子在这样的环境下也能得到更好的发展。

案例

日本著名作家、电视节目主持人、联合国儿童基金会亲善大使黑柳彻子著有代表作《窗边的小豆豆》，作者本人就是这本书的主人公小豆豆——一个因为淘气在一年级就被退学的孩子。小豆豆退学后来到了巴学园。在小林校长的爱护和引导下，在一般人眼里"完全没有规矩"的她逐渐变成一个大家都能接受的孩子，并奠定了她一生的基础。这本书不仅把我们带回了无忧无虑的童年时光，还给全世界几千万读者无数的笑声和感动。

书中最让我们感动的是小林校长，他创办的巴学园是一所开放、自由、没有束缚的学校，就像陶渊明的"世外桃源"一样。它的课程、纪律甚至班级，都与正规的学校不一样。学校的大门是两棵非常矮的树，学校的教室是由废弃的"电车"形成的。上课的内容也不是在一开始就安排好的，而是想先上哪门课都可以。如果你非常努力，在上午就完成了一天的学习计划，下午就可以做自己喜欢做的事，比如去寺庙或田野里散步看蝴蝶；每周都有两次涂鸦课；每天午餐都必须有"山的味道"和"海的味道"，平时还有露营、野炊、茶话会等许许多多有趣的事。而且，整个学校只有50个学生，这在一般学校是不可能实现的。

小林是校长，他本着让教育适合每一个孩子发展的教育思想，始终和学生站在同一层次的精神层面上进行着各种平等的对话和交流。当小豆豆的妈妈领着被退学的她来到巴学园的第一天，小林校长对她的考核就是让她随便地说说自己的事情，这一说就是整整四个小时，而校长就在旁边饶有兴趣地听了四个小时。听一个一年级的孩子讲四个小时的话，就是孩子的亲生父母也不一定能做到，但是工作繁忙的校长却用自己的耐心和爱心做到了，也让我们深深地懂得了，能耐心地倾听孩子说话本身就是一种伟大的教育。

而这样的事例简直太多了，小林校长还拜托家长让孩子们穿最差的衣服到学校里来，为的是让他们不会受好衣服所累，能自由活动，也不会因为衣服被弄坏而受到家长的责骂。为了让个子矮小、永远也不会再长高的高桥君树立自信，体会成功，校长举办了一个运动会，有很多项目就是专门为高桥君设立的，比如只适合矮个子孩子的“钻鲤鱼肚子”“一级级爬台阶”比赛，最后都是高桥君夺得了第一。高桥君就是在那次运动会上从心理上长高了个子，体会到了他从未体验过的成功，而他的自信也从他第一次登上领奖台的那一刻生根发芽。

这本书是黑柳彻子的自传体小说，书中发生的故事大多是真实的。而文中提到的各种人物，作者都在后记里进行了交代。高桥君后来学有所成，并在一家公司从事非常重要的协调工作。从巴学园里还走出了很多成功人士：小豆豆成为著名的作家、电视节目主持人、联合国儿童亲善大使；大荣君成为日本屈指可数的鉴定专家；阿泰成为美国一所著名的物理研究所的所长……对于只有50个学生的巴学园来说，出了这么多社会精英实在不是用“非常了不起”所能形容的。

面对这样一所学校，面对这样一个校长，谁能不为之动容呢？他为孩子们提供了一个生活与学习上的“世外桃源”，他用自己的亲身实践诠释了什么是良好的教育。

肖川博士曾经说过：“如果一个人从来没有感受过人性光辉的沐浴，从来没有走进过一个丰富而美好的精神世界，从来没有读过一本令他激动不已、百读不厌的读物，从来没有苦苦思索过一个问题，从来没有一个令他乐此不疲、废寝忘食的活动领域，从来没有一次刻骨铭心的经历和体验，从来没有对自然界的和谐产生过深深的敬畏，从来没有对人类创造的灿烂文化发生过由衷的赞叹，那么他就没有受过良好的教育。”

而从巴学园里出来的孩子则完全可以自豪地回答：我们曾经受过良好的教育。在宽松、宽厚、宽容，自由、自主、自信，温暖、温情、温馨，成功、成才、承认的巴学园的校园文化中，走出了一个个健康、向上、乐观、心灵丰富、有激情、有梦想、充满灵气的孩子，他们有勇气面对一切，改变一切，创造一切！

——本案例选自：[日]黑柳彻子.窗边的小豆豆[M].[日]岩崎千弘绘，赵玉皎译，海口：南海出版社，2013.

案例分析

在本案例中，巴学园的小林校长为孩子们提供了一个自由的环境，可以让孩子们的个性和特长得到充分发挥。小豆豆是个被退学的孩子，也许在一般人眼里，这个孩子太淘气了，以至于不会接受到良好的教育。但是小林校长做到了，在他的学校里，孩子们的兴趣和特长展示了出来并得到了很好的发展，他的爱心和智慧值得每一个教师学习。而他的成功——学生们的功成名就也证明了他教育方法的正确性。

反思与建议

兴趣是最好的老师。要允许孩子充分享受自由的空间，有了足够的空间，孩子的学习兴趣才会被激发，创造潜能才会被挖掘。要鼓励孩子自由地玩，创造性地玩。在这样的环境下，孩子的技能、创造力、想象力才能大大增强，而他们也才会敢想、敢做、敢于尝试、敢于提问、敢于创造。

营造一种自由、民主、和谐的学习氛围，能够使学生树立学习的信心，主动体验成功的快乐。民主、和谐的课堂教学环境可以提高学生学习的积极性，是开启智慧的无形钥匙，是传授知识的无声媒介。它能消除学生内心的紧张、压抑和焦虑，使学生有一种精神自由和心理安全感。作为教师，要善于营造民主、和谐的课堂教学氛围；要放下教师的威严和架子，从讲台上走下来，与学生交朋友；要用符合儿童特点的教学方式，与他们一起学习，一起成长。那么，怎样才能为学生真正创造一个自由民主的环境呢？

一、真诚关爱，开启心灵的窗户

一个好教师要爱班级，关心学生，尊重学生，相信学生，面向每一个学生。教师应尊重学生的劳动，洞悉学生的内心，了解学生的实际需要，多角度、全方位地发现学生的闪光点，让所有学生能积极主动地参与到教学活动中来。为此，在教学中教师要给学生充分的思维自由，为学生提供足够的选择空间和交流机会，允许学生提不同的意见，允许他们发表自己的看法，鼓励学生那些与众不同、标新立异的新观点、新行为，使学生在主动参与中积极思考，从而获取尽可能多的创新机遇。同时，教师应投入真诚的情感，饱满的工作热情、一丝不苟的教学态度和良好的情绪特征会使学生对老师有一种亲近感，这样更容易使自己的情感和学生的情感交融，从而拉近师生之间的心理距离，让学生消除心理障碍，在轻松、融洽的人际交往环境中畅所欲言，迸发出创新的火花。

二、提高自主性，增强自我管理能力

给学生一些权力，让他自己去决定；给学生一些机会，让他自己去体验；给学生一些困难，让他自己去解决；给学生一片空间，让他自己去发现；……多给学生一些自主性，让他们自己去成长。作为教师，给他们提供一些帮助和正确的指引，相信他们会做得很好。如果教师总是把学生看成自己管理的对象，过于追求权威化、程式化、统一化，要求学生无条件地服从命令，并且事事自己操心，什么都管，这样不仅让自己觉得累，也耽误了学生，剥夺了学生自我发展的权利和独立自主的能力。作为教师，应该只提一些参考性的建议，不凌驾于学生之上，不说“你必须……”“你不能……”等强制性的言语。但必须坚持起码的原则，对于原则性的问题不能放任不管。有高度的民主与自治，学生会实现自觉、自强、自尊与自爱。

三、构建教师人格魅力，打造学生心灵底蕴

教师需要亲和力。爱因斯坦曾说：“学生对教师尊敬的唯一源泉在于教师的德和才。”教师要注重塑造以高尚的师德和渊博的知识为核心的、具有亲和力的人格形象。一个教师能管理好学生，这和教师身上所具有的独特人格魅力是分不开的。这种人格魅力，并非与生俱来的，也并非一时一刻所能形成，而是在长期的教育工作中，在点点滴滴、一言一行的班级管理实践以及与学生的交往中逐渐构建起来的。教师在教学中要避免把自己摆得高高在上、极度威严，那样学生会有距离感，从而对教师的课程失去兴趣。教师要与学生一起去探索，信任学生，关怀学生，微笑着面对学生，以春风化雨的方式感化学生，这时学生的心情处于放松状态，更容易释放自身的潜能。

自由、民主不是放纵，不是无原则，更不是教师的懦弱无能。一切的自由与民主都必须建立在遵守学校的各项规章制度的基础上，在此基础上给予学生充分的自由空间，为他们营造公平、民主的学习氛围，有利于建立和谐、融洽的人际关系，有利于良好风气的形成。学生在较为轻松、愉快的环境下学习，有利于提高他们的学习积极性、主动性。

惩之当展其所长
——惩罚是一门需要修炼的艺术

合理的惩罚制度有助于学生形成坚强的性格，能培养学生的责任感，能锻炼学生的意志和人的尊严感。

——【苏联】马卡连柯

引言

马卡连柯是苏联著名的教育家、作家，他创造了苏联乃至世界教育史上的一段神话。他曾将三千多名流浪儿童和少年违法者通过集体和生产劳动的原则和方法教育成为苏联合格的公民，其中不乏优秀的工程师、教师、将军和医生。在多年的教育实践中，马卡连柯成功地将惩罚这门“教育艺术”运用到自己的教育工作当中，他的一名学生说过：“我今天真正失掉了父亲……他一生从来没有夸奖过我，他经常指责我。甚至在他的著作《教育诗》里，也还是只有责备，没有夸奖。正因为他经常指责我，所以我现在才能成为工程师。”

人们对于教育中应不应该使用惩罚观点不一，有的人赞成，有的人反对。很多人坚持认为：惩罚有违人道主义的原则，很多时候还会招致学生的反感和抗议，不利于师生关系的和谐。但在马卡连柯看来，惩罚同奖励、批评一样，也是一种教育手段，只是在使用时一定要慎重、恰当，不可常用、滥用。“凡是需要惩罚的地方，教师就没有权利不惩罚。在必须惩罚的情况下，惩罚不仅是一种权利，而且是一种义务。如果教师的良心、教师的熟练技术、教师的信念说明他应当惩罚时，他没有权利拒绝使用惩罚。惩罚和其他一切方法一样，也应当用一种自然的、通常的和合乎逻辑的方法来提出。”另外，在马卡连柯看来，惩罚是巩固集体组织、维护集体利益的强有力的手段之一。因为通过惩罚，可以使一个人体验到自己是受了集体的谴责，体验到自己是因为破坏了集体利益而被集体所疏远，于是就竭力改正自己的过失，希望重新得到集体的接受。同时，惩罚也是培养学生坚强意志和独立性格的手段。

虽然惩罚确实具有很大的教育作用，但必须适当地加以运用，才能收到良好的教育效果。为了保证合理的惩罚，马卡连柯认为，每个教师都必须了解并严格遵守使用惩罚的一定原则。

这些原则主要有：(1)平等与公正原则。即运用惩罚时，应对学生的人格抱以尊重、关切和爱护的态度。对他们不应该有丝毫的压制，不应该有丝毫侮辱儿童人格的内容。同时采取的惩罚手段，必须符合学生所犯过错的性质，必须使学生感到是由于自己犯了过失所必然遭到的结果。不公正和没有根据的惩罚必然会使学生与教师疏远，在他们心中留下猜疑与愤恨的种子，以致破坏教师的威信，削弱惩罚的效果。(2)实效性原则。在运用惩罚时，必须考虑到它的教育效果。即惩罚运用了以后一定要有好处，如果没有好处，就不必采用。(3)灵活性原则。惩罚应该有一定的灵活性，严格运用惩罚的技术。我们必须根据不同的时间、地点、条件和对象，机智地运用惩罚，不要一成不变、千篇一律。(4)适宜性原则。不要孤立地运用惩罚，必须把它和整个教育方法体系结合起来，特别是使它与说服、解释等联系起来。“如果在惩罚过程中，犯错者表示有一线的觉悟和理解，表示准备服从集体的话，惩罚照例就应当缓和得多。”另外，不应该滥用惩罚。

在惩罚的方式上，马卡连柯提出了“因人而罚”。由于每个人的性格特点和经历都不一样，所以，“在惩罚问题上，不能开出一张通用的药方”。马卡连柯对自己的每一个学生的性格和经历都了如指掌，所以每当出现问题的时候，他一方面可以公平公正地处理，另一方面，他又能够充分照顾到学生的个性特点，给予个性化的惩罚。一个很常用的方法就是利用集体的力量来使犯错的学生认识到错误，最终改正过来。

马卡连柯反对体罚，他认为用体罚来进行教育“不过和类人猿教养它的后代相类似”。真正的惩罚不是教师愤怒的咆哮和无情的责骂，更不是摧残学生身心的体罚，而是会有利于学生改正错误，有利于他们的未来发展并且不使学生感到不适的一种教育手段。

案例

案例 1

在英国的亚皮凡博物馆中，有两幅藏画格外引人注目。其中一幅是人体骨骼图，另一幅是人体血液循环图。这两幅画的作者竟是一个叫麦克劳德的小学生。麦克劳德从小充满好奇心，凡事总喜欢寻根究底，不找出答案誓不罢休。有一天，他突发奇想，想看看狗的内脏到底是长什么样的。于是他便和几个小伙伴偷偷地套住一只狗，将其宰杀后，把内脏一个个隔离，仔细观察。没想到这只狗是校长的宠物犬。校长知道后十分恼火，认为如果不严加惩罚，以后还不知他们会干出什么出格的事。

经过反复思考后，校长做出了这样的惩罚决定：罚麦克劳德画一幅人体骨骼图和一幅血液循环图。知道自己闯下大祸的麦克劳德决心改过自新，于是按照校长的要求，认真仔细地画好了两幅图。校长看后很满意，不但对他们杀狗之事既往不咎，还大大夸奖了麦克劳德。

后来，麦克劳德成为一名著名的解剖学家，还与班廷医生一道研究发现了针对以前人们认为不可治的糖尿病的胰岛素治疗方法，并获得1923年“诺贝尔生理学或医学奖”。

案例2

十几年前的一天，在英国伦敦哈姆雷区中学，八年级的男生爱德华和低年级的一个男生打架，并打伤了对方。校长惩罚爱德华的方法是让他给来访的几位外国客人做临时讲解员。

爱德华不是个好讲解员，他只会指着一间间教室说：“这里是食品技术教室……这里是舞蹈教室……”总是他先开个头，校长再做详细讲解，对此，爱德华感到十分难为情。

快到体育馆的门口时，校长停住了脚步，让爱德华去给客人讲讲那里的陈列品。爱德华兴奋不已，跑上前，边指点着陈列品，边滔滔不绝地告诉客人们哪个奖杯是哪次比赛获得的，哪件球衣是哪个校友在哪场大赛中穿过的……当客人问他，为什么对这些陈列品如数家珍时，爱德华得意地一笑，说：“我是学校橄榄球队的。你们看我领带上绣的这个图案，就是橄榄球队的标志。”

等客人们再度与校长会合时，天下起了蒙蒙细雨。校长急于把客人们带回办公楼，但是，爱德华却小声地向校长建议，再让客人们去看看“琼斯的椅子”。这时，校长的眼睛一亮，赞赏地点点头。于是，爱德华带着客人们来到小喷泉旁边“琼斯的椅子”前。他告诉客人们：“五年前，琼斯在这所学校读八年级。有一天，在来上学的路上，他被一辆汽车给撞死了。为了纪念琼斯，学校在这里安放了这把椅子。”

爱德华讲到这里，校长用慈爱的目光注视着他，然后开口对他说：“汽车没有眼睛，没有理智，所以，它对琼斯犯下了那样的罪过。而我们不是汽车，我们有眼睛，有理智，应该懂得爱和尊重，懂得保护弱小者和无辜者。你认为呢？”爱德华使劲地点头，羞愧和自责使他的双颊变得绯红。

——本案例选自：赵国忠.外国优秀教师最有效的建议[M].南京：南京大学出版社，2009.

案例分析

案例1中的麦克劳德杀死校长最心爱的狗本来是一件很恶劣的事，应该受到严厉的惩罚。但校长并没有感情用事，在知道小麦克劳德杀狗的真正原因后，能够利用巧妙的惩罚手段正确地引导他充分发挥自己的潜力，最终成就了他日后的事业。

案例2中的爱德华和人打架，校长既没有体罚他，也没有责骂他，而是使用了别样的惩罚方式——让他给客人做讲解员，这一方面锻炼了爱德华的胆识和口才，另一方面校长也在此过程中及时地给予引导，让他意识到自己的错误。在以后的生活中，这一经历会给他留下深刻的印象，也将督促他不再犯同样的错误。

反思与建议

苏霍姆林斯基说："育人先育心，在由人的精神财富外化而来的和谐的交响曲中，最微妙最温柔的旋律当属于人的心灵。"卢梭说："我们不能为了惩罚孩子而惩罚孩子，应当使他们觉得这些惩罚正是他们行为的必然结果。"夸美纽斯说："犯了过错的人应当受到惩罚，并非因为他们犯了过错，而是为了使他们日后不去再犯。"洛克说："儿童无论受到什么惩罚之后，若是羞于做错了事情的心理不比惧怕痛苦的心情来得重，那是没有什么好处的。"马卡连柯说："合理的惩罚制度不仅是合法的，而且也是必要的。这种合理的惩罚制度有助于让学生形成坚强的性格，培养学生的责任感，能锻炼学生的意志和人格，培养学生抵抗诱惑和战胜诱惑的能力。"

在提倡人性化教育的今天，支持鼓励赏识教育的呼声很高。这样一来，学生就生活在老师的"甜言蜜语"中，教师如果罚学生就会被学校和家长谴责，被学生冷落。这种"只放糖，不放盐"的教育不一定真的能达到素质教育的效果。我认为，针对中学生的年龄特点，多表扬鼓励、少批评惩罚固然没错，但绝不是不要批评处罚。因为，如果在学生的生活中没有警示和约束，他们很容易迷失方向。教师如果注意讲究惩罚的艺术，相信效果一定会更好。

一、罚之有方

古人云："治人如治病，得其方，药到病除；不得其方，适得其反"。惩罚也是如此，需要有一定的艺术，做到公平合理，在惩罚的过程中培育人，使学生的某些方面在惩罚中取得进步。因为惩罚不是目的，只是手段，育人才是最终目标。通过惩罚，学生能够认识自己所犯的错误并加深印象，同时还会锻炼学生某方面的能力。平时老师可以和学生协商制定一个奖惩规则，让他们知道犯错后将受到什么惩罚。这样，学生就会有所注意，从而减少犯错误的概率。当学生犯错后，老师应注意调整自己的情绪，不要因一时冲动而随意惩罚。但定好的规则不能更改，犯的过错应按规则进行惩罚，这样教师才能在学生心中树立威信。惩罚不能中途停止，应直到受罚的孩子做出具体的改错反应。教师要态度明确，跟学生讲清楚他应该怎么做、达到什么要求或标准，否则有什么样的后果。如有人违反纪律，就应利用集体讨论定下的规则让犯错的学生受罚，使他能从心里接受。教师应赏罚分明，该奖时就要郑重其事地奖，让孩子真正体会到得到奖励的喜悦，该罚时也应态度鲜明、措施果断，让其知道自己错之所在，只有这样才能培养学生明辨是非、知错即改的品行。

二、罚之有度

教师施加惩罚的初衷是好的，目的是为了帮助学生分清是非、认识缺点、改正错误。但任何事物的发展都有一个度，惩罚学生也要把握一个度，惩罚时要考虑生理和心理两个方面，不但要让学生能够接受，而且要让学生乐于接受。实施某种惩罚时，既要看他的身心承受能力，也要考虑性别和年纪。惩罚学生还要看他违反纪律的程度，由此对他处以相应程度的惩罚。惩罚过重容易引起孩子的对抗情绪，轻了又不足以引以为戒。因此，实施惩罚要以达到目的为原则，既不能轻描淡写，又不能小题大做，滥用“刑罚”。大教育家洛克说：“儿童第一次应该领受到惩罚的痛苦的时候，非等完全达到目的之后，不可中止，而且还要逐渐加重。”在惩罚的方式上，不要讽刺挖苦和恶意谩骂。实践证明，过激的言语会超出孩子理智能够接受的范围，刺伤他们的自尊心。因此，作为施加惩罚的一方，应始终注意惩罚孩子的目的是帮助他改正错误，而绝不是为了刺激孩子心灵中最敏感的角落——自尊心，让他受伤。有些教师和家长在惩罚孩子语言不文明、满口脏话时，自己也口不择言，这就使得教育效果大打折扣，甚至失去说服力。有的教师喜欢没事的时候就给学生上“思想政治课”，没有理由地对他们进行“教育”，使得很多学生对教师的说教产生了“免疫力”，即使表面上装作很认真在听，实际上并没有真正放在心上。一个有智慧的教师会有针对性地对学生进行说服教育而不只是说教。另外，有的教师对于经常犯错的学生，即所谓的“问题学生”产生偏见，无视他们的优点和进步，犯错之后便抓住不放，直到惩罚了才算。挨罚的学生会想到，反正自己没有一处是对的，以前取得的成绩、改正的缺点家长都看不到，自感天生是挨训挨罚的料，对改错失去了信心，也就破罐子破摔、我行我素，这样的教育效果可想而知。

三、罚之有情

有人说，爱是最好的老师。“请把学生当成自己的孩子看待吧。”并不是说惩罚孩子就是不爱孩子，即使是把学生真正当成自己的孩子，学生犯了错误，也该管则管，该罚则罚，其最终目的就是让学生改正错误。在苏霍姆林斯基成功的惩罚中，有罚学生画画的，有罚学生写作的，有罚学生劳动的，这与其说是一种惩罚，倒不如说是一种特别的关爱。这种充满人情味的惩罚犹如暖暖的春风，更容易被学生接受，也更容易催人奋进，我们为什么不学习一些他的惩罚方法呢？

四、结合说理

惩罚是一种呵护，是一种艺术。只要掌握好罚的艺术，罚之有方，罚之有度，罚之有情，教育的效果就会自然显现。有人说：没有惩罚的教育是残缺的教育，但教育孩子仍当以理服人，惩罚只是手段而不是目的。因此，惩罚的过程中还要与说理相结合，否则，孩子在忍受了惩罚之后还会像原来一样。所以，教师在惩罚学生后要通过说理、剖析的方式使他明白为什么会受罚，知道犯错误的原因，讲清楚如果坚持犯错下去将有什么后果。惩罚的效果只是暂时的，不能持久。受罚的孩子改正了错误并不等于他已明白了事理，并不能保证他下次不会再犯。因此，让孩子明白自己受罚的原因才是根除错误的关键，说理是惩罚孩子之后不可或缺的一个重要步骤。

快马加鞭未下鞍
——夸奖是有效的教育手段之一

只要及时地对孩子的某一行为给予正确夸奖，这一行为就会在孩子身上不断重复出现，良好的行为将会得到及时的强化和巩固，久而久之，孩子就会养成自然而持久的良好行为习惯。

——【德】卡尔·威特

引言

德国的教育天才卡尔·威特一生信奉“适当的夸奖”，正是由于这份“夸奖”的魅力，他把自己的儿子小卡尔·威特从一个近乎痴呆的婴儿培养成为神童。他的夸奖艺术表现在：

一、夸奖具有针对性

卡尔·威特指出，夸奖必须杜绝随意性。用心地观察和发现学生的进步，针对不同孩子的优势和特点去夸奖孩子，是适当夸奖的基础。当学生刻苦努力地去做一件事时，即使做得并不完美，也应及时给予夸奖，对学生自身来说，他会在这赞扬中焕发出拼搏进取的原动力。

二、夸奖应树立学生的自信心

“你是非常聪明、非常好的孩子”是卡尔·威特在教育中用得最多的一句话。每个人都会有失落的时候，挫败感会让人变得消沉，丧失信心。只有帮助学生树立信心，他才能勇敢地面对一切挑战，才会拥有幸福的人生。因此，不管是怎样的学生，只要他努力了，无论结果如何，他都理应得到表扬。哈佛大学350周年校庆时，有人问学校最值得自豪的是什么，校长回答说，哈佛最引以为自豪的不是培养了6位总统、36位诺贝尔奖获得者，最重要的是给予每个学生以充分的选择机会和发展空间，让每一块金子都闪闪发光。

三、夸奖应讲求方式和方法

夸奖不应该仅仅是“你真棒”“你真聪明”等口头上泛泛的表扬。一个微笑、一个竖起的大拇指、一缕赞许的目光，抑或给学生一次展现自我才能的机会，都会让学生激动不已。教师如果能完全读懂学生，采用学生乐于接受的不同方式进行表扬，夸奖将会产生更大的教育效果。同时，对于他们的闪光点，既可以在全班同学面前夸奖，也可以在学生耳边轻赞，甚至还可以告诉他们的父母，总之，用对了方式、方法，就可以最大限度地催化夸奖的魅力和魔力。

夸奖可以对一个人产生很大的影响和作用。首先，夸奖可以使人产生信心。卡尔·威特认为："有效的夸奖可使人产生源源不断的信心和勇气，而过度的夸奖则容易使人妄自尊大，骄傲自满。"卡尔·威特经常用"你是非常聪明，非常好的孩子"这样的话夸奖小卡尔。这种夸奖曾帮助小卡尔摆脱了内心的苦恼。当小卡尔痛苦和失落时，父亲会对他说："你一定行的，我相信你。"这样一句话，坚定了小卡尔的信心。只有当孩子对自己充满了信心，才可能使他们逐步成为优秀的人才。卡尔深有体会地说："最重要的教育方法就是鼓励孩子去相信自己。"当小卡尔写第一篇文章时，应该说写得很不好，但卡尔·威特想了想却说："非常不错，这是你第一次写作，爸爸第一次写作时比你差远了。"这样一来，小卡尔兴奋极了。而后，小卡尔的第二篇文章，卡尔·威特认为和第一篇相比简直有天壤之别。卡尔·威特就是这样把儿子引上了写作之路。其次，有效的夸奖可开发孩子的天赋。卡尔·威特认为："孩子的潜力是否能够最大限度地得到发挥，关键在于父母，而不在于孩子。只要父母及时发现并夸奖他的天赋，孩子一定会扬帆前进。"作为父母，应仔细观察孩子的表现，并及时抓住时机，进行适度的夸奖。如孩子喜欢唱歌、画画、跳舞、说话等，就要及时给予夸奖和鼓励，并和孩子一块听音乐、学画画、编舞蹈等。这样一来，就会使孩子的天赋得到及时的开发。最后，夸奖可以激发孩子的创造力。卡尔·威特总是把培养小卡尔的想象力放在第一位。如孩子在做角色游戏时，学鸟儿飞翔；讲故事时，眉飞色舞，甚至自己编了一些并不完整的情节；等等，都要给予及时的夸奖。这样做，不但给了孩子以信心和勇气，而且还鼓励和培养了孩子的想象力。而正是这种想象力的不断发展，会逐步培养成为宝贵的创造力。对孩子由于想象力而做出的一些举动，只要我们细心地呵护、鼓励，孩子的创造才能就一定会逐步培养起来。

案例

日本著名的小提琴教育家铃木先生曾遇到过这样一件事。曾经，有一位家长很忧伤地向他请求说："我的孩子傻乎乎的，什么也不会，怎么办呢？请先生到家教教他吧。"铃木先生去了，请孩子随便拉一首曲子。实际上，孩子什么曲子都不懂，但总算是拉了。铃木便夸这个孩子“拉得好！”。孩子用惊奇的眼光盯着铃木。铃木又对他说：“这个曲子我们一起拉一遍。你会吗？”“会的。”“那好哇，我们俩就一块儿拉吧。”合拉一阵之后铃木又说：“现在你一个人拉一遍吧。”孩子又认认真真地把整首曲子拉完了。铃木觉得他是个很认真、很老实的孩子，就夸他说：“拉得很好哇！”可是孩子的母亲却说：“铃木先生，真令我吃惊，你还夸他，怎么可以对孩子说谎呢。”其实，铃木并没有说谎，他是在鼓励孩子，激发孩子的自信心和勇气。过了许多年后，这个孩子真的成了当地有名的小提琴手。

家长要抓住有利时机帮助孩子树立信心。孩子常常以家长对自己的评价作为自我评价的依据，因此，家长的一个眼神、微笑，甚至点头都能给孩子带来足够的勇气和信心。我们应该熟记这一点，对孩子的鼓励绝不吝啬，以使他们有足够的自信心去面对自己，面对明天。

——本案例选自：周正华.影响教师的101个经典教育案例[M].长春：北方妇女儿童出版社，2007.

案例分析

在本案例中，主要针对的是缺乏自信的孩子，只有对他多鼓励才能让他有更多的信心去追求自己的理想。

教育学家陶行知先生早在半个世纪前就深刻地指出：教育孩子的全部秘密在于相信孩子和解放孩子，而相信孩子和解放孩子首先在于学会夸奖孩子。没有夸奖就没有教育，夸奖不仅能够让学生获得愉悦和快乐的情感体验，还可以让孩子自信。夸奖能激发孩子的潜能，培养孩子的成就感。尤其对于幼儿来讲，他们对什么都好奇，但又表现出幼稚、信心不足等弱点，而对于自己的每一点小小的进步都渴望得到认可和肯定。然而，过多地指责孩子只会严重伤害孩子的自信心和自尊心，有的还会产生严重的逆反心理，结果事与愿违。

反思与建议

心理学的原理告诉我们，每个人的内心深处都渴望得到别人的欣赏。被人赞美是件令人喜悦的事情，正确的赞美能使人感觉到温暖，给人力量。尤其是对于孩子，一次真诚的赞美可能胜过一万次严厉的责备。很多孩子在遇到困难和挫折的时候缺乏信心，总觉得自己做不好，做不到。所以，老师在适当的时候要给予孩子一定的鼓励和夸奖，让孩子在关键的时候树立起信心。作为教师，要时刻关注孩子的每一点进步，善于发现孩子的每一个小小的闪光点，这是发掘孩子潜能的有效途径。让他们在发展的进程中有一种乐观、向上的情绪，并成为有足够活力、足够勇气和自信的孩子。好孩子是夸奖出来的，当然，夸奖也要讲究艺术。

一、表扬应适量

表扬应有明确的目的性，针对学生的品德修养、学习态度和思维方式等给予表扬。如果表扬没有针对性，只是泛泛地夸奖，或者想通过这种方式让学生学习得快乐轻松一点，或者是为了取悦学生，那么就根本收不到表扬的最佳效果。相反，只有恰当而准确的表扬才能使学生明确自己的长处和优点，激起学生的进取心和荣誉感，使大家产生一种羡慕和向往的心理。否则，不但起不到鼓舞、激励的作用，反而会使老师的威信下降。

二、表扬应适度

表扬应力求准确，讲究分寸。根据学生的实际情况，既不能看轻学生的成绩和努力，也不能夸大其词。不重视学生的进步，就会打击学生的自信心，使其缺少继续向上的动力；如果言过其实，就会贬低表扬的价值，致使吹捧、华而不实等不良风气产生。另外，对表扬次数的多少也应慎重考虑。表扬的次数太多，就会使其失去应有的价值和意义，超值的嘉奖会让学生认为即使不那么努力也可以得到表扬，从而产生一种惰性。对学生而言，过多的夸奖并不会起到鼓励的作用，尤其是教师不假思索、脱口而出的随意性夸奖，不仅不能对学生产生积极的引导，反而会导致学生形成浅尝辄止和随意应付的学习态度。对于学生出现的错误，一定要认真指出来，客观的评价才能使学生明确努力的方向，表扬、赞赏必须建立在客观评价的基础之上。

三、表扬要适时

表扬要起到它应有的作用，还须及时。当一件先进事例发生时，教师应做出积极的反应，及时给予肯定和表扬，特别是对后进生的表扬更要及时。比如某学生连续几次迟到，今天早到，教师应及时表扬。又比如，某学生上课从来不主动发言回答问题，今天这样做了，教师也应及时表扬鼓励。苏霍姆林斯基说过："要让每一个学生都抬起头来走路。"教师要善于发现每一位学生身上的闪光点，了解他们每一点细微的进步，教师及时而适度的表扬往往是促进后进生转变、前进的催化剂。

四、表扬应挖掘

有的学生做了一些好事，或取得了一定的学习成绩，但他们自己却不一定能清楚地认识其重要意义。这时教师的表扬就不应就事论事，只停留在事件本身，而应进行理论分析，挖掘其所蕴含的意义。例如，有的学生知识面比较广，回答问题时就显得轻松自如，我们在表扬他们时，就不要只停留在对课文内容的理解上，应从他们平时有好的读书习惯、思维方式上入手，这样的激励可以使学生终身受益。又比如，有的学生经常帮助别人或同情弱者，表扬他们时可以上升到精神层面，“如果我们每一个人都能这样，我们的社会将多么和谐幸福”。从小事中挖掘深意，使学生清楚地认识到自己行为的重要意义，那将是对学生精神乃至人格上的激励。正如苏霍姆林斯基所说的：“我们教育工作者的任务就在于让每个儿童看到人的心灵美，珍惜爱护这种美，并用自己的行动使这种美达到应有的高度。”

总而言之，表扬是一门艺术，它要求适量、适时和适宜，并善于挖掘、发挥。而让孩子们在表扬和鼓励中健康快乐地成长，逐渐找到自信，找到自我，最终实现自己的人生价值，是每个教育工作者的追求。

生如夏花之绚烂
——生命是珍贵时间的积淀

世界上只有一种英雄主义，那就是了解生命而且热爱生命的人。

——【法】罗曼·罗兰

引言

生命，大至食物链中居于高端的人类，小至我们无法用肉眼直接观察的微生物，都有其自己存在的轨迹，我们生活在一个有机的世界中，彼此之间的存在可以说是紧密相连，正是从这一点出发，生命教育有了它自己成长的沃土，那么应该怎么来理解生命教育？

从狭义的角度来说，生命教育着眼于生命本身的存在，包含自己与他者的生命以及一切可以传递出生命讯号的自然生命。广义的生命教育是指立足于人类彼此之间相互存在的关系，基于对生命的敬畏和崇拜，而关注自己与他人的生命存在的状态、价值和意义。

生命教育既是一切教育的前提，同时也是教育的最高追求。生命教育是在充分考察人的生命本质的基础上提出来的，符合人性要求，所以应该成为指向人的终极关怀的重要教育理念。"生命教育不只是教会青少年珍爱生命，更要启发青少年完整地理解生命的意义，积极创造生命的价值；生命教育不只是告诉青少年关注自身的生命，更要帮助青少年关注、尊重、热爱他人的生命；生命教育不只是惠泽人类的教育，还应该让青少年明白让生命的其他物种和谐地同在一片蓝天下；生命教育不只是关心今日生命之享用，还应该关怀明日生命之发展。"

学者王晓虹认为，生命教育就是有关生命的教育，它主要是帮助人们认识并珍爱自己的生命，尊重他人的生命，并在此基础上主动思索生命的意义，找出自己存在的价值和定位，提升生命的价值，培养人们的人文精神，使他们学会过现代人文明的生活。对青少年进行生命教育，目的是使他们既认识到生命的伟大与崇高，又认识到生命的渺小与脆弱；既了解人类的生命价值，又了解自然界中其他生命的意义；既关注自身的生命，又关注、尊重、热爱他人的生命；既积极创造生命的价值，又自觉提升生命的价值。

教育的本质是解放人，发展人的潜能，提升人的素质。教育在关注社会文明的同时，更要关注人的发展，要引导人追求生命的完善，追寻生命存在的意义。教育既要关注人的肉体生命，也要关注人的精神生命。教育不能仅仅成为学生获取知识的工具，其本质应该是促进和培育学生个体生命的精神成长和发展。

由于缺乏对生命应有的热爱、尊重与珍惜，一旦遇到挫折和委屈，人们往往就会做出极端行为，甚至走上人生的不归路，给家庭和社会带来无尽的痛苦。据北京心理危机研究与干预中心的调查分析，自杀已成为我国 15 岁至 34 岁人群的首位死因。有人曾经对在校学生进行过调查，其中有 2/3 的学生表示曾有过自杀的念头。2004 年春节，海口市一名年仅 15 岁的中学生陈某因为无节制地打游戏，遭到家人批评后自缢身亡。2004 年 3 月 2 日，海口市初二学生蔡某仅因为一直担任的班长职务被撤换，又遭到同学的议论，就在家中喝下了农药。

青少年学生生命意识淡薄，还体现在对他人生命的漠视和践踏。如马加爵事件。

青少年学生是祖国的未来，他们是否拥有正确的生命观，他们生命意识的强弱，关系着未来中国的健康发展。我们有理由相信，经过生命教育的强化，我们的孩子将会拥有正确的生命观，许多悲剧将会因此而避免。

案例

今天的德国人格外重视对孩子善良品质的培养，并将其列为德国教育的有机组成部分。

一、爱护小动物

爱护小动物是许多德国幼童接受的“善良教育”的第一课。在孩子刚刚学会走路时，不少德国家庭就特意教孩子喂小狗、小猫、小兔子、小金鱼等小动物，并让孩子在亲自照料小动物的过程中学会体贴入微地照顾弱小的生命。幼儿园也饲养了各种小动物，由孩子们轮流负责喂养，还要求孩子们注意观察小动物的成长、发育和游戏，有条件的还需要做好饲养记录。孩子们正式入学后，他们的作文中常常会出现有关小动物的生动描绘，其中优秀的篇章会被教师推荐为范文在壁报发表。此外，利用自己积蓄的零用钱来“领养”动物园里的动物，或捐款拯救濒临灭绝的动物也是德国小学生热衷的活动。

德国的中小学还普遍开展有关“善待生命”的讨论或作文比赛。一个13岁的男孩以充满爱怜的笔调，记录了他为一只小鸟医治创伤，后来又将其放归大自然的过程，文章荣获了该校“善待生命作文大赛”的第一名。相反，虐待小动物的孩子轻则须接受批评或训导，重则可能受到大人的惩罚。如果效果不明显，还可能被送去做心理治疗，因为这是比学习成绩滑坡更为严重的品德问题。

德国人在这方面绝非小题大做。越来越多的德国人已有这样的共识：小时候以虐待动物为乐的孩子，长大了往往更具有暴力倾向。

二、同情弱者

同情、帮助弱小者也是德国人对孩子进行“善良教育”的重要内容。在成人社会的倡导和鼓励下，孩子们帮助盲人、老人过马路早已蔚然成风，为身有残疾的同学排忧解难也并不是什么新鲜事。

法兰克福有一个孩子粗暴地将上门乞食的流浪者驱赶出门，全家人特意为此召开了家庭会议。大人们严肃、耐心地启发孩子：流浪者尽管穿着邋遢，但同样享有人的尊严。这使孩子明白了一个道理：仰慕强者也许是人之常情，而同情弱者更是美好心灵的体现。后来，孩子建议邀请受辱的流浪者来家作客，大人们都高兴地表示支持。

三、宽容待人

宽容待人被德国人普遍认定为一个人善良品质的重要方面。一个叫雪丽的7岁女孩在自己的生日晚会上遭到好友梅夫的无端指责而感到大丢面子，因而试图报复以泄心头之恨。但后来在母亲的劝说下，她通过和梅夫谈心了解到，当时梅夫喂养的小兔子突然死去，心情十分沮丧，故难免出言不逊。在经过一番将心比心后，雪丽宽容地原谅了梅夫，两个小伙伴的友谊更深厚了。

四、唾弃暴力

对孩子进行“善良教育”时，德国人还十分重视反面教材的作用。对那些中小学校园里出现的恃强凌弱的所谓“小霸王”，校方的反对态度非常明显。据悉，凡经两次记过仍不思悔改的“小霸王”，校方会果断地予以开除，接着再由不良少年教管部门给予管教。对于影视节目中频频出现的暴力镜头，无论是教师还是家长，都十分注意引导孩子以批判的眼光来审视。

德国制造的武器之精良举世闻名，但德国人并不赞成玩具商开发高科技“暴力玩具”，更不支持孩子(特别是男孩)与玩具枪炮、坦克为伴。因为德国研究者已找到了越来越多的证据证实：小时候如果经常用玩具枪炮模拟杀人，长大后难保能成为和平人士。一些联邦议员也指出：让德国男童少与玩具枪炮为伴是明智之举。

——本案例选自：陈小晴.德国育儿：善良教育[J].好家长，2009，(01).

案例分析

德国是一个崇尚教育的国家，其悠久的教育史中不乏康德、黑格尔、尼采、歌德、爱因斯坦、赫尔巴特、叔本华、韦伯等世界级大师。而“善良教育”则是“二战”之后的德国教育的显著特色。在经过了对两次世界大战的反思之后，德国人格外重视对其未来公民善良品质的培养，以期维护一个和谐、自然和文明的社会。而“勃兰特思想”是德国善良教育的重要思想起源之一。维利·勃兰特是20世纪德国独特政治背景下的杰出政治家。1969年他当选为联邦德国总理，实行对内改革、对外和平的政策。1970年12月7日，他访问波兰时曾跪在犹太人死难者纪念碑前，以实际行动向被无辜屠杀的犹太人致歉，1971年他获得诺贝尔和平奖。他的“德国发展的基石是追求和平”的观点，被称为“勃兰特思想”。“勃兰特思想”给德国带来了昌明的政治文化，引发了德国社会各界深刻地反思历史，善待生命。与此同时，德国的教育界从中汲取了大量营养，以善良教育为核心的道德教育成为德国教育的有机组成部分。

勃兰特的善良教育思想推行到整个德国大中小学校园中的时候，也不是大而化之，高扬口号和理论，而是细化到教育的每一个细节之中。德国的校园教育孩子们爱护小动物、善待生命，是在向他们传达着宇宙万物和谐一体、众生平等的思想；教育孩子们同情弱者、帮助残疾人、关爱流浪汉，是在向他们传递着人与人之间友爱互助、携手并进的思想；教育孩子们宽容他人，不要锱铢必较、心理失衡，是在向他们传递着“世界上最广阔的是大海，比大海更广阔的是人的胸怀”的道理，让孩子们在宽容他人的同时也解放了自己的思想，收获心灵的平静和幸福；教育孩子们唾弃暴力，反对“校园小霸王”和“暴力玩具”，是在向他们传递着忏悔战争暴行、维护和平的情怀。

仁，是孔孟思想的精髓，中国传统文化的根本。仁者爱人，最直观的体现就是一个“善”字：待人处世，心存善念；于己言行，独善其身。儒家文化一直认为善良是一个人最可贵的品质。但是，不知从何时起，“善良”的分量在人们心里越变越轻了，或许是受商品经济的冲击，甚至有不少人把“敦厚善良”与“老实没用”画上了等号。这是一种可怕的趋向，也意味着我国“善良教育”的缺失。德国的善良教育有其思想的起源和内容的特色，能在某些方面对我国早期教育有一定的启示。关爱生命、善待自然、和谐共处，是新世纪公民应当从儿童时代即开始培养的基本素养。

反思与建议

中小学生如果缺少对生命本身的深刻认识和对死亡本身的感知，将可能导致严重后果。如果我们认真反思日常的学校和家庭教育，就会发现在教育过程中，父母和教师往往都忽视了最本质的教育问题——热爱生命的教育，而这才应当是教育的核心。正因为缺乏对生命价值必要的认识和理解，中小学生在追求人生理想的实现过程中会失去最重要的载体和前提。进而，在压力与挫折面前不堪重负，难以承受生命之重。

在中小学生非正常死亡日趋低龄化和死亡率不断增高的今天，生命教育应当成为青少年的人生必修课。中小学阶段要求老师具有生命教育的意识，并采取有效手段来实施。学校也应当加强教师"生命观教育"的培训，有效利用进行生命教育的资源。

一、提高家长素质，改进家庭教育

家庭对一个人的影响可以说是终生的。作为社会的细胞，家庭是青少年生活、学习的摇篮，家长是子女的第一任教师。从一定意义上来说，家长的素质直接影响着子女的素质，有修养的父母能给予孩子良好的家庭教育，会对孩子今后的发展起到重要作用，能够有效预防青少年的违法犯罪。家庭应给孩子创造积极、健康、向上的生活环境，让孩子在潜移默化中接受良性熏陶，引导他们把课余时间的旺盛精力投入到有益的正当活动中去。学校和社会可以制订一些可行的措施来提高家长的素质，比如学校或社区开办"家长学校"，帮助家长学习一些青少年心理学、教育学和法律方面的知识，或通过有关部门和家长签订责任状等形式，明确家庭、父母对子女的教育责任。家长也应主动提高自身素质和法制意识，培养高雅的兴趣爱好，注重言传身教，与子女建立平等、民主、相互尊重、充满善意的关系，创建良好的家庭氛围，认真履行对未成年人的监护职责和抚养义务。

二、德育为先

学校和教师应把德育放在首要位置，渗透学校教育的每一个环节。学校不能只关心品学兼优的学生，而是要给后进生更多的关爱。应提高学生的生命意识，爱惜自己，也要爱惜他人。青少年时期正是品德、个性、世界观、人生观形成的关键期，通过加强思想道德和社会公德教育，能使他们形成正确的人生观、价值观，树立远大的理想和志向，从而更加珍惜自己的生命。

三、动员全社会的力量，为青少年的健康成长创造良好的社会环境

学校应建立严格的监管制度，对于学生的不良行为采取果断措施严厉制止。同时，要加强对学校周边环境的治理，对于学校附近的游戏厅、录像室、网吧等场所，要坚决关闭，对其他青少年娱乐场所要从严管理，使其规范运作。

心有灵犀一点通
——爱情是美好婚姻的开始

爱情确实是一种高尚的品质，因为它不只停留在性欲上，而且显出一种本身丰富的、高尚优秀的心灵，要求以生动活泼、勇敢和牺牲的精神和另一个人达到统一。

——【德】黑格尔

引言

苏霍姆林斯基是苏联著名的教育家，他毕生致力于青少年教育事业。他写的《爱情的教育》一书向教育工作者提出了一个有意义的问题：对青少年来说，爱情教育不仅是可能的，而且是德育和美育的重要一环。“爱情，是一个永恒的课题。它摆在了年轻一代的面前。”

苏霍姆林斯基认为，真正的爱情主要指男人和女人的精神生活、心理交往的领域。在爱情中，生物的本能应服从道德的要求。在人产生性欲之前，就需要在他们的心灵里培植道德力量，这种力量使精神生活变得充实完美、丰富多彩，同时使人的性欲趋于高尚。

苏霍姆林斯基在爱情教育中一再强调爱情是一种责任，首先是尽责任，然后才能获得快乐，包括爱情生活的幸福。其爱情教育的旨归体现在：第一，爱情是个人内心世界的圣洁情感。它不仅表现在一个人从生活中获得欢乐，而且首先表现在愿意把欢乐献给心爱的人。这种非凡情感的纯真与高尚，取决于在一个人的精神需求中把欢乐献给别人的愿望究竟有多么强烈。培养这种高尚纯洁的爱情，可以使学生精神充实，生活幸福。第二，爱情应是道德的。在爱情里添加道德因素，可以使男女双方相互尊重，有更强烈的责任感和义务感，从而更坚定地面对生活中的困难，家庭更为和谐。第三，爱情双方在精神上的一致性。男女在精神上的一致，他们的相互影响，在相互交往过程中自觉加强道德修养的愿望，他们的相互要求，这些对孩子的道德面貌，对个人和社会的道德进步，对家庭精神生活的丰富充实，都有着重大意义。第四，崇高的生活目的是爱情的基础。对有着崇高生活目的的人来说，生活是沿着既定道路前进，生活的成功与挫折和运气好坏全然无关。与心爱的人沿着既定的道路携手并进，勇往直前，爱情将变得更加美好，更充满激动人心的思想。

对于如何进行爱情教育，苏霍姆林斯基提出：其一，培养男女相互关系的道德美感。首先，从小培养纯洁高尚的道德审美情感，认为美是培养善良、热爱劳动、热忱和爱情的主要手段。其次，发展女性美，珍视女性美，认为“女性美”这个概念的内涵是外形美与心灵美的统一。再次，正确认识心灵美与外表美的统一，是一种高尚的美的反映，是人的道德尊严在审美方面的表现，是一个人由于有着崇高的生活目的和高尚的道德情操而形成的。其二，培养学生高尚的品质。首先，教育青少年对未来充满美好的憧憬，因为高尚的爱情来自崇高的生活目的，崇高的生活目的是爱情的道德与感情基础。其次，让青少年在造福他人的劳动中获得快乐，一个有着崇高生活目的的人对其他人的这种品质也极为敏感，他所追求的意中人是不谋求个人私利，一心为崇高的社会目的而献身的人，这就是道德成熟的一个重要标志。再次，以高度负责的态度对待家人和社会，教育孩子从小就意识到自己是生活在人群中的，一个人的行为会给他人带来影响，要学会对他人负责。最后，对青少年进行科学而健康的性教育。其三，提高学生的精神素养。首先，要注重身体的发育与精神生活的协调一致，在男孩子把女孩子当作女人来爱之前，他就应该把她作为一个人来爱，并怀有一种敬佩、自豪和充满高度人类快乐的崇高精神的感情，一种人与人之间在智力与美感方面的交流的快乐。其次，将性教育渗透在崇敬母亲的教育当中，主张学校要积极提倡崇敬母亲，认为这是对待妇女(人类生活和美的源泉)的一种崇高而又纯洁的精神，可以使人的自然的性欲变得高尚起来，消除人类心灵中的那种兽性的粗野的本能。

案例

苏霍姆林斯基写给女儿的一封信

亲爱的女儿：

你提出的问题使我忐忑不安。

今天你已经十四岁了，已经迈进开始成为一个女人的年龄时期。你问我说：“父亲，什么叫爱情?”

我的心经常为这种思想而跳动，就是今天我不再是和一个小孩子交谈了。进入这样一个年龄时期，你将是幸福的。然而只有当你是一个明智的人，你才是幸福的。

是的，几百万年轻的十四岁的少女怀着一颗颗跳动的心思考着这样一个问题——什么叫爱情？每一个人对它的理解都各不相同。希望成长为男子汉的年轻小伙子也在思考这一问题。亲爱的小女儿，现在我给你写的信不再是过去那样的信了。我内心的愿望是：告诉你要学会明智地生活，也就是要善于生活。我希望做父亲的每一句话都能像一颗小小的种子促使你自己的观点和信念的幼芽萌发出来。

爱情这个问题也同样使我不平静。在童年和少年时代我最亲近的人是玛丽娅，她是一位了不起的人，渗透到我内心的一切美好、明智和真诚的品质都是受恩于她。她死于战争前夕。她在我面前打开了童话、本族语言和人性美的世界。有一天，在一个早秋的寂静夜晚，我和她坐在一棵枝叶茂密的苹果树下，望着空中正在飞往温暖的边远地区的仙鹤，我问祖母："奶奶，什么叫爱情呀？"

她能用童话讲解最复杂的事情。此刻，她的一双眼睛呈现出沉思而惊异的神情。她以一种特别的、与往日不同的目光看了我一眼，回答道：

"什么叫爱情？……当上帝创造人类时，她在地球上播下了一切有生命的种子，并教会他们延续自己的后代，生出和自己同样的人。他把土地分给一个男人和女人，告诉他们怎样搭窝棚，给男人一把铲子，给女人一捧种子，然后对他们说：'你们在一起延续后代，过日子吧！我要办事去了，一年之后，我再来，看看你们的情况怎么样。'整整一年之后，有一天一大早，他和大天使加弗利尔来了，他看见这一对男女坐在小棚子旁边，地里的庄稼已经熟了，他们身旁放着一个摇篮，摇篮里睡着一个婴儿，这一对男女时而望望天空，时而又彼此看看，就在这一瞬间，他俩的眼神相碰在一起，上帝在他们身上看见了一种不可思议的美和一种从未见过的力量。这种美远远超过蓝天和太阳、土地和长满小麦的田野。总之，比上帝所制作和创造的一切都美，这种美使上帝颤抖、惊异，以致惊呆了。

他向大天使加弗利尔问道：'这是什么？'

'这是爱情'。

'什么是爱情？'

大天使耸耸双肩。上帝走向这对男女，问他们什么是爱情，但是，他们无法向他解释，于是，上帝恼火了，他说：'那么，好吧！我要处罚你们，从即刻开始，你们要变老，你们生命的每一小时，都要消耗掉一点你们的青春和精力！五十年后我再来，看看你们的眼神里表现出什么，人。'"

"上帝为什么生气呢？"我问奶奶。

"是的，要知道，一个人不能擅自创造连他本人也没有见过的东西。但是，你往下听啊！五十年后他和大天使加弗利尔又来了。他看见一座非常好的小木屋代替了原来的小棚子，草原上修起了花园，地里的庄稼已经熟了，儿子们正在耕种，女儿们正在收麦子，孙子们正在绿草地上玩耍。在小木屋门前坐着一对老头和老太婆，他们时而看看红色的朝霞，时而又彼此望望。上帝从他俩的眼神里看见了更加美丽和更加强大的力量，而且好像又增加了新的东西。

'这是什么？'上帝问大天使。

'忠诚！'大天使回答说，但是，他还是不能解释。

这次上帝更加恼火了。他说：

'人！你们为什么没有老多少？那好吧，你们的日子不长了，以后我再来，看看你们的爱情将变成什么。'

三年后他与大天使又来了。他看见男人坐在小山坡上，一双眼睛呈现出非常忧郁的神色，但是，却仍然表现出那种不可思议的美和力量，已经不仅仅是爱情和忠诚，而且蕴藏着一种新的东西。

'这又是什么？'他问大天使。

'心头的记忆。'

上帝手握着自己的胡须，离开了坐在小山坡上的老头，面向着麦田和红色的朝霞，他看见，在金色麦穗旁边站着一些青年男女，他们时而看看布满红色朝霞的天空，时而又彼此看看……上帝站了很久，看着他们，然后深深地沉思着走了。从此以后，人就成了地球上的上帝了。

这就是爱情，我的小孙子！爱情比上帝权威大，这是人类永恒的美与力量，一代一代地相传。我们每一个人最终都要变成一把骨灰，但是，爱情将成为赋予生命的、永不衰退的、使人类世代相传的纽带。"

我的小女儿，这就是爱情！世上各种有生命的东西生活、繁殖，成千上万地延续自己的有生命的后代。但是，只有人懂得爱。而且说实在的，只有在他善于像人那样去爱的时候，他才是一个真正的人。如果他不懂得爱，不能提到人性美的高度，那就是说他只是一个能够成为人的人，但是还没有成为真正的人。

……

——本案例选自：[苏联]阿莫纳什维利，苏霍姆林斯基.给女儿的信[M].刘文华，杨进发译.太原：北岳文艺出版社，2011.

案例分析

苏霍姆林斯基写给女儿的关于爱情的信为很多人所传颂。关于爱情，苏霍姆林斯基并没有回避，而是坦然面对。他以说故事和讲道理的方式告诉女儿什么是真正的爱情，怎样才能获得真正的爱情。他为女儿铺了一条阳光之路，让她在情感纠葛中不再徘徊，正视自己的朦胧情愫。相比较来说，在目前的环境下，中学时代的爱情往往会因为导致分心、影响学习而被视为洪水猛兽。男女同学之间传纸条、发短信会招来同学的异样眼光和老师的无端猜忌，在课上老师讲到文学作品中的爱情描写时会故意闪烁其词。当有男女学生稍有较密切的接触，老师和家长就会找其谈话，并大加干涉，横加阻拦。因为教育方式不当，不仅不能阻止，反而使他们转到"地下"，由于失去正确引导而迷失了方向。2010年4月6日，佛山南海警方通报了九江某中学一宗高三女生因情感纠纷遭同学割喉的消息。试想，在此类事件中，如果有过来人的正确指引，或者有爱情教育课程，这个悲剧本可以避免。其实，在青少年时期，青涩的爱情很容易萌发。在不懂爱情的年纪，很容易走错方向。这时作为学生的指引者，教师不应回避爱情，而应该主动谈论爱情，掌握主动权，让孩子们朦胧的爱情直面阳光。通过爱情的学习，可以作为独立于父母的亲情的补偿，也可以作为成人爱情交往的原始启蒙。中国青少年研究中心研究员孙云晓曾经指出："我认为中学生特别需要爱情教育和婚姻教育。现在不少家庭出现婚姻危机，很多是和他们年轻时没有受这方面的教育有关。"因为学习了如何去爱，就学会了选择，学会了承担，学会了宽容。爱情是建立在责任的基础之上的，正在成长中的青少年需要爱情教育。

反思与建议

苏霍姆林斯基的爱情教育思想体现出的是人道主义关怀，对我国的爱情教育有一定的启示。

一、尊重和关怀男女生之间的爱慕之情

长期以来，我国中小学教育中对爱情讳莫如深，对男女生之间的相互爱慕处心积虑地加以遏制，甚至无视学生的尊严，把早恋的学生公之于众，极尽羞辱。然而，随着现在西方开放的性观念在我国的传播，很多教师对一些学生的出轨行为采取默许或者放纵的态度，导致很多青少年犯下大错，影响了一生。而真正的教育艺术在于像苏霍姆林斯基那样在不干涉人与人的关系中这个脆弱娇嫩的领域的前提下对学生加以正确的引导。

二、教师的智慧

教师要同青少年男女亲切地、坦率地，最重要的是机智地谈论爱情问题，讲清利害关系，明确感情要受思想理智意识的支配，不能让感情冲动占上风，必须让理智来主宰，以自觉的、理智的态度对待欲望。只有当“我想”和“应当”二者在人的行为中和谐地融为一体的时候，爱情才会是高尚的。教师对于不同的学生应采取不同的策略：对少数恋爱先行者进行个别疏导；对一些已经造成不良后果的学生，则实施挽救教育，绝不能放弃，更不可歧视。教师还要善于倾听和理解学生提出的涉及男女爱慕的问题，回答还要很机智，善于概括生活中的现象，通过鲜活的事例，分析其中的利害得失，并鼓励学生自己去抉择，在选择中承担责任。

三、提高情感素养

我国学校在爱情方面的教育往往存在教育内容与实际生活相脱节的现象，从而使得教育实效性严重降低。学校和老师应引导学生关注社会、解读生活，这是培养学生情感道德的一条有效途径。例如，选择什么样的爱情婚姻，在今天完全是多元化的，似乎只要你情我愿即可，但是要以利人利己、获得真正的爱情幸福为底线。而出于一时的同情怜悯，就和自己并不爱的人结婚，是拿自己的青春甚至一生的幸福去冒险，也是不能提倡的，因为这同样会引发家庭的灾难，或给社会带来不安定因素。结合教育教学内容，引导学生对爱情、婚姻与道德问题加以思考评价，就是很好的教育过程，这些思想内容将积淀成他们的情感素养，成为他们一生的精神财富。

一片冰心在玉壶
——人生价值是清晰的自我认识

人生的价值，并不是用时间，而是用深度去衡量的。

——【俄】列夫·托尔斯泰

引言

“价值观澄清”教育模式产生于20世纪60年代的美国，是美国当代道德教育领域中最富有争议、应用最广泛的价值观教育的改革尝试之一。其代表人物主要有路易·拉思斯、悉尼·西蒙和霍华德·柯申鲍姆等，理论思想多集中在《价值与教学》一书中。

在当时的美国社会中，时代的前进、社会的发展和科技的进步给人们的价值观念带来了巨大的冲击，社会道德状况每况愈下，学校价值观教育面临着重重困难。在这种情况下，要培养青少年良好的价值观是非常困难的。对此，拉思斯等人指出：“家庭生活的变化、交流方式、国际主义、成人及其他权威等的影响使儿童思维混乱，价值观模糊，该怎样帮助他们进行澄清？”针对儿童价值观混乱的问题，拉思斯等人提出“价值观澄清”理论。该理论认为，每个人的价值观都是个人经验的产物，由于每个个体具有不同的生活和社会经验，因此他们就会形成不同的价值观。每个人都可以拥有自己的价值观，并可以按照自己的价值观指导自己的行为，因而价值观不能也不应该是被传授或灌输的。“价值观澄清”的主要任务不是认同和传递“正确的”价值观，而是帮助儿童澄清其自身的价值观，同时指导他们调整自身去适应不断变化着的世界，以便能够在影响世界变化的方式中扮演一个理智的角色。所以，在他们看来，如何获得价值观念比获得怎样的价值观念更重要。

“价值观澄清”不只是一种理论，更是一种方法，一种技巧和能力。它主张在儿童的价值观形成过程中，通过引导他们运用分析和评价的手段，帮助他们减少价值观混乱和促进其价值观的形成，并在这一过程中有效地发展儿童思考和理解人类价值观的能力，教授给儿童处理人际和自己内部价值观问题的技巧和能力。这种方法主要包括四个基本要素：第一，关注生活，"价值观澄清"的注意力主要应放在解决学生的生活问题上；第二，接受现实，要求学生在接受自己的过程中帮助别人，与他人真诚相处；第三，勤于思考，要求学生在接受的基础上对价值问题做进一步的思考和反省，做出明智的选择；第四，培养个人的能力。不仅鼓励学生训练澄清的技能和技巧，而且更注意培养学生深思熟虑地进行价值观选择、自我指导的能力。

生活在今天这样瞬息万变的世界上，儿童要想整合自己的思维、情感和行为，他们就必须养成检查个人的抱负、目的、态度、情感、活动、兴趣、信仰和苦恼的习惯。发展价值观是个人的终生过程，它并不是在成年早期便一成不变的东西。我们认为，在课堂上需要的是评价过程。学生至少在一定程度上能借助于这一过程学会了解自我，学会如何理解他们置身于其中的令人困惑茫然的社会。帮助儿童发展价值观需要做以下工作：(1)鼓励儿童自由地做出更多的选择。(2)在面临诸多选择时，帮助他们发现其他的可能选择。(3)帮助儿童审慎地权衡各种可能的选择，同时思考每种选择可能产生的后果。(4)鼓励儿童思考他们所珍视的事物。(5)向儿童提供确认其选择的机会。(6)鼓励儿童按照自己的选择行动。(7)帮助他们意识到不断重复的行为或生活方式。适于价值观澄清的内容包括：一是生活方面的"价值指示"，包括目标、抱负、态度、兴趣、情感、活动和烦恼。二是那些我们都面临并经常使生活复杂化的个人问题。三是社会问题。教师应营造一种能鼓励学生在澄清思想时采取互相接受对方的态度的气氛。

案例

价值观澄清的对话策略

教师针对学生所说的话或所做的事而做出反应，鼓励学生进行特别的思考。有效的反应能促使个体检查并思考自己的生活和思想。有效的澄清反应应做到：

(1)避免道德说教、批评、向儿童灌输价值观或进行评价。

(2)它使学生有责任检查自己的行为或思想，并独立思考和决定他们的真正需要。

(3)它是非强制的和使人兴奋的，但不是强人所难的。

(4)它并不试图以其无关紧要的评论去做重大的事情。

(5)它的目的不在于获得资料，而是帮助学生在需要时澄清自己的思想和生活。

(6)通常不会出现扩大化的讨论。

(7)通常针对个人进行。

(8)教师不对每一个学生在课堂上的一切言行做出反应,他还有其他责任。

(9)澄清反应在不存在“正确”答案的情景中发挥作用,它们并不适于使学生趋向预定的答案。

(10)澄清反应并不是严格遵循某种格式的呆板事物。

在上述10种条件下,教师可以采用不同的澄清方式使学生思考,从而有助于学生澄清他们的价值观。以下是30种有效的澄清反应问题选项。

(1)这是你所珍视的事物吗?

(2)你对那件事感到高兴吗?

(3)当那件事发生时,你有何感想?

(4)你是否考虑过其他可能的选择?

(5)你这样想是不是有好长时间了?

(6)这是你亲自挑选或选择的东西吗?

(7)你必须做出那个选择吗?它是被自由地选择的吗?

(8)你会做与这一观点有关的事情吗?

(9)你能否向我列举有关这一观点的事例?

(10)你这样说是什么意思?你能解释这个词吗?

(11)这个观点会往何处发展?它会产生怎样的后果?

(12)你真的会躬行此事吗?你只是说说而已?

(13)你只是在说……(重复)?

(14)你刚才说……(以歪曲的形式重复)?

(15)你是否认真考虑过这一观点(或行为)?

(16)这一见解有哪些好的方面?

(17)我们必须如何设想使某些事情以那种方式见效?

(18)你所表明的意思是否符合……(注意个体说过或做过的其他事情,这或许会导致前后不一致)?

(19)是否还存在着别的可能性?

(20)这是个人爱好吗?你是否认为大多数人应该相信这件事?

(21)我怎样才能帮助你实践你的思想?有什么困难吗?

(22)这一活动是否蕴含着目的?

(23)这件事对你极为重要吗?

(24)你经常做这件事吗?

(25)你愿意把你的想法公之于众吗?

(26)你有说(或做)这件事的理由吗?

(27)你会反复做这件事吗?

(28)你怎么知道这件事是正确的?

(29)你珍视这件事吗?

(30)你认为人们会一直相信这件事吗?很久以前,人们是否相信这件事?

——本案例选自:黎琼锋.教学价值与美好生活[M].北京:人民教育出版社,2012.

案例分析

随着我国经济体制的改革,社会主义现代化建设已经取得了很大的成功,人们的物质生活水平得到了很大改善,但这并不意味着精神生活也能够得到同等的提高。在与世界各国进行经济与文化交流的过程中,国外越来越多的价值观传入国内,社会价值观呈现出多元化发展局面。面对着各种各样的价值观,有些人开始感到迷茫,各种不良社会现象和道德问题也凸现出来。社会价值观的迷茫也开始冲击着学校。教师们发现,现在的孩子越来越难教了,心理问题也越来越多,这就对我们的道德教育提出了严峻的考验:在青少年学生面对各种各样的价值观时,学校如何进行教育?

价值观教育是道德教育的核心部分,也曾在美国多元化社会中经历了曲折的发展。美国人对价值观教育进行了大量的研究。美国价值观教育发展到今天,已建立起一整套系统的教育手段,帮助学生把价值观内化,使之对学生的行为起指导作用。美国的价值观教育不是泛泛而谈,不是枯燥的理论,也不是强迫学生去接受教师的观点和理念,而是有一套具体可行的体系,本案例中的价值观澄清的对话策略就是美国价值观教育中比较有效的一种方法。而价值观的对话策略,顾名思义就是利用对话来进行教育启发,不进行讨论,只能说出一些可引起学生进行澄清反应的话语。它的目的是要澄清个人或集体的价值观,但它不是关注具体的价值观内容,而是强调获得价值观的过程。价值观澄清一方面提倡尊重儿童的个性,并根据他们价值观发展的实际和需要来引导、启发他们的主动性、积极性,注意通过各种有效的方法使学生在轻松愉快、自主平等的氛围中获得良好的价值观教育。另一方面,它非常重视发展和培养儿童的道德意识、道德情感、道德判断和价值观选择的能力。价值观澄清注意从儿童的现实生活出发,引导他们对现实生活中所看到、所发现的现实问题进行价值判断和评价，并做出价值选择，既激发了儿童的探究兴趣，又提高了他们感知社会生活问题的敏感性和适应社会生活的能力。最重要的是，这种方法具有很强的可操作性。

而实施对话策略要注意以下问题：首先，要避免灌输、说教、批评等强硬的方法，甚至连对错的暗示也不能有；其次，能够让学生自己独立思考和决定自己的行为或思想；再次，即使学生拒绝回答，不愿意进行深思也不能强迫学生，必须给学生以自由思想和行动的空间；最后，既不能要求学生在经过一次性的谈话后就达到所希望的效果，也不能要求他们去讨论什么重大的问题。如果中国的老师们在使用美国的价值观澄清策略时，能够避免这些可能的误区，将会在青少年价值观教育方面取得一定的成绩和突破。

反思与建议

古希腊哲学家苏格拉底认为，未经省察的人生是不值得过的。对人生的省察，也就是对人生意义、人生价值的探究和考察。这句话的意思是说，人要活得有理想、有追求、有意义。也就是说，要有正确的人生价值观。

作为社会的新生代，青少年学生正处于人生观、价值观形成的关键时期。对他们做好人生观、价值观教育，关系到祖国和民族的未来，应成为全社会的共同责任。

从我国目前的德育现状看，学校的人生观和价值观教育还没有摆脱理论灌输的教学习惯，尤其是针对小学生的人生观和价值观教育，既违背了小学生的认知规律，也忽视了价值观教育的基本特点。因此，应积极探索出符合小学生特点的人生观和价值观教育方式与途径，使孩子们能健康成长。

一、避免灌输，重在渗透

以说教的方式进行价值观教育，不但不会产生良好的教学效果，而且还会引发学生的逆反心理。在具体操作中，应将人生观和价值观教育渗透于教学工作的具体实践中。比如，根据课文的内容，把相关的价值观理念渗透进去，讲《春天》一课，强调生活的美好，激发学生热爱自然、热爱生活，爱护环境，做环境的守护者，这样，把价值理念贯穿于课文的讲授过程中，达到“随风潜入夜，润物细无声”的效果。

二、走出课堂，走进社会

价值观教育带有鲜明的活动性，通过举办一些有针对性的活动，以达到震撼心灵的目的。比如讲安全保护，与其在课堂上讲如何安全保护的技巧，不如把学生拉到街道上，让学生亲自观察，亲自找出危险产生的原因。要让学生爱护周边环境，做环境的守护者，我们便可以把学生带到草场上、河边，让学生亲自感受一个良好的生活环境对我们每个人的必要性，让他们亲自感受恶劣的生活环境对我们每个人乃至整个人类的危害，让生动的现实带给他们心灵的震撼，从而获得事半功倍的教学效果。

三、持之以恒，常抓不懈

价值观教育是一个巨大的系统工程，不可能一蹴而就。有时，我们通过开展一项很好的活动，学生也受到了教育，但是，活动结束后如果没有后续措施加以巩固，活动成效很可能会大打折扣。如果常抓不懈，就会形成一个习惯，把自发行为变成一种自觉行为。我们还记得汶川地震中那个敬军礼的小男孩吗？当解放军叔叔把他从废墟中救出来后，小男孩行了一个不标准的军礼。我想，如果不是父母、老师平时教导有方，小男孩无论如何是不会有此举动的。人生观和价值观教育不能急功近利。价值观教育犹如将一颗善的种子植入学生幼小的心灵中，让它一遇到合适的土壤就能发芽开花，这才是价值观和人生观教育的终极目标。

云程有路志为梯
——理想与信念是指引人生方向的灯塔

当一个人感觉到有高飞的冲动时，他将再也不会满足于在地上爬。

——【美】海伦·凯勒

引言

美国诗人惠特曼说："没有信仰，就没有名副其实的品行和生命；没有信仰，就没有名副其实的国土。"这种信仰就是我们的理想和信念。理想与信念是人们对未来的向往和追求，集中体现了一个人的奋斗目标，是一个人的精神支柱和动力源泉。远大的理想、崇高的信念能点燃人生的激情，激发人们的才智，激励人们奋发向上。理想与信念还是一个人立身处世的基石，树立什么样的理想与信念，就决定了这个人走什么样的人生轨迹。每一个人不管所处的社会环境和自身的社会身份如何不同，总要有自己对世界的看法以及做人做事的想法，这就逐渐形成自己的世界观、人生观、价值观，并会确立为之终生奋斗的理想与信念。理想与信念是最高的人生价值追求，在价值观念中居于主要地位。因而，它们对人们的思想言行具有决定性的影响，是主宰人们各项行动的精神支柱。

中小学生是未来建设祖国的中坚力量，加强德育是使他们树立正确的人生观和价值观的保证。理想与信念教育是中学生德育的一个重要手段，是学生思想道德建设的灵魂。理想与信念对于每一个人的思想和言行有着决定性的影响，是一种最重要的价值观念，是思想政治教育的核心。

理想与信念教育事关人的思想和灵魂。只有当青少年学生热爱国家和民族，对未来充满信心，中国特色社会主义事业才会蓬勃兴旺。加强中学生的理想与信念教育，树立正确的价值观，塑造新的精神家园，把理想与信念构建于做人做事的基本规范之上并严格要求，唯其如此，在未来的竞争中他们才能站稳脚跟，使精神文明建设和物质文明建设和谐发展。

案例

美国的莱特兄弟是人类历史上第一架动力飞机的设计师、飞机之父，他们为开创现代航空事业做出了不巧的贡献。他们的故事在全世界广为传颂。

哥哥威尔伯·莱特出生于1867年。四年后，弟弟奥维尔·莱特出世。年幼时，兄弟俩就已经显现出机械设计与维修的特殊能力。他们善于思考，富于幻想，每当他们闲暇时，兄弟俩要么讨论某一个机械装置的结构，要么就去看工匠们修理机器。他们手艺精巧，还经常做出好些有创新意义的小玩具，比如会自由转弯的雪橇等。

一天，出差回来的父亲给莱特兄弟带来一件礼物：一只会飞的玩具蝴蝶。父亲轻轻地给玩具上了上劲儿，小东西便在空中飞舞起来。小兄弟俩高兴得不得了，但是他们觉得它飞得不够远，于是仿造玩具的样子又做了几个更大尺寸的。这些仿制品有的能够飞越树梢，有的飞了几十米远，但其中一个尺寸很大的仿制品却遭到了失败。但这没有让他们难过，反而激起了兄弟俩制造飞机的念头。

1894年，莱特兄弟在代顿市开了一家自行车铺。由于他们俩工作认真，手艺好，再加上价格公道，店铺生意兴隆。富于创新精神的莱特兄弟当然不会满足于这些，他们不愿终生与这些自行车零件打交道，于是，他们决定开始去实现童年时的梦想。

莱特兄弟造飞机的想法得到了史密森学会的赞赏。副会长写了一封热情洋溢的信，并寄来了好多参考书籍。兄弟俩大受鼓舞，一有时间，他们就钻入书堆中如饥似渴地饱读着航空基本知识。很快，他们有了造飞机的能力。1900年10月，他们的第一架滑翔机试飞了，但是，试飞的结果不尽如人意，飞机只能勉强升空而且很不稳定，问题出在哪儿呢？经过认真的分析才知道，原来他们所沿用的前人数据有误。于是，他们制造了一个风洞，以便通过实验修正数据。

这个风洞仅仅是一个6英尺长，每边12英寸宽的木箱，箱子的一端，鼓风机以一定的速度向里面吹气。与现代的高速风洞相比，它真是简陋至极，然而就是这个小小的辅助工具却帮了兄弟俩大忙，他们通过它得出了许多新的结论。凭借它，兄弟俩设计出的第三架滑翔机获得了成功，无论是在强风还是微风的情况下，它都可以安全而平稳地飞行。

滑翔机的留空时间毕竟有限，假如给飞机加装上动力系统并带上足够的燃料，那么它就可以自由地飞翔、起降。于是，带着这样的理想，兄弟俩又开始了动力飞机的研制。

莱特兄弟废寝忘食地工作着，不久，他们便设计出性能优良的发动机和高效率的螺旋桨，然后成功地把各个部件组装成了世界上第一架动力飞机。

1903年12月17日，美国基蒂霍克海滨。这一天，天气阴沉，正值隆冬季节，强劲的寒风吹到空旷的海滩上，让人瑟瑟发抖。或许是出于不信任的原因，前来观看试飞的人寥寥无几，尽管如此，莱特兄弟依旧决定在这一天试飞。

远方的沙滩上，停着一架外形古怪的大机器——这就是莱特兄弟的“雏鹰”号。此时，兄弟俩正在进行试飞前最后的准备工作，他们仔细地检查飞机的每一个部件，直至确认没有任何问题。然后，弟弟奥维尔·莱特迫不及待地登上飞机。随着引擎的发动，螺旋桨飞快地旋转起来。奥维尔松开制动系统，强大的拉力开始带动飞机滑动。速度计的指针在飞速变化，飞机越跑越快。突然，奥维尔感到一股强力使得机头抬起，而后，整个飞机完全脱离了地面。一切都像预料中那样，飞机飞行稳定，操纵性良好。12秒钟后，燃料用毕，飞机平稳地降落在沙地上。

兴奋的哥哥没等飞机停稳便挥动双臂，欢呼着向弟弟跑去。莱特兄弟紧紧地拥抱在一起。在没有任何技术指导、任何外来资金援助的情况下，他们完全是靠自己的头脑和双手，靠着坚定的理想信念和对未来的美好想象，设计并制造出了大量精密而又复杂的零件。如今，他们付出过无数血汗造出来的动力飞机终于成功地完成试飞，他们怎能不高兴呢？也许他们没有想到，正是他们的创举改变了整个世界。现在，世界各地每天都有大量的飞机满载着物资、乘客，在空中走廊穿梭往来。

这之后，他们又进行了三次试飞，累计飞行59秒，要不是强风把飞机吹翻，他们可能还要不停地飞下去。然而，新闻界对此反应冷淡。因为，在莱特兄弟以前也有一个人尝试过动力飞行，这就是史密森协会主席兰利博士。当时，他不仅得到了政府的资助，而且还有一大批一流人才在他手下工作。但是，他的两次试飞均以失败告终。社会失去了对他们信任，不久之后兰利便郁郁而终。一个大名鼎鼎的科学家都没能使动力飞机上天，更何况是一对毫无地位、声望的修车匠兄弟呢？莱特兄弟不仅没有得到应有的荣誉，反而受到了尖刻的讽刺和嘲笑。而且，更令人啼笑皆非的是，在莱特兄弟数次成功之后，仍有报纸刊登一些权威科学家的话：靠比空气重的飞行器飞行是不可能实现的。

但是心中被理想与信念的熊熊之火燃烧着的莱特兄弟毫不介意这些，因为有许多航空事业支持者不断鼓励着他们进取。他们的飞机有了很大的发展，到1908年时，莱特兄弟的飞机已可以持续飞行一小时以上，飞行距离可以超过

100公里。此时，他们认为飞机的时代已经到了，于是不断地向各国政府宣传他们的飞机，然而得到的答复都令人失望。还好，在友人的支持下，莱特兄弟决定到欧洲进行巡回飞行表演。

1908年8月8日，好运终于来临。威尔伯·莱特驾驶着他的飞机在众多法国名流面前进行公开表演。此时，人们再也不能不为眼前的情景感到惊讶了：这架飞机已经在空中盘旋100多圈，停空时间达1个多小时，它打破了以往任何飞机所创下的纪录，而且能够爬高、倾斜、平衡地飞8字。第二天，欧洲几乎所有的报纸都报道了这一新闻。从此，一股航空热潮被掀起，前来观摩、体验飞行的人络绎不绝，其中，甚至还包括西班牙国王阿方索和英国国王爱德华七世。

10个月之后，奥维尔·莱特和他的飞机也在华盛顿梅雅要塞大出风头，他的飞机的飞行性能大大超过了美国国防部所提出的苛刻要求，莱特兄弟终于得到了政府的采购订单。

飞机终于到了实用阶段。1909年11月，兄弟俩在代顿镇创立了莱特飞机公司，他们孜孜不倦地埋头研究，一架架性能优异的飞机不断出厂。到了第一次世界大战末期，莱特公司生产的2000多台发动机正在世界各个角落上空运转。

莱特兄弟为现代航空工业的发展做出了杰出的贡献，实现了人们多年来的梦想。他们因为自己出色的发明能力、伟大的创新意识和不屈的信念，将名字永远留在了史册上，为后人所敬仰。

——本案例选自：万永勇.中外名人成才故事大全集[M].北京：中国华侨出版社，2010.

案例分析

从某种意义上说，人不是活在物质世界里，而是活在精神世界里，活在理想与信念之中。对于人的生命而言，要存活，只要一碗饭、一杯水就可以了，但是，如果你想活得更精彩，就得要有精神，就要有远大的理想和坚定的信念。

在论及理想信念时，海伦·凯勒有这样一句非常形象而生动的话："当一个人感觉到有高飞的冲动时，他将再也不会满足于在地上爬。"她接受了生命的挑战，创造了生命的奇迹。她，盲聋哑集于一身的弱女子竟然毕业于哈佛大学拉德克利夫学院，并用生命的全部力量奔走呼告，建起了一家家慈善机构，为残疾人造福，最终被评选为20世纪美国十大英雄偶像。而海伦·凯勒说的这句话，对于莱特兄弟极为恰当。像雄鹰一样在浩瀚的蓝天下自由翱翔，是人类千百年来的梦想。从一只小小的玩具蝴蝶中生发出飞翔的梦想，也正是因为这伟大的理想信念的支持，他们才不满足于在一家自行车铺中度过平淡的一生。于是，他们开始为实现儿时的梦想而付出不懈的努力，一次次的试验失败，一次次想方设法地改进发明，他们没有停下自己向梦想前进的脚步；一次次的试飞遇阻，一次次的遭受众人的嘲笑和白眼，他们心中信念的火焰没有被冷雨浇灭，那些冷嘲热讽反而变成灼热的油，让他们心中的火焰燃烧得更加猛烈。在一次次的失败后再出发，一点点地向理想的目的地迈进，他们终于成功了。信念是一支火把，它能最大限度地激发一个人的潜能，指引他飞向梦想的天空。自古以来，人们一直梦想能飞上天空。但莱特兄弟的天才创造，把人类过去的梦想从神话变成现实。他们为人类插上了翅膀，让我们能够在蓝天上自由地飞翔。

“理想是石，敲出星星之火；理想是火，点燃熄灭的灯；理想是灯，照亮夜行的路；理想是路，引你走到黎明。”诗人流沙河如是说。怀特兄弟的故事告诉我们，理想并没有那么遥不可及，它就在我们眼前。当一个人有了理想，他的工作就不会枯燥无味；当一个人有了理想，他的青春就不会虚度；当一个人有了理想，他的生命就不会黯淡无光。美国哈佛大学曾经做过的一项调查，令人备受启发。有一年，一群意气风发的天之骄子从美国哈佛大学毕业了。他们的智力、学历、环境条件都相差无几。临出校门，哈佛对他们进行了一次关于人生目标的调查。结果是这样的：27%的人，没有目标；60%的人，目标模糊；10%的人，有清晰但比较短期的目标；3%的人，有清晰而长远的目标。25 年后，哈佛再次对这群学生进行了跟踪调查。结果是这样的：那 3%的人，25 年间他们朝着一个方向不懈努力，几乎都成为社会各界的成功之士，其中不乏行业领袖、社会精英；那 10%的人，他们的短期目标不断实现，成为各个领域中的专业人士，大都生活在社会的中上层；那 60%的人，他们安稳地生活与工作，但都没有什么特别的成绩，几乎都生活在社会的中下层；剩下的那 27%的人，他们的生活没有目标，过得很不如意，并且常常在埋怨他人和社会，抱怨这个“不肯给他们机会”的世界。其实，他们之间的差别仅仅在于 25 年前，他们中的一些人知道自己的目标，而另外一些人则不清楚或不很清楚。

因此，我们深深地懂得，理想与信念使贫困的人变成富翁，使黑暗中的人看见光明，使绝境中的人看到希望，使梦想变成现实。若丧失了理想和信念，一个人就形同行尸走肉，衣架饭囊。人，尤其是青年人，不能没有理想和信念。

反思与建议

对中小学生进行理想教育，教师应重在引导。在时机上要从小开始，在方式上要从具体问题开始，在内容上要把远大理想与现实条件结合起来，重点进行社会主义共同理想的教育，培养小学生正确的学习目的，鼓励他们立志成才。通过理想教育，引起学生积极向上的愿望，激发小学生实践创新的兴趣，激发学生努力奋斗的热情，改变小学生的生活态度、生活方式，使之成为他们改变家乡面貌、建设伟大祖国的强大动力。

高远的理想就像黎明前的启明星一样给夜行者指明前进的方向，坚定的信念会给人以非凡的勇气、胆略和力量，而正确的价值观对于人们的实践活动以及人生选择具有重要的导向作用。因此，树立正确的理想与信念是青少年健康成长必不可少的精神因素。那么，当代学生应当如何确立正确的理想与信念呢？

一、开展活动，培养兴趣

寓理想教育于各项活动之中，使学生通过活动，既激发兴趣又培养能力。在活动中，教师应充分发挥自身作用。如在主题班会上，在对学生讲述中外名人、科学家的成长逸事时，教师可因势利导地问“你们为什么而读书呢？”“你们的理想是什么？”然后，再进一步引导教育，让学生明白学习是自己的事，只要从小树立远大理想，并持之以恒，总会有梦想成真的那一天，启示他们无论从事何种职业都是为国家做贡献，为人民谋福利。通过各种形式，如自我演说、小组讨论、写日记等让学生畅所欲言，谈谈自己的理想及打算如何通过勤奋好学实现自己的远大理想，使学生的理想付诸行动，为将来报效国家、参加国家建设打下坚实的基础。

二、树立榜样，激励教育

小学生的认知特点主要是以形象思维为主，认识事物只看表面、看眼前。所以，采用榜样教育法不但要形象具体，而且要注意个性差异。例如：可以引导学生以某个英雄、模范人物、从本校走出去的知名大学生、成功人士或生活中接触到的他所崇敬的人，或课本中的某一人物作为自己追求的理想；引导学生结合自己的兴趣爱好和特长来树立理想。

三、脚踏实地，努力奋斗

在教育中让学生知道理想和信念是高于现实的东西，美好的理想和信念要转化为现实，需要经过努力奋斗。如果不想努力，不愿奋斗，理想和信念永远只是空想，毫无意义。有一位哲人说过：“梦里走了许多路，醒来还是在床上。”它形象地告诉我们一个道理：人不能躺在梦幻式的理想中生活。是的，人不仅要有理想，还要大胆幻想，但更要努力去做。教育学生为实现理想而努力应脚踏实地，从现在做起，从小事做起。不肯做小事的人，难以成就大事业。所谓“一屋不扫，何以扫天下”，说的就是这个道理，让学生明白，欲实现明天的理想，今天就要学习、锻炼。要让学生懂得，理想的实现不会一帆风顺，会遇到各种各样意想不到的困难和挫折，只有以一种坚韧不拔的精神去面对困难和挫折，以顽强的毅力去冲破艰难险阻，才会到达理想的彼岸。

总之，对学生开展理想教育的目的就是通过宣传教育的手段，帮助学生树立积极的奋斗目标，充实学生的学习和生活。理想教育要从不同阶段、不同对象的实际出发，选择不同内容、不同方式来进行。要通过教育使学生感到所追求的理想不是虚无缥缈之物，而是经过努力之后将来能够实现的现实，从而坚定对理想的追求。

不因祸福避趋之
——爱国主义是崇高的精神境界

人的生命是极为宝贵的，但有比我的生命和你的生命更宝贵的东西，那就是祖国永恒的生命。

——【苏联】苏霍姆林斯基

引言

爱国主义是人们热爱祖国、忠于祖国的思想、行为和感情，是调整个人与国家关系的基本道德规范，是国家和民族自立于世界民族之林的精神支柱。爱国主义教育是各国德育的核心。自从有了国家，人们就以爱国为荣，以叛国为耻。比如，美国作为世界强国，一直重视对国民进行爱国主义教育。本文探讨了美国爱国主义教育的内容、途径和特色，认为美国在培养美国精神，树立国民的自尊、自信、自豪感，培养好公民以及润物无声的渗透式教育等方面卓有成效的做法值得借鉴。

爱国主义教育是培养人们的民族归属感，让中国人不至于忘记自己是中国人的保证之一。爱国主义教育是德育的重要一面，如何更好地对孩子进行爱国主义教育，是每个新时代的教育工作者都应关心和思考的问题。

我们都知道《钢铁是怎样炼成的》一书的作者奥斯特洛夫斯基有句名言："人最宝贵的是生命。生命每个人只有一次。人的一生应当这样度过：当回忆往事的时候，他不会因为虚度年华而悔恨，也不会因为碌碌无为而羞愧；在临死的时候，他能够说：'我的整个生命和全部精力，都已经献给了世界上最壮丽的事业——为人类解放而斗争。'"这句不朽的名言深深地震撼着人们的心灵。小说也通过保尔从一个工人子弟锻炼成长为无产阶级战士的过程告诉人们，一个人只有在革命的艰难困苦中战胜敌人，也战胜自己，只有在把自己的追求和祖国、人民的利益联系在一起的时候，才会创造出奇迹，才会成长为钢铁战士。一个热爱祖国的人，就绝不会是一个庸碌无为的人，不管遇到多大的困难，他会尽自己所能做对国家、对社会、对他人有益的事，这就是爱国主义的力量。

案例

美国爱国主义教育的主要内容

（一）培养美国精神

宣传和培养美国精神是美国爱国主义教育的主要内容。从美国历代总统的任职演说资料来看，美国政界对宣传和培养美国精神非常重视。小布什在纪念"9·11"一周年的电视讲话中，竟然不提伊拉克，而是大谈美国精神。何为美国精神？美国精神的主要内涵大概有以下几个方面：

一是做一个美国国民的自尊、自豪感。美国是一个年轻的移民国家，在其短短两百多年的发展过程中取得了举世瞩目的成就，其在世界政治领域中有着举足轻重的地位，在经济、科技等领域走在世界的前列，这是美国人最为自豪的资本。美国的一些媒体在暗示美国人，美国是一个伟大、强盛、民主和自由的国家，做一个美国公民是幸福的，是值得骄傲和自豪的。美国中学的"社会研究"课程，就鼓吹美国的责任就是领导世界，鼓励青少年努力为保持美国在世界上的强大地位、维护世界和平和世界秩序而工作。美国青少年中的绝大多数人都认为自己的国家是世界上最好的国家，当一个美国公民比当其他任何一个国家的公民都好。1982 年，美国的阿波斯特托莱德应用研究中心在对 18 个国家进行的一项研究中得出这样的明显结论：同日本人、西欧人相比，美国人最愿意为他们的国家而战斗，对民族认同最感自豪。

二是开拓进取、富民强国的精神。从 17 世纪初英国在北美建立第一块殖民地弗吉尼亚州至今天的历史进程中，来自世界各个角落的移民以勤劳和智慧不断开发着美国，从最初从事农业、工业、修路的拓荒运动到现在从事高新产业技术开发，他们不断地开拓进取，不断地改变着美国的面貌。

三是实用主义，注重实际，以勤奋工作为荣。美国视偷懒为不道德的行为。因此，为了追求富足生活和个人价值的最大实现，他们都是工作狂，全社会充满以勤奋工作为乐为荣的氛围。"山姆大叔"是美国的绰号，1961 年美国国会还正式确认"山姆大叔"为美国的象征，美国人把"山姆大叔"那种诚实能干、吃苦耐劳的精神视为美利坚民族的骄傲和共有的品质。

四是追求个人成才发展机会中的平等、民主和自由。看重个人创业的意志和能力，轻视人为的权势，坚信只要努力进取，在机遇面前人人平等，人人都有成功的希望和创造奇迹的可能性。同时，美国人崇尚自由，自由女神像是美国的象征。

(二)培养美国好公民

培养美国好公民的教育也是美国学校爱国主义教育的重要内容。根据1991年颁布的《公民教育大纲》和1994年颁布的《"公民学与政府"全国课程标准》,美国公民教育的主要内容包括:

一是个人应享有的权利,包括个人生命的权利、个人自由自主行动的权利、个人尊严的权利、个人安全的权利、寻求和得到平等机会的权利、得到正义的权利、保持隐私的权利和拥有私人财产的权利。

二是个人应享有的自由,包括参与政治活动的自由、宗教信仰的自由、思想的自由、意识的自由、集会的自由、咨询及获得信息的自由和表达意见及感情的自由。

三是个人应有的责任,包括尊重人类的生命、尊重别人的权利、诚实、宽容、有同情心、证明有自我控制的能力、参与民主程序、为共同的目标而工作、尊重别人的财产。

四是政府及其职能,包括政府应当由人民来选,政府应当尊重和保护个人的权利和自由,政府应当保护民权,政府应当为大众的福利而工作。

美国爱国主义教育的主要途径

(一)社会性爱国主义教育

第一,通过宗教信仰渗透。美国人绝大多数都是基督教徒。美国人常常挂在嘴边的三句话就是"上帝保佑美国""我们信仰上帝""主权属于上帝"。美国是移民国家,是多民族的熔炉,"人人为自己,上帝为大家"的人生哲学影响了美国人的思维。只有公民宗教才能超越种族、党派等界限,为美国人认同,成为美国人团结的纽带。美国政府极其重视利用公民宗教来进行爱国主义渗透教育。前总统艾森豪威尔曾说:"美国如不具有对上帝的信仰就毫无意义——我倒不介意它是哪种宗教。"这里的宗教信仰实际上是对美国的信仰。在美国历届总统的就职典礼中,保留了向上帝求助的程序。

第二,通过大众传媒渗透。在世界电影业中,美国好莱坞影片的影响力无疑是最大的,"好莱坞"已成为美国电影的同义语。好莱坞生产的各种类型的影片令观众看得如醉如痴。但只要多看一眼美国的电影你就会明白,美国的电影带有很浓厚的政治色彩,好莱坞的很多大片都在向世界宣扬"美国精神"。据《经济观察报》报道,梳理70多年来奥斯卡奖的历史无疑就是梳理"美国精神史"。在我们熟悉的影片中,《泰坦尼克号》《巴顿将军》《兵临城下》《珍珠港》《拯救大兵瑞恩》《爱国者》等等,其主题都是美国精神的体现。美国电影协会评选出的《永不妥协》《毒品网络》《几近成名》《夜晚降临之前》《最佳表演》《角斗士》《高保真》《梦之挽歌》《天才小子》《诚信无价》被舆论界誉为弘扬“美国精神”的十大影片。在美国，华盛顿、林肯、罗斯福、麦克阿瑟等人的事迹家喻户晓。书籍也是重要的传媒，美国著名的图书馆学学者罗伯特·唐斯博士曾列出对形成美国文化与文明具有重大影响的25本书作为推荐给美国人的必读书目。一些经典作品，如《独立宣言》具有很强的爱国主义感召力。

第三，通过节日庆典活动渗透。利用各种节日庆典进行爱国主义教育是美国一贯的做法。美国主要的爱国节日有：阵亡将士纪念日、退伍军人节、美国独立纪念日、国旗制定纪念日等。每逢节日、庆典或集会，美国的家家户户、四面八方，包括汽车上都要悬挂国旗。在国家庆典里，人人都背诵：“我爱这个国家，保卫这个国家”的誓词；在国旗纪念日里，人人都背诵忠于国旗的誓言：“我宣誓忠诚于美利坚合众国国旗和国旗所代表的共和国……”可见，美国的爱国节日庆典，甚至民间的感恩节、圣诞节，不仅是人们欢聚热闹的机会，也是激发爱国主义热情的好时机。

第四，通过生活环境渗透。在美国，用杰出人物命名地名、城市、街道、林地、公墓、公司、机场、学校以及各种场馆的现象非常普遍。在首都华盛顿，有华盛顿纪念塔、林肯纪念堂、杰弗逊纪念堂和罗斯福纪念堂，还有肯尼迪文化中心。美国很多个州都有用总统名字命名的市或县。这些伟人天才的思想、不凡的经历、高尚的精神、卓越的贡献，通过这些场所，永久性地熏陶、感化和激励着人们。

（二）学校的爱国主义教育

美国学校进行爱国主义教育的途径主要有显性课程教育和隐性课程教育。

第一，显性课程教育。美国的大学、中学、小学开设的课程并不是统一的，不同州、不同地区、不同学校之间差异很大。但在多样性的课程中，仍可找到美国德育课程的共性。美国德育课程主要有“公民科”“历史科”“人文科”等，据1978年的一份调查材料，美国学校“社会科”的一般模式是，从幼儿园到第十二学年依次学习以下课程内容：自己、学校、社区、家庭；家族；近邻；社区；州史、社区的地理；美国史；世界文化（西半球）；世界地理或历史；美国史；公民或世界文化；世界史；美国史；美国政治。课程内容由浅入深，由家庭到国家到世界，而且地理、历史占的比例最大，旨在让青少年了解自己的家乡、自己的祖国，让美国精神及爱国理念随之扎根心中。“公民科”的教材有很多版本，但都涵盖几方面的内容，即美国国家政体的基本内容和准则，作为美国公民应承担的社会责任，作为美国公民必备的道德品质。“历史科”是美国进行爱国主义教育、传授美国精神的重要途径，比如，美国现行的中学历史教科书《我们美国人》向中学生讲述了美国的起源、发展和强大的历程，以增强中学生对自己民族和国家的信心和使命感。

第二，隐性课程教育。渗透式教育是美国德育的主要特色。学校一贯坚持教导的一种思想是爱国家、爱自由。课本、文选和供青年人阅读的历史几乎每一页都讲到爱国主义。美国学校的各门课程都渗透着美国精神和爱国主义教育。《纽约时报》曾记载了美国一位女教师的课堂教学：当她在语法课上提到学生长大和找工作时，她教育学生将来要有职业道德；她在正式上课前都要花半个小时的时间讲授责任心、毅力、同情心。在美国的中小学校里，国旗、国歌、总统画像这些美国国家的象征物，随处可见可闻，几乎每一个班级都悬挂有美国国旗和美国总统的画像，热爱国旗是学生爱国主义教育的一个重要组成部分，每天的课程是以唱国歌和对国旗宣誓尽忠开始。学校在升旗仪式时，学生把手放在胸前，神情虔诚，庄严地念道："我效忠于国旗和美利坚合众国。"学校里凡举行全校性的活动，第一个议程总是全场起立奏（唱）国歌。生活即教育，美国就这样在学校生活中渗透着美国精神和爱国主义的教育。

——本案例选自：万玮.向美国学教育[M].福州：福建教育出版社，2013.

案例分析

美国的国民教育即爱国主义教育非常成功，学校重视对学生进行爱国主义教育，这可以说是美国的立国之本。我们经常会看到美国人为了表示他对国家的热爱，将国旗穿在身上，画在脸上，戴在头上，挂在车上或屋门前等。由于不同文化的差异，我们不能完全理解他们的做法，有时会觉得把国旗穿在身上是对国旗的不尊重，但对于美国人来讲，这是他们热爱美国最直接的表达。平民百姓都为自己是美国人而骄傲，为自己的信仰和价值观而骄傲，尤其在"9·11"事件后，美国人的爱国热情更加高涨。从学校教育来看，在小学，每天早晨教师要带领学生面对国旗高声朗读美国国歌，或面对国旗宣读誓词，虽然各所学校的誓词没有统一规定，但中心意思都是一样的。这一仪式严肃认真，再顽皮的孩子也不敢捣乱。到了初高中后，学校的各种社团活动或其他大型活动中都要举行唱国歌的仪式。全体学生起立，面向国旗行注目礼。有的学生还将右手放在左胸前，意为"国家在我心"，以示对国旗的尊重和对国家的爱。学校里最优秀的学生领唱国歌或集体朗读国歌。无论是几十人的小型活动，还是几百人乃至上千人的大型活动，无论是领唱国歌还是全体朗读国歌，整个过程非常庄严。

反思与建议

热爱祖国的思想和行为在人类社会生活中具有调整个人与国家、民族之间的关系的道德意义。自古以来，中华民族就把对祖国的忠、对民族的爱视为做人的根本与大节。那些热爱自己的祖国，为祖国和民族的利益英勇战斗或立下丰功伟绩的人，都会名垂青史，为世代所崇敬和歌颂。反之，那些背弃祖国、出卖民族和人民利益的人，总是要受到人民的咒骂和唾弃，乃至遗臭万年。因此，热爱祖国已载入《中华人民共和国宪法》，作为每个公民应该具备的起码的公德和觉悟。热爱祖国，具体地说，就是每个公民从思想到言行，都要忠实于自己的国家、自己的民族、自己的人民；热爱祖国的山河、捍卫祖国的主权和领土完整，维护国家主权尊严；热爱祖国的人民，热爱中华民族的优良传统和优秀文化；热爱祖国的和平统一，维护各民族的大团结，反对民族分裂和破坏祖国统一的一切行为；热爱祖国的建设事业，关心国家的前途命运和繁荣昌盛，并为祖国的统一大业、四化建设贡献出自己的聪明才智甚至生命。那么，该如何进行爱国主义教育呢？

一、激发爱国情感

爱国是一种崇高而炽烈的道德情感。学生的情感往往是和具体的人物、事件相联系的，因此，爱国主义教育要在帮助学生了解祖国的壮丽河山、悠久历史、灿烂文化和中华民族对人类的巨大贡献的同时，激发学生的民族自尊心、自信心和自豪感，同时帮助他们了解我国近代之所以落后的原因和未来美好的前景，激励他们刻苦学习、发愤图强。

帮助学生了解祖国的途径很多。如结合班会、校会进行国情教育；利用广播、黑板报、宣传橱窗介绍祖国的光辉历史和改革开放以来的伟大建设成就；指导小学生收看新闻联播等电视节目，使学生感受祖国四化建设的飞速发展。特别是要充分利用课堂教学这条途径，做到结合教学讲历史、讲传统；结合教学讲爱国英雄和科学家、艺术家的卓越贡献；结合教学讲老一辈无产阶级革命家的丰功伟绩；结合教学讲社会主义建设的飞速发展和党的方针政策的正确；等等。

在培养学生的爱国主义情感时，还要考虑学生的情感特点，帮助他们巩固和发展积极健康的思想感情，克服情感的肤浅性、波动性，使他们懂得爱国主义情感是一种民族的情感，是一种极其深沉的情感。我们既要帮助学生树立热爱党、热爱祖国、追求真理的感情，又要指导他们自觉地调节、克服脆弱的感情。不久以前，因钓鱼岛问题，内地很多地方出现的打砸抢事件就是一种很不理性的爱国。

二、结合实际，走进生活

对学生进行爱国主义教育的根本目的就是把热爱祖国的感情转化成为建设祖国而学习的动力。可以组织学生扫墓、参观爱国主义教育基地等，并组织学生绘画、写作，把所见所闻记叙下来，引导学生认识祖国自改革开放以来所取得的伟大成就，培养学生热爱社会主义，为建设社会主义而坚定学习的信念和感情。发挥升旗仪式等活动的教育功能，激发学生的爱国主义情感。再如，向贫困地区捐赠衣物，向灾区人民献爱心，以各种形式帮助生活有困难的同学等，这些都是活生生的爱国主义教育。

三、爱国应从身边的点滴小事做起

思想是行动的先导，有爱国之心才能立爱国之志，进而做爱国之事。行动反过来又会深化思想，最终形成信念。将爱国之心落实到日常的行动中，才会让学生心中爱国的情感蔓延，生根，发芽。爱国不一定非要做出一番惊天动地的伟业，这对于多数人来说也不太现实。作为学生，爱国可以从点点滴滴的小事做起。对冉冉升起的五星红旗肃然起敬是爱国，爱父母、敬老师、助同学、护环境也是爱国。爱国主义教育完全可以具体到日常生活之中，而不是只是抽象地宣扬口号。在日常生活中，从一些小事、细节中对学生加以引导，使其情感中积极爱国的一面表现出来，进而产生出一种责任感。当爱国情感逐渐深化，爱国行为成为习惯时，人们会在崇高和伟大的思想驱动下释放出巨大的能量。

四、爱国教育需要"环境渗透"

应充分利用大众传媒，无须带有太强的政治性。一篇好的文章和一部优秀的电影作品，往往会有更深刻的启发效果。

西南师范大学出版社

《名师工程》系列丛书目录

系列	序号	书名	作者	定价
教育探索者·鲁派名师系列	1	《追问历史教学之道》	钟红军	36.00
	2	《灵动英语课——高效外语教学氛围创设艺术》	邵淑红	30.00
	3	《校园，幸福教育的栖居》	武际金	30.00
	4	《复调语文——尊重生命自我成长的语文教学》	孙云霄	30.00
	5	《智趣数学课——在情感深处激发学生的数学智能》	王冬梅	30.00
	6	《高品位“悦读”——让情感与心灵更愉悦的阅读教学》	马彩清	30.00
	7	《品诵教学——感悟母语神韵的阅读教学》	侯忠彦	30.00
	8	《智趣化学课——在快乐中提升学生的科学素养》	张利平	30.00
名师解码系列	9	《教育需要播种温暖——谢文东与儒雅教育》	余　香　陈柔羽 王林发	28.00
	10	《为了未来设计教育——梁哲与探究教育》	冼柳欣　肖东阳 王林发	28.00
	11	《真心是教育的底色——谭永焕与真心教育》	谭永焕　温静瑶 王林发	28.00
	12	《做超越自我的教师——刘海涛与创新教育》	王林发　陈晓凤 欧诗停	28.00
	13	《打造灵动的教育场——张旭与情感教育》	范雪贞　邹小丽 王林发	28.00
高效课堂系列	14	《让数学课堂更高效——教研员眼中的教学得失》	朱志明	30.00
	15	《从教会到教慧——小学生数学学习能力的培养艺术》	滕　云	30.00
	16	《用什么提高课堂效率——有效数学课必须关注的10大要素》	赵红婷	30.00
	17	《让作文更轻松——小学作文高效教学36锦囊》	李素环	30.00
	18	《让研究性学习更高效——研究性学习施教指导策略》	欧阳仁宣	30.00
	19	《让母语融入学生心灵——提升学生语文素养的高效施教艺术》	黄桂林	30.00
创新课堂系列	20	《小学语文“三环节”阅读教学法——自学、读讲、实践》	薛发武	30.00
	21	《个性化课堂教学艺术：小学语文》	商德远	30.00
	22	《如何实现三维目标——让学生与文本共鸣的诵读教学》	张连元	30.00
	23	《想说　会说　有话可说——突破作文瓶颈的三维教学法》	杨和平	30.00
	24	《综合课的整合创新教学》	周辉兵	30.00
	25	《如何打造学生喜欢的音乐课堂》	张　娟	30.00
	26	《理想课堂的构建与实施——一个教研员眼中的理想课堂》	张玉彬	30.00
	27	《小学语文：决定教学质量的关键策略》	李　楠	30.00
	28	《用〈论语〉思想提升数学教育智慧》	胡爱民	30.00
	29	《童化作文——浸润儿童心灵的作文教学》	吴　勇	30.00
名校系列	30	《人本与生本：管理与德育的双重根基》	广州市广外附设外语学校	30.00
	31	《生本与生成：高效教学的两轮驱动》	广州市广外附设外语学校	30.00
	32	《世界视野与现代意识：校本课程开发的二元思维》	广州市广外附设外语学校	30.00
	33	《让每个生命都精彩——生命教育校本实践策略》	王鹏飞	30.00
	34	《好学校，从关注每个学生开始 ——石梅小学优质教育多元感悟》	顾　泳　张文质	30.00

系列	序号	书　　名	作者	定价
思想者系列	35	《回归教育的本色》	马恩来	30.00
	36	《守护教育的本真》	陈道龙	30.00
	37	《教育，倾听心灵的声音》	李荣灿	30.00
	38	《心根课堂——让教育随学生心灵起舞》	刘云生	30.00
	39	《做一个纯粹的教师》	许丽芬	26.00
	40	《率性教书》	夏　昆	26.00
	41	《为爱教书》	马一舜	26.00
	42	《课堂，诗意还在》	赵赵（赵克芳）	26.00
	43	《今日教育之民间立场》	子虚（扈永进）	30.00
	44	《教育，细节的深度反思》	许传利	30.00
	45	《追寻教育的真谛——许锡良教育思考录》	许锡良	30.00
	46	《做爱思考的教师》	杨守菊	30.00
教育探索者·鲁派名校系列	47	《博弈中的追求——一位中学校长的“零”作业抉择》	李志欣	30.00
	48	《大教育视野下的特色课程构建——海洋教育的开发实施》	白刚勋	30.00
名师教学手记系列	49	《唤醒生命的对话——孙建锋语文教学手记》	孙建锋	30.00
	50	《让作文教学更高效——王学东写作教学手记》	王学东	30.00
名校长核心思想系列	51	《智圆行方——智慧校长的50项管理策略》	胡美山　李绵军	30.0
	52	《做一个智慧的校长》	孙世杰	30.00
	53	《成为有思想的校长》	赵艳然	30.00
创新班主任系列	54	《班主任专业化成长策略》	杨连山	30.00
	55	《班级活动创新与问题应对》	杨连山　杨　照　张国良	30.00
	56	《班集体建设与创新人才培养》	李国汉	30.00
	57	《神奇的教育场——打造特色班级文化创新艺术》	李德善	30.00
教研提升系列	58	《校本教研的7个关键点》	孙瑞欣	30.00
	59	《教师怎样做小课题研究——高效助力教师专业化成长》	徐世贵　刘恒贺	30.00
	60	《今天我们应怎样评课》	张文质　陈海滨	30.00
	61	《今天我们应怎样进行教学反思》	张文质　刘永席	30.00
	62	《一节好课需要的教育智慧》	张文质　姚春杰	30.00
优化教学系列	63	《高效教学组织的优化策略》	赵雪霞	30.00
	64	《高效教学方法的优化策略》	任　辉	30.00
	65	《高效教学过程的优化策略》	韩　锋	30.00
	66	《让教学更生动——激发兴趣让学生快乐认知》	朱良才	30.00
	67	《让教学更高效——策略创新让教学事半功倍》	孙朝仁	30.00
	68	《让教学更开放——拓展延伸让学生触类旁通》	焦祖卿　吕　勤	30.00
	69	《让教学更生活——体验运用让学生内化知识》	强光峰	30.00
	70	《让知识更系统——整合与概括让学生建构体系》	杨向谊	30.00
	71	《让思维更创新——思辨与发散让学生思维活跃》	朱良才	30.00

系列	序号	书名	作者	定价
创新语文教学系列	72	《曹洪彪新概念快速作文》	曹洪彪	30.00
	73	《小学语文：享受对话教学》	孙建锋	30.00
	74	《小学语文：名师教学目标落实艺术》	刘海涛　王林发	30.00
	75	《小学语文：名师魅力教学设计艺术》	刘海涛　王林发	30.00
	76	《小学语文：名师魅力课堂激趣艺术》	刘海涛　豆海湛	30.00
	77	《小学语文：单元整体教学构建艺术》	李怀源	30.00
	78	《小学作文：名师情趣课堂创设艺术》	张化万	30.00
名师名课系列	79	《名师如何炼就名课》（美术卷）	李力加	35.00
教师成长系列	80	《做会研究的教师》	姚小明	30.00
	81	《学学名师那些事》	孙志毅	30.00
	82	《给新教师的建议》	李镇西	30.00
	83	《教师心灵读本：成为有思想的教师》	肖　川	30.00
	84	《教师心灵读本：教师，做反思的实践者》	肖　川	30.00
幼师提升系列	85	《全国优秀幼儿健康教育活动课例评析》	教育部教育管理信息中心	30.00
	86	《全国优秀幼儿艺术教育活动课例评析》	教育部教育管理信息中心	30.00
	87	《全国优秀幼儿社会教育活动课例评析》	教育部教育管理信息中心	30.00
	88	《全国优秀幼儿语言教育活动课例评析》	教育部教育管理信息中心	30.00
	89	《全国优秀幼儿科学教育活动课例评析》	教育部教育管理信息中心	30.00
教师修炼系列	90	《班主任工作行为八项修炼》	杨连山	30.00
	91	《教师心理健康六项修炼》	李慧生	30.00
	92	《教师专业化五项修炼》	杨连山　田福安	30.00
	93	《课堂教学素养五项修炼》	刘金生　霍克林	30.00
	94	《高效教学技能十项修炼》	欧阳芬　诸葛彪	30.00
	95	《教师新师德六项修炼》	王毓珣　王　颖	30.00
创新数学教学系列	96	《小学数学：名师教学目标落实艺术》	余文森	30.00
	97	《小学数学：名师高效教学设计艺术》	余文森	30.00
	98	《小学数学：名师易错问题针对教学》	余文森	30.00
	99	《小学数学：名师魅力课堂激趣艺术》	余文森	30.00
	100	《小学数学：名师同课异教》	林高明　陈燕香	30.00
	101	《小学数学：名师抽象问题艺术教学》	余文森	30.00
教育心理系列	102	《做最好的心理导师——中学生心理健康咨询手册》	杨　东	30.00
	103	《每天学点教育心理学》	石国兴　白晋荣	30.00
	104	《学生心理拓展训练与指导》	徐岳敏	30.00
	105	《好心态成就好学生——学生心理问题剖析与对症教育》	李韦遴	30.00
教育通识系列	106	《用心做教师——青年教师快速成长的十大定律》	王福强	30.00
	107	《做最受学生欢迎的老师》	赵馨　许俊仪	30.00
	108	《做有策略的校长——经典寓言与学校管理智慧》	宋运来	30.00
	109	《做有策略的教师——经典故事中的教育启示》	孙志毅	30.00
	110	《从学生那里学教书》	严育洪	30.00
	111	《突破平庸——提升教育质量的 31 个跳板》	严育洪	30.00
	112	《教育，诗意地栖居》	朱华忠	30.00
	113	《好班规打造好班级》	赵　凯	30.00
	114	《做学生成长的引领者——学生终身成长的素质培养》	田祥珍	30.00
	115	《如何管出好班级——突破班级管理的四大瓶颈》	刘令军	30.00
	116	《青春期性教育教师实用手册》	闵乐夫	30.00

系列	序号	书　　　名	作者	定价
高中新课程系列	117	《高中新课程：教师角色转变细节》	缪水娟	30.00
	118	《高中新课程：班主任新兵法细节》	李国汉　杨连山	30.00
	119	《高中新课程：教学管理创新细节》	陈　文	30.00
	120	《高中新课程：更有效的评价细节》	李淑华	30.00
教学新突破系列	121	《把教学目标落实到位——名师优质课堂的效率管理》	冯增俊	30.00
	122	《拿什么调动学生——名师生态课堂的情绪管理》	胡　涛	30.00
	123	《零距离施教——名师和谐师生关系的构建艺术》	贺　斌	30.00
	124	《一个都不能落——名师提升学困生的针对教学》	侯一波	30.00
	125	《让学习变得更轻松——名师最能吸引学生的情境设计》	施建平	30.00
	126	《让知识变得更易学——名师改造难学知识的优化艺术》	周维强	30.00
名师讲述系列	127	《施教先施爱——名师讲述班主任的核心教导力》	杨连山　魏永田	30.00
	128	《在欢乐中成长——名师讲述最具活力的课堂愉快教学》	王斌兴	30.00
	129	《让学生做自己的老师 ——名师讲述如何提升学生自主学习能力》	徐学福　房　慧	30.00
	130	《引领学生高效学习 ——名师讲述如何提高学生课堂学习效率》	刘世斌	30.00
	131	《教育从心灵开始——名师讲述最能感动学生的心灵教育》	张文质	30.00
教育细节系列	132	《名师最具渲染力的口才细节》	高万祥	30.00
	133	《名师最有效的沟通细节》	李　燕　徐　波	30.00
	134	《名师最有效的激励细节》	张　利　李　波	30.00
	135	《名师培养学生好习惯的高效细节》	李文娟　郭香萍	30.00
	136	《名师人格教育的经典细节》	齐　欣	30.00
	137	《名师营造课堂氛围的经典细节》	高　帆　李秀华	30.00
	138	《名师最有效的赏识教育细节》	李慧军	30.00
	139	《名师最有效的批评细节》	沈　旎	30.00
教育管理力系列	140	《名校激励管理促进力》	周　兵	30.00
	141	《名校安全管理执行力》	袁先潋	30.00
	142	《名校师资团队建设力》	赵圣华	30.00
	143	《名校危机管理应对力》	李明汉	30.00
	144	《名校校本研究创新力》	李春华	30.00
	145	《学校文化力建设策略》	袁先潋	30.00
	146	《名校长核心教育力》	陶继新	30.00
	147	《名校长高绩效领导力》	周辉兵	30.00
	148	《名校行政管理细节力》	杨少春	30.00
	149	《名校教学管理提升力》	张　韬　戴诗银	30.00
	150	《名校学生管理教导力》	田福安	30.00
	151	《名校校园文化构建力》	岳春峰	30.00
大师讲坛系列	152	《大师谈教育心理》	肖　川	30.00
	153	《大师谈教育激励》	肖　川	30.00
	154	《大师谈教育沟通》	王斌兴　吴杰明	30.00
	155	《大师谈启蒙教育》	周　宏	30.00
	156	《大师谈教育管理》	樊　雁	30.00
	157	《大师谈儿童人格塑造》	齐　欣	30.00
	158	《大师谈儿童习惯培养》	唐西胜	30.00
	159	《大师谈儿童能力培养》	张启福	30.00
	160	《大师谈早恋与性教育》	闵乐夫	30.00
	161	《大师谈儿童情感教育》	张光林　张　静	30.00